Allegria

Dr. med. Dipl.-Psych. Ilse-Maria Fahrnow ist Ärztin und Diplompsychologin. 10 Jahre Mitarbeit in einer familientherapeutischen Einrichtung und 15 Jahre Niederlassung in eigener Praxis für Homöopathie und Traditionelle Chinesische Medizin schenkten ihr einen breiten Erfahrungshintergrund in der Ganzheitsmedizin. Als international zertifizierte NLP-Trainerin und systemische Familien- und Organisationsaufstellerin leitet sie seit Jahren wachstumsunterstützende Gruppen. Seit Beginn des neuen Jahrtausends verlegte sie ihren Schwerpunkt auf die Lichtarbeit. Als hellsichtige Energieheilerin und Channel unterstützt sie Menschen gezielt in ihrem Entwicklungsprozess.

Jürgen Michel Fahrnow verbrachte zunächst 20 Jahre in der Spitzengastronomie. Als Koch, Restaurantmeister und Sommelier leistete er praktischen Dienst mit „Sterne(n)-Niveau“. Seit den 90er-Jahren qualifizierte er sich als Ernährungsberater der 5-Elemente-Lehre, NLP-Master, Rolfer und systemischer Familien- und Organisationsaufsteller. Gemeinsam mit Dr. Ilse-Maria Fahrnow arbeitet er seit einigen Jahren als hellsichtiger Heiler für Menschen, Tiere und unseren Lebensraum, Planet Erde. Während seine Frau gechannelte Botschaften in die irdische Form bringt, zeichnet und malt Jürgen Michel Fahrnow heilsame, energievolle Symbole und Aquarelle.

Weitere Informationen unter: www.alleelemente.de

Von den Autoren sind in unserem Hause erschienen:

Gespräche mit Sirius – Teil 1
Gespräche mit Sirius – Teil 2
Leichtnahrung

Ilse-Maria &
Jürgen Fahrnow

Gespräche mit Sirius

Teil 2: Die neue Energie der Liebe

Ullstein

Besuchen Sie uns im Internet:
www.ullstein-taschenbuch.de

Allegria im Ullstein Taschenbuch
Herausgegeben von Michael Görden

Diese Texte entstammen einer sehr liebevollen und weisen Quelle, und sie wurden mit größter Sorgfalt bearbeitet. Dennoch weisen wir darauf hin, dass jede Leserin und jeder Leser über die daraus zu ziehenden Schlüsse selbst entscheidet. Die Autoren und der Verlag übernehmen keinerlei Verantwortung für mögliche Konsequenzen, die sich an die hier geschilderten Gedankengänge anschließen. Bitte entscheiden Sie eigenverantwortlich, welche Form der Hilfe (Medizin, Psychologie, Beratungen, Energiearbeit o. Ä.) Sie in Anspruch nehmen möchten, wenn Sie den Bedarf dazu verspüren. Herzlichen Dank!

Umwelthinweis:
Dieses Buch wurde auf chlor- und säurefreiem Papier gedruckt.

Ullstein Taschenbuch ist ein Verlag
der Ullstein Buchverlage GmbH, Berlin.
Originalausgabe im Ullstein Taschenbuch
1. Auflage Juli 2009

Umschlaggestaltung: FranklDesign, München
Titelabbildung: Jürgen Fahrnow
Lektorat: Marita Böhm
Satz: Keller & Keller GbR
Gesetzt aus der Goudy
Druck und Bindearbeiten:
GGP Media GmbH, Pößneck
Printed in Germany
ISBN 978-3-548-74371-4

EINLEITUNG

Ein gutes Jahr ist nun vergangen, seit wir unseren Sternengeschwistern vom Sirius zum ersten Mal begegnet sind. Scheu und voller Zweifel lauschten wir anfangs ihren Botschaften. Konnte es sein, dass sich da tatsächlich Wesenheiten von außerhalb unseres Sonnensystems meldeten, um uns auf unserem Weg zu helfen? Oder spielte uns unsere Einbildungskraft vielleicht einen Streich? Glücklicherweise durften wir unsere Unsicherheiten jederzeit mit den Sirianern direkt besprechen.

Ihre Reaktionen auf unsere Zweifel überzeugten uns. Humorvoll und intelligent zeigten sie uns die Verstrickungen und Irrtümer unserer einseitigen Verstandeswelt. Sanft erinnerten sie uns immer wieder daran, auf die Kraft unseres Herzens zu hören. Immer konnten wir während unserer Unterhaltungen eine heilsame, liebevoll klärende Energie wahrnehmen. Ihre Antworten waren oft von überraschendem Inhalt; ganz anders, als wir selbst das Thema diskutiert hätten. Niemals fühlten wir uns gedrängt, eine Meinung zu übernehmen. Ihre Botschaften sind Angebote, die sie uns voller Respekt darbieten.

Wenn wir heute auf dieses Jahr zurückblicken, sehen wir unser Leben erneuert. Fast unglaublich erscheint es, dass in einem einzigen Jahr so viele Entwicklungen stattfinden konnten. Glücklicher denn je leben wir unsere Kreativität und folgen den Einflüsterungen unserer Seele. Zahlreiche enge Konzepte oder Gewohnheiten unseres früheren Lebens haben sich einfach in Luft aufgelöst. Die nachhaltigen Ermutigungen unserer Sternengeschwister tragen reiche Früchte: Tag für Tag entdecken wir mehr von unseren eigenen Potenzialen. Damit erschaffen wir uns eine neue, beglückende Wirklichkeit. Menschen, die unsere persönlichen Channelings erfahren, berichten Ähnliches.

Offenbar schenken uns die Botschaften unserer Sternengeschwister deutlich mehr als nur reine Informationsvermittlung. Tief in unserem Herzen rufen sie Erinnerungen in uns wach: die Erinnerung an unser göttliches Erbe und die Entdeckung unserer ursprünglichen Möglichkeiten. Mit ihren sanften Energien ermutigen sie uns ohne Unterlass dazu, unser wahres Sein zu leben. Praktische Tipps und Handlungsanweisungen helfen uns bei den ersten Schritten auf dem Weg zu unserem persönlichen Paradies. Humorvolle Geschichten und Metaphern lassen uns unsere Verstrickungen und Einschränkungen erkennen. Wenn wir uns diesen Gesprächen öffnen, fühlen wir uns bedingungslos geliebt.

Wer könnte dieser Einladung widerstehen? Wir freuen uns deshalb, Ihnen, liebe Leserin und lieber Leser, hiermit den zweiten Band unserer »Gespräche mit Sirius« vorlegen zu dürfen. Vermutlich werden Sie im Vergleich zu unserem ersten Band eine neue Energie wahrnehmen, die aus den folgenden Zeilen spricht. Etwa seit Dezember 2006 erfahren viele sensible Menschen weltweit eine Art Beschleunigung ihres Lebens. Immer mehr alte Konfliktherde lösen sich seitdem. Verborgene und vernachlässigte Themen melden sich mit unüberhörbarer Deutlichkeit. Faule Kompromisse drängen zur Lösung. Alles möchte ans Licht. Alles möchte ins Licht!

Und genau dorthin entwickeln wir uns als Menschheit in dieser Zeit. Sehr rasch vibrierende, kurzwellige Liebesenergien strömen aus vielen Regionen des Universums zu uns, um diese Entwicklung zu fördern. Unzählige Wesenheiten beobachten und unterstützen uns bei dem evolutionären Quantensprung, den wir gewählt haben. Myriaden von himmlischen Gestalten applaudieren uns auf unserem »Weg nach Hause«. Die uralte Sehnsucht unserer Menschenherzen wird nun Wirklichkeit:

Ein Leben in Frieden, Wohlstand und glückseliger Entfaltung entsteht mitten unter uns, jetzt!

Unsere Sternengeschwister aus der Siriusregion helfen uns humorvoll und praktisch mit vielen Anregungen, Reflexionen und Tipps auf diesem Weg. Geduldig wiederholen sie, was wir eigentlich schon wissen. Wie kluge Lehrer nehmen sie uns dort in Empfang, wo wir zweifelnd stehen geblieben sind. Mit ihren Visionen von einer lebenswerten Welt ermutigen sie uns, durchzuhalten, wenn unser Weg zu schwierig erscheint. Uns haben diese Gespräche bereits reich beschenkt. Deshalb freuen wir uns sehr, sie jetzt einem größeren Publikum vorstellen zu dürfen.

Wir danken Michael Goerden vom Allegria Verlag, dass er die Bedeutung dieser Texte erkannt hat und uns zusammen mit seinem Team die Gelegenheit gibt, sie Ihnen überreichen zu dürfen. Wir danken Ateet Frankl dafür, dass er Jürgens visionäre Sternenbilder so feinfühlig in ein energievoll leuchtendes Buchcover integriert hat. Die Sirianer freuen sich auf eine große Verbreitung ihrer Botschaften. Schließlich liegen wir ihnen alle mit unserer Entwicklung gleichermaßen am Herzen. Unsere Sternengeschwister leben im Bewusstsein des WIR. Aus ihrem erweiterten Blickwinkel sehen sie unsere gesamte Menschheit wie einen großen lebendigen Körper. Sie respektieren den Dienst jeder einzelnen Zelle dieses Körpers zutiefst. Und sie segnen uns in Liebe.

Wir laden Sie herzlich ein, den Segen, den Humor und die Intelligenz dieser entwickelten Wesen mit uns zu teilen!

Dr. Ilse-Maria und Jürgen Fahrnow
im März 2007

Liebe Sirianer! Ich freue mich sehr darauf, jetzt das zweite Buch mit euch gemeinsam zu beginnen. In den letzten Wochen war ich mit vielen anderen Dingen beschäftigt. Aber ich hatte das Gefühl, dass ihr immer dabei wart ...

Stimmt! Unsere Gemeinschaft ist tatsächlich enger geworden. Diese Nähe findet überwiegend in deinem Bewusstsein statt. Das liegt daran, dass du deine Eigenfrequenz kontinuierlich bewegst, erweiterst und anhebst.

Das verstehe ich nicht ganz. Um ehrlich zu sein, weiß ich nicht wirklich, was ihr mit »Frequenz« meint. Viele Leute lehnen dies Wort als »schwammigen« Esoterikbegriff ab. Könnt ihr ihn vielleicht ein bisschen genauer erklären?

Gerne. Der Begriff Frequenz kommt aus euren Naturwissenschaften. Wir benutzen ihn in genau demselben Sinn, wie er dort benutzt wird. Wir meinen damit die Anzahl von Schwingungsbewegungen pro Zeiteinheit. Dieser Begriff existiert streng genommen nur in dreidimensionalen Welten, in denen das Bewusstsein lineare Zeitempfindungen erzeugt. Wenn du dich mit deinem Bewusstsein außerhalb der Zeit versammelst, erkennst du Bewegungsmuster und Rhythmen. Du beobachtest die Qualität dieser Erscheinungen und gewinnst die für dich wichtigen Informationen daraus.

Ihr kennt das Phänomen von Wellenbewegungen. Stell dir vor, du bist an einem Meeresstrand. Die Wellenbewegungen befinden sich im Meer. Ohne dass du es direkt bemerkst, bewegt sich die gesamte, riesige Wassermenge kontinuierlich. Alles hebt und senkt sich permanent. Alle Meere eures Planeten stehen untereinander in Verbindung. Sie alle bewegen sich in einem weitläufigen, pulsierenden Rhythmus. Aus dem Weltall gesehen könnte man es als den Atemrhythmus eurer Erde bezeichnen.

Natürlich zeigt sich dieser Rhythmus auch in den festeren Anteilen eures Planeten. Beim Wasser könnt ihr die Bewegung allerdings besser beobachten. Das flüssige Element erlaubt raschere Bewegungen als das feste. Würdet ihr die Erdkruste über sehr lange Zeiträume beobachten, könntet ihr darin dieselben Bewegungsmuster erkennen. Eure Wissenschaftler kennen und messen sie. Sichtbar werden diese Bewegungen immer dann, wenn sich zwei unterschiedliche Dichtegrade begegnen. Du sitzt zum Beispiel am Meeresstrand und beobachtest, wie die schnelle Bewegung des Wassers auf die langsamere Bewegung des Erdbodens trifft. Es schäumt und rauscht. Du freust dich an der Meeresbrandung. Sie entsteht, wenn das rasch bewegliche flüssige Element Wasser auf das langsamer bewegliche feste Element Erde trifft.

Du kannst auch noch etwas beobachten: Die ankommende Welle wird zurückreflektiert. Nachdem das flüssige Element das feste getroffen hat, kehrt sich seine Bewegung um. Das Meer zieht sich für einen Augenblick zurück. Dabei nimmt es Informationen über die Erdkruste mit sich. Im nächsten Moment kommt es schon wieder. So vollzieht sich ein unendlicher Prozess der Begegnung. Währenddessen vermischen sich die Elemente an den Rändern ihres Seins. Beide lernen voneinander. Der feste Erdboden wird durch die Wasserbewegungen weicher. Felsen lösen sich in Sandkristalle auf. Das Meer »unterhält« sich mit dem Felsen und versteht seine Natur. Beide begegnen sich in einem unendlichen bewegten Austausch und verändern sich währenddessen.

Ihr werdet ja schon wieder sehr grundsätzlich, ihr Lieben. Was hat das denn nun mit meinen menschlichen Frequenzen zu tun?

Ein bisschen Geduld, bitte. Wir führen dich ganz bewusst in ein erweitertes, größeres Bild. Gleich wirst du erkennen, dass in den unterschiedlichen Erscheinungen ein einziges Prinzip wirkt. Mit Frequenz bezeichnen wir die Häufigkeit der Bewegungsmuster pro Zeiteinheit. Rasche Wellenbewegungen zeigen eine höhere Frequenz als langsame. Stürmisches Wetter erzeugt beispielsweise rasche Frequenzmuster. Erkennst du die nützliche Wirkung der Stürme?

Was soll das denn jetzt schon wieder – ihr wirbelt mich ja ganz schön herum mit euren Gedankensprüngen.

Im Gegenteil! Wir zeigen dir gerade die Einheit aller Schöpfungsaspekte. Auch der Sturm wirbelt euch scheinbar oder tatsächlich herum. Durch seine Bewegung bringt er euch in Bewegung. Vielleicht magst du deinen hochaktiven Verstand ein wenig beruhigen. Wir brauchen nur etwas mehr Zeit, um dir alle Zusammenhänge zu erklären. Schließlich bewegen wir uns ja mit dir in der dritten Dimension. Da spielt sich alles scheinbar nacheinander ab. Also, was denkst du nun über die Stürme?

Ihr dreht die Dinge immer blitzschnell um. Eigentlich wollte ich doch etwas von euch erfahren.

Und wie geht das am besten?

Ihr meint, dass ich es selbst entdecken soll?

Bingo! Was glaubst du wohl, warum wir uns so sehr darum bemühen, Beispiele, Bilder und Geschichten zu entwerfen, die dir in deinen festgelegten Wahrnehmungsmustern auf die

Sprünge helfen? Diese Bilder erschaffen Bewegung in dir. Sie helfen dir dabei, deine eigene Beweglichkeit zu entdecken. Wenn wir uns begegnen, ist es ähnlich wie mit dem Meer und der Erdkruste. Unsere unterschiedlich raschen Bewegungsmuster (Frequenzen!) treffen aufeinander. In dieser Begegnung findet Veränderung statt. Eure Dichte lockert sich. Ihr werdet weicher. Wir lernen von euch und erkennen die Besonderheiten eurer Natur.

Und gleichzeitig nehmen wir Frequenzen von euch auf?

Ebenso wie wir von euch. Prinzipiell kann man es so ausdrücken. Es geschieht aber auch noch mehr als das. In Wahrheit erinnert ihr euch an den großen Reichtum eurer ursprünglichen Möglichkeiten. Felsen verfügen über eine langsame Schwingungsfrequenz. Ihre Bewegungsmuster sind starr geworden. Ihre Materie besitzt einen hohen Dichtegrad. Jedem einzelnen Atom des Felsens wohnt aber auch die Erinnerung an die Möglichkeit schnellerer Bewegung inne. Jedes Atom kennt seine Herkunft. Jedes Atom bestimmt über seinen Zustand. Wenn die langsame Bewegung auf eine raschere trifft, wünscht sie sich möglicherweise selbst eine Veränderung. Sie absorbiert die Energie der raschen Beweglichkeit und setzt sich selbst in Bewegung.

Ich vermute mal, in eurem Beispiel sind wir die Felsen und ihr seid das Meer. Und mit der »raschen Bewegung« nehmen wir etwas von euren Frequenzen auf?

Wir haben dir eine Analogie gegeben. Wenn du möchtest, kannst du sie so übersetzen. Bitte beachte gleichzeitig die Vielschichtigkeit unseres Themas. Wir sprechen gerade von sehr grundsätzlichen Gegebenheiten des Lebens. Diese lassen sich niemals in einer einzigen Erklärung zusammenfassen. Wir bitten dich, uns nicht nur mit deinem Verstand zu lauschen. Öffne dein Herz und achte auf deine Empfindungen. Dein Herz sagt dir in jedem Augenblick die Wahrheit. Besser als hundert tausend Worte erzählt dir dein Herz von der Lebendigkeit des Seins!

Wenn ich euch richtig verstanden habe, hat die Lebendigkeit mit den Frequenzen zu tun?

Genau! Der gesamte Reichtum aller möglichen Bewegungsmuster entspricht dem Leben selbst! Die unendlich vielen unterschiedlichen Frequenzen und Bewegungsmuster entstammen einer einzigen Quelle des schöpferischen Seins. Diese eine Quelle fächert sich auf in unzählige Bewegungen. Ein Brunnen erschafft »Zehntausende« von Wellen.

Eine schöne Definition... In der esoterischen Literatur wird oft von den rascheren Frequenzen der neuen Energie gesprochen. Strömt diese »neue Energie« mit mehr Tempo zu uns? Erhalten wir dadurch mehr Lebendigkeit?

Jetzt hast du uns gut verstanden. Interessant ist Folgendes: Während du die Kraft deines Herzens bewusst in unser Gespräch aufnahmst, kam eine neue Qualität hinzu. Spürst du diese Energie? Wir sprechen von »Leben«, und es wird wärmer. Wärme entsteht, wenn sich die winzigsten Teile der Materie rascher bewegen. Beweglichkeit – Lebendigkeit – Geschwindigkeit: Mit diesen Begriffen lassen sich die Phänomene göttlicher Schöpferkraft wissenschaftlich umschreiben.

Indem du das Lebendige bewusst einbeziehst, erhält dein Wirken den Glanz der liebevollen Schöpferkraft. Die sogenannten neuen Energien, die zu euch strömen, entsprechen sehr hohen kurzen Energiewellen. Sie durchdringen und verändern sehr rasch alles, worauf sie treffen. Erinnerst du dich an die hochfrequenten Gammastrahlen aus weiter entfernten Regionen des Universums? Eure Forscher beobachten sie, aber sie wissen noch wenig darüber.

Du bist inzwischen in der Lage, sehr viele unterschiedliche Frequenzbänder nebeneinander in deinem Bewusstsein zu halten. Wir könnten dich mit einem Radio vergleichen, das immer mehr Sender empfängt, während seine innere Technik erneuert und erweitert wird. Dieser Vergleich passt sogar ziemlich gut. Jede eurer menschlichen Körperzellen besitzt so etwas wie einen Nachrichtenempfänger, der mit dem Universum in Verbindung steht. Eure Erbsubstanz, eure DNA, wirkt wie eine Antenne, die senden und empfangen kann. Auch andere Menschen erleben in dieser Zeit ähnliche Phänomene. Ihr alle entdeckt täglich neue Frequenzbänder, über die ihr mit dem Universum kommuniziert. Du hast sicher bemerkt, dass die Medien jetzt immer öfter Fragen über ein möglicherweise belebtes Universum diskutieren.

Ja, das ist mir auch aufgefallen. In den letzten Monaten kommen zu diesem Thema dauernd neue Bücher auf den Markt. Viele berichten über Entdeckungen, die bisher streng geheim gehalten wurden. Warum erlauben die Regierungen jetzt auf einmal solche Veröffentlichungen?

Wir haben euch immer wieder von den rasanten Entwicklungen erzählt, die in dieser Zeit stattfinden. Und wir haben euch gesagt, dass ihr selbst diese Entwicklungen wünscht und fördert. Ihr leitet einen neuen Evolutionsschritt ein! Ihr erschafft Veränderung. Ihr selbst zeigt so viel Interesse an diesen und anderen »neuen« Themen, dass die Medien euer Interesse bedienen. So war es und so ist es immer…

Na ja, das leuchtet mir schon ein... Aber es gab doch bestimmt auch zu anderen Zeiten ein Interesse in der Menschheit, über diese Fragen informiert zu werden. Trotzdem erschien es bis vor wenigen Jahren sehr schwierig, einen öffentlichen Austausch darüber zu finden. Die Dinge wurden entweder unterdrückt oder lächerlich gemacht. Warum wird die Information jetzt weniger unterdrückt?

Ihr seid viele geworden, ihr Lieben. Und euer Interesse ist drängender. Sehr viele von euch stellen ihre Fragen inzwischen nachhaltig. Ihr lasst euch nicht mehr so leicht verwirren. Ihr spürt, dass etwas Wichtiges geschieht, und ihr wollt dabei sein. Euer Planet hilft euch in diesem Prozess, indem er seine eigenen Energien reinigt und beschleunigt. Das Universum hilft euch, indem es aus den unterschiedlichsten Regionen hochfrequente Strahlungen zu euch sendet. Viele große Seelen und Wesenheiten helfen euch dabei, euch an euer ursprüngliches Wissen zu erinnern.

Täglich werdet ihr jetzt durchlässiger und empfänglicher. So könnt ihr die zarten Vibrationen eurer Seele immer deutlicher wahrnehmen. Eure Sehnsucht leitet euch zuverlässig auf eurem neuen Weg. Immer mehr Menschen entdecken tief in ihrem Inneren die Quelle der Liebe und des Reichtums. Ihr ahnt, dass euch schon immer ein Leben in Frieden und Fülle zugestanden hätte. Nun wollt ihr nicht mehr darauf verzichten.

In den vergangenen Jahrtausenden lebtet ihr in einem Zustand der Spaltung. Ihr wolltet herausfinden, wie weit ihr euch aus der warmen Stube eurer göttlichen Heimat entfernen könntet. Wie ein elastisches Band dehntet ihr die Verbindung zu eurer innersten Wirklichkeit aus. So unendlich dünn wurde das Verbindungsband zwischen eurem liebenden Herzen und den Theorien eurer Verstandeswelt, dass ihr es oft gar nicht mehr spüren konntet. In euch und um euch herum entstand »dünne Luft«; eine Atmosphäre der geringeren Göttlichkeit. In diesen energetisch »dünnen« Räumen siedelten sich zahlreiche Wesenheiten und Energieformen an, die die reinste Frequenz göttlicher Liebeskraft für sich gar nicht wünschen bzw. wählen.

Die reine Schöpferkraft besteht aus dichter, zutiefst erfüllender Liebesenergie. In ihrer ursprünglichen Form lässt sie keinen Raum für anderes. Wer diese Liebeskraft nicht erleben will, wer sich nicht vollständig damit füllen möchte, entfernt sich aus dem engsten Kreis der Schöpferquelle. Das, liebe Geschwister, war euer Weg bis vor wenigen Jahren. Ihr selbst erschuft den Raum für diejenigen, die euch Informationen vorenthielten und euch beherrschten. Ihr ludet diejenigen in eure Nähe, die als eure Spielpartner passende Verhaltensweisen in euer Leben brachten.

Wer wählte denn eure Regierungen? Wer gestattete ihnen, das zu tun, was sie taten? Ob aktiv handelnd oder durch duldende Unterlassung: Ihr selbst habt dieses Arrangement erschaffen. Eure »Unterdrücker« und Manipulateure spielten genau die Rolle, die ihr für euren selbst gewählten Weg brauchtet. Ihr gabt euer Einverständnis dafür, eure Geburtsrechte zu vergessen. Ihr erlaubtet euren Spielpartnern, euch vorzuenthalten, was euch das größere Bild hätte erkennen lassen. So lebtet ihr mit einem winzigen Ausschnitt eurer Wahrheit und eures Wissens. Diese Zeit geht jetzt zu Ende. Ihr nehmt den für euch vorgesehenen Platz wieder ein.

Selbst wenn ihr nicht ausdrücklich darum bitten würdet, die euch zustehenden Informationen zu erhalten, hätte die bisherige Politik unterdrückter Tatsachen nun ein Ende. Die neue, rasch vibrierende Liebesenergie, die zu euch strömt, »vertreibt« scheinbar ganz selbstständig alle diejenigen, die sich ihr widersetzen. In Wirklichkeit vertreibt diese Energie natürlich niemanden. Jedes Lebewesen, jeder Mensch, hat die Chance, sie in seinen persönlichen Weg zu integrieren.

Sicher fällt euch auf, dass zahlreiche Politiker, Wissenschaftler und Medienvertreter in den letzten Jahren überraschend und plötzlich neue Wege wählten. Manch ein Hochschulprofessor fand bereits den Mut, der Öffentlichkeit seine neuen Erkenntnisse mitzuteilen. Einige waren so konsequent, ihren Posten abzugeben. Damit machen sie euch auf die Irrtümer ihrer früheren Lehre aufmerksam. Immer öfter erkennen auch Politiker und Führungskräfte der Wirtschaft, dass Erneuerungen fällig sind. Manche ziehen noch keine Konsequenzen daraus. Aber seid versichert, dass jetzt schon sehr bald eine rasche – für viele von euch sogar überraschende – Wendung stattfinden wird.

Wer dies allerdings nicht wünscht, wird jetzt oder in den kommenden Jahren seinen Weg verändern. Diese Wesen wählen für sich Räume, die ihrem eigenen Frequenzspektrum besser entsprechen. Sie verabschieden sich möglicherweise von ihrem irdischen Leben und entdecken ihre eigenen neuen Wege.

Was ihr da erzählt, finde ich etwas verwirrend. Ihr sagt doch immer, dass alles eins sei? Wieso sprecht ihr dann jetzt von mehr oder weniger göttlichen Wesenheiten? Warum sagt ihr, dass manche sich aus dieser neuen Energie verabschieden werden?

Du hast soeben einen winzigen Schritt der Interpretation getan, der große Konsequenzen beinhaltet. Wir sprachen von mehr oder weniger Abstand zur Göttlichkeit, nicht von mehr oder weniger göttlichen Wesenheiten! Erkennst du den Unterschied?

Wollt ihr damit sagen, dass alle Wesen gleichermaßen göttlich sind? Unterscheiden wir alle uns nur durch unseren Abstand von der göttlichen Quelle?

Wenn man es aus eurer Perspektive betrachtet, könnte man es so beschreiben. Bitte erinnere dich aber gleichzeitig daran, dass das Wort »Abstand« nur in eurer dreidimensionalen Welt Sinn macht. Die Wirklichkeit ist multidimensional. Hier existiert alles gleichzeitig im selben Punkt. Alle Wesen sind gleichermaßen göttlich. Nichts existiert außerhalb der Quelle. Alles ist Teil der Quelle. Alles ist eine persönlich geprägte Ausdrucksform, eine Spielart, der Quelle.

Vielleicht magst du es dir so vorstellen: Die Quelle bildet so etwas wie eine äußerst intensive Duftwolke reinster Liebesenergie. Sie verströmt sich aus sich selbst heraus ununterbrochen. Je mehr du dich ihrem Zentrum näherst, desto intensiver und ausschließlicher nimmst du ihren köstlichen Duft wahr. Entfernst du dich aus ihrem Zentrum, erscheint dir ihr Duft schwächer. Das liegt daran, dass du anderen Gerüchen gestattest, in deinem Bewusstsein Platz zu nehmen. Die Quelle selbst verströmt sich ja in jedem Augenblick mit derselben Intensität. Wenn du dein Bewusstsein anderen Gerüchen zuwendest, überlagern diese irgendwann den immer zarter werdenden Hauch der Quelle fast vollständig.

Du nimmst nun verschiedene Gerüche wahr. Gleichzeitig ist aber all das von einer Art. Alle Gerüche – ob du sie nun magst oder nicht – bilden Variationen der einen Quelle. Das beschriebene Bild passt sowohl in dir als auch um dich herum. Du selbst besitzt die Quelle reinster Liebesenergie in dir. Wenn du den innersten Raum deines Herzens betrittst, spürst du sie. Als Menschenwesen findest du diese Quelle gleichzeitig in allen Erscheinungen deines Seins. Du kannst sie also überall entdecken. Wir haben schon öfter darüber gesprochen, dass die Kategoriensysteme nur in deinem Bewusstsein existieren. In Wirklichkeit kannst du dich zu jedem beliebigen Zeitpunkt vollständig mit der Quelle deines Seins verbinden.

Konzentriere dich – sammle deine bewusste Aufmerksamkeit – und die Energie deines Fokus breitet sich in deinem Bewusstsein aus. Wünschst du dir Glück, Frieden, Fülle und Leichtigkeit? Dann erlaube diesen Qualitäten (und nur diesen!), sich in deinem Bewusstsein auszubreiten!

Und was heißt das für die Menschen, die sich aus dieser neuen Energie verabschieden? Warum konzentrieren sie sich nicht einfach auf die angenehmen Qualitäten, um sich ein entsprechendes Leben zu erschaffen?

Was du als »angenehm« bezeichnest, kann für das Leben eines anderen Menschen völlig unpassend sein. Die göttliche Seele wählt ihren Spielraum. Sie erschafft die Bühne für das Theaterstück, das sie inszenieren möchte. Die vielen unterschiedlichen Energiestufen bilden so etwas wie Kulissen des Theaters. Die Seele entscheidet darüber, in welcher Kulisse ihr Stück zur Aufführung kommen soll.

Immer wieder fällt es mir schwer, dies ganz zu akzeptieren. Warum sollte irgendjemand eine belastende, verletzende, unfreundliche Kulisse wählen? Welchen Grund könnte es geben, ein Trauerspiel zu inszenieren?

Wir wissen, dass dir diese Gedanken Mühe bereiten. Und du weißt, dass deine Haltung dem dualistischen Weltbild entspringt. Bitte erinnere dich daran, dass die Seele gar nicht zwischen Trauerspiel und Komödie unterscheidet. Die Seele wählt das Spiel und erkundet die unzähligen Möglichkeiten der Schöpfung.

Also darf ich mich wieder einmal in Respekt üben?

Wenn du möchtest... Respekt ist eine wundervolle Eigenschaft. Du könntest aber auch einen übergeordneten Blickwinkel einnehmen und dich daran erinnern, wie viel Göttlichkeit in jedem Aspekt der Schöpfung wohnt.

Also gut ... Ich möchte euch gerne noch etwas anderes fragen. Für dieses Buch gabt ihr mir den Titel »Die neue Energie der Liebe«. Könnt ihr uns sagen, was ihr damit meint?

Sehr gerne. Wir freuen uns über deine Frage. Eure »neue Energie« ist tatsächlich etwas Wundervolles, sehr Wesentliches. Natürlich ist sie nicht wirklich neu. Wie alles in der Schöpfung existiert sie seit Anbeginn, und sie wird ewiglich existieren. Euch erscheint sie in dieser Zeit als neu. Durch euren selbst gewählten Weg hattet ihr diese Energiestufe aus eurem bewussten Sein verlagert. Seit sehr langer Zeit hattet ihr euren Fokus verschoben, um mit anderen Energiestufen zu leben. Nun seid ihr entschlossen, eure ursprüngliche Heimat auf neue Art wiederzuentdecken. Ihr habt sie euch erarbeitet und herbeigesehnt. Wir alle sind glücklich darüber, dass ihr so weit gekommen seid.

Warum ist dies alles denn so wichtig für euch? Warum macht ihr euch die Mühe, uns zu schulen und uns weiterzuhelfen? Habt ihr selbst auch einen Nutzen davon?

Zu dieser Frage gibt es verschiedene Antworten:

- Eure Entwicklung verlief in den letzten Jahrtausenden nicht nur harmonisch. Krieg und Zerstörung kennzeichnen eure Geschichte. Mit den von euch entwickelten Waffen könntet ihr das Leben auf eurem Planeten vollständig auslöschen. Die Folgen einer solchen Zerstörung würden weiter reichen, als ihr es aus eurer Perspektive zurzeit noch ahnt. Diese Entwicklung wäre nicht im Sinne der göttlichen Schöpfung. Weite Regionen des Universums würden in Mitleidenschaft gezogen werden. Dies zu verhindern liegt auch in unserem Interesse.

- Wir sind eure älteren Geschwister, und wir empfinden Liebe für euch. Wir kennen eure Sehnsucht nach einer friedlichen, beglückenden Welt. Auf unserem eigenen Weg haben wir ähnliche Stufen der Entwicklung durchlaufen. Wir spüren Anteilnahme für euch und euer Schicksal. Es macht uns glücklich, euch helfen zu können.

- Wenn du dich an das Beispiel von Meer und Felsen erinnerst, kennst du unseren dritten Grund. In der Begegnung mit euch finden wir einen Austausch auch zu unseren Gunsten. Wir freuen uns an den gemeinsamen Erfahrungen und lernen von euch. Das ist ähnlich, als wenn ihr anregende Gespräche, glückliche Gefühle und einen wundervollen Abend mit Freunden erlebt.

Danke für diese Antwort! Es tut gut, sich in der Gemeinschaft mit euch geborgen und unterstützt zu wissen. Habt ihr denn noch weitere Hinweise zur neuen Energie?

Während unserer früheren Gespräche (in unserem ersten Buch) haben wir euch immer wieder dabei geholfen, das größere Bild zu euren täglichen Erfahrungen zu erkennen. Wir sehen euch als Menschheit aus einer übergeordneten Ebene. Wir kennen und lieben eure kollektive Seele, die mit unserem Kollektiv verwandt ist. Ihr selbst seid geneigt, eure Erfahrungen aus der irdischen Perspektive zu verarbeiten.

Du kannst dir den Unterschied so vorstellen: Ihr seid handelnde Akteure auf einer Bühne. Wir sitzen im Zuschauerraum (vielleicht sogar auf einem erhobenen Balkon) und betrachten euch mit Abstand. Dieser hilft uns dabei, viele verschiedene Aspekte der Geschichte zu erkennen. Unser Blickwinkel erlaubt uns Erkenntnisse, die euch, den Akteuren, verborgen bleiben. Dadurch können wir euch manch einen interessanten Hinweis geben.

Eure »neue Energie« überrascht euch Akteure jetzt mit einer vollständig neuen Theaterkulisse. Man könnte sagen, dass das gesamte Theater umgestaltet wurde. Vor langer Zeit hattet ihr die Theaterleitung darum gebeten, diese Umgestaltung durchzuführen. Ihr wünschtet euch ganz bestimmte Veränderungen, die nun in die Tat umgesetzt worden sind. Die Bühne wurde erneuert. Sie bietet weniger Abstand zu den Zuschauerreihen. Überall wurden kleine Brücken installiert, die den Austausch zwischen Zuschauern und Akteuren möglich machen. Das Theater wurde in neue Farben und Klänge (= Frequenzen!) getaucht. Es wurde heller, freundlicher und frischer gestaltet. Riesige Fenster lassen Luft und Licht von außen einströmen.

Nun steht ihr da und bewundert das Ganze. Manche von euch finden es auch noch ein wenig befremdlich. Hier und da wünscht sich jemand die vertrauten, alten Kulissen herbei. Ihr besucht die Requisite und vermisst euren Lieblingssessel. Vielleicht traut ihr euch auch noch nicht, den wunderschönen neuen Thron zu besteigen, der an seiner Stelle auf euch wartet. Ihr braucht ein bisschen Zeit, um euch an diese vielen Veränderungen zu gewöhnen. Und ihr fragt euch, welches Stück hier wohl zur Aufführung kommen könnte... Schließlich entdeckt ihr eure neue, außerordentliche Chance: Ihr selbst dürft das Stück schreiben, in dem ihr eure neuen Rollen übernehmen werdet!

Damit, ihr Lieben, beginnt ein vollständig neuer Abschnitt eurer Geschichte. Was wünscht ihr euch? Wie möchtet ihr leben? Welche Handlung wollt ihr auf die Bühne eures Lebens bringen? Mit welcher Geschichte möchtet ihr eure Brüder und Schwestern im Universum und auf der Erde erfreuen?

Ich verstehe nicht ganz... Ihr sagt doch immer, dass wir sowieso, und schon immer, alle unsere Lebensgeschichten selbst geschrieben hätten. Was ist denn dann jetzt auf einmal so neu?

Gute Frage! Und hier ist unsere gute Antwort: Tatsächlich gibt es nur einen winzigen Unterschied zwischen eurer bisherigen Gewohnheit, Lebensgeschichten zu erschaffen, und der großartigen neuen Chance, die euch nun offensteht. Die meisten von euch hatten bisher die Angewohnheit, ihr Leben zutiefst unbewusst zu gestalten. Ihr kanntet die Gesetze des Universums nicht mehr. Ihr erschuft Ursachen, ohne euch über die Wirkungen im Klaren zu sein. Die neue Energie der Liebe leitet euch jetzt darin an, euren Lebensplan bewusst zu entwerfen. Bewusstsein ist der Schlüssel zum Quantensprung eurer Evolution!

Je bewusster ihr lebt, desto mehr werdet ihr euch für euer Glück entscheiden. Dies war schon immer so. Sicher kennt ihr die Berichte über glückselige »erleuchtete« Menschen. Was denkt ihr, warum man sie als »erleuchtet« bezeichnet? Warum, glaubt ihr, wurden alle Buddhastatuen mit einem glückseligen, versonnenen Lächeln erschaffen? Was bedeutet der Lichtkranz um die Häupter eurer Heiligenfiguren? Spirituell entwickelte Menschen nehmen sehr viel Licht in sich auf. Sie öffnen die Türen ihres Bewusstseins und gestatten dem göttlichen Licht, in ihnen zu wohnen.

Ihr alle seid auf der Suche nach Glückseligkeit. Nun strömt das rasch vibrierende Licht der neuen Energie zu euch. Dabei handelt es sich um sehr kurze, rasch bewegliche Wellenmuster. Wie winzige Fische schwimmen sie überallhin. Sie durchdringen die Ritzen eurer Mauern und sorgen dafür, dass die Spalten größer werden. Durch die Spalten dringt immer mehr Licht zu euch. Quicklebendige kleine Lichtwellen schubsen eure materielle Ausrüstung hin und her. Eure Materie nimmt diesen Bewegungsimpuls auf und wird lockerer. Nach und nach gerät so alles in Bewegung. Eure Frequenz beschleunigt sich, und ihr erreicht eine neue Entwicklungsstufe.

Dann erschafft also das Bewusstsein Beschleunigung?

Du weist da gerade auf einen sehr interessanten Aspekt hin. Grundsätzlich lautet unsere Antwort auf diese Frage Ja. Man könnte es auch umgekehrt beschreiben: »Bewusstes Sein entsteht aus beschleunigter Energie und umgekehrt.« Jedes Bewusstsein (= bewusstes Sein!) erschafft eine große Kraft im Universum. Die göttliche Quellenenergie lässt sich als reinstes, liebendes Bewusstsein beschreiben. Somit existiert ein Zusammenhang zwischen Bewusst-Sein und Schwer-Kraft. Je weniger Bewusstsein, desto dichter, lichtärmer, langsamer (im Sinne der geringen Vibrationsfrequenz) und schwerer ist eine Seinsform. Je mehr Bewusstsein, umso leichter, lichtvoller, hochfrequenter und durchlässiger ist die Schöpfung.

Wow – mir brummt der Kopf. Das sind ja komplizierte Zusammenhänge.

Was sagt denn dein Herz dazu? Wie fühlst du dich mit diesen Gedanken?

Merkwürdigerweise sehr leicht und absolut ausgewogen. Was ihr sagt, fühlt sich stimmig an.

Siehst du – das ist dein Bewusstsein!

Sitzt das Bewusstsein im Herzen? Ich dachte immer, es wäre eine Sache der Logik?

Wissenschaftlich gesehen wohnt dein Bewusstsein in jeder Körperzelle. Über deine DNA stehst du in jedem Moment mit dem gesamten universellen Bewusstsein in Verbindung. Die elektromagnetische Frequenz deiner DNA ist Teil eines riesigen kollektiven Energiefelds. Dieses Feld ist wiederum Teil eines größeren Felds. Du kannst dieses Bild erweitern und immer größere Energiefelder einbeziehen, bis du irgendwann das Gesamtfeld – alles, was ist – in deinem Fokus wahrnimmst. Die Antennen deiner Körperzellen sind auf die Liebesfrequenz der Schöpferkraft ausgerichtet. Damit erkennst du dich augenblicklich als Teil von allem, was ist!

Eure Körper werden aus verdichteter Energie erschaffen. Universelle Energie durchströmt euch in jedem Augenblick. Über die DNA eurer Körperzellen nehmt ihr die Wellensignale und Vibrationen aus dem Energiefeld der gesamten Schöpfung auf. In Reflexion auf dieses Geschehen sendet ihr die Essenz eurer irdischen Erfahrungen in das Gesamtfeld des Universums zurück. Bitte erinnert euch an das Bild eures atmenden Planeten, das wir euch weiter oben gaben. Wellenbewegungen des Meeres erreichen den Strand. Rhythmisch ziehen sie sich wieder zurück. Rhythmisch berühren sie den Strand aufs Neue. Strand und Welle tauschen ihre Informationen untereinander aus.

Alle Wellen dienen als Informationsträger. So erreichen euch kosmische Botschaften direkt in jeder eurer Zellen. Die unterschiedlichen universellen Wellenmuster arbeiten als »Postboten« im göttlichen oder universellen Auftrag und überbringen euch die Nachrichten, nach denen ihr verlangt. Gleichzeitig nehmen sie eure »Post« mit, um sie in andere Regionen des Universums zu bringen.

An bestimmten Körperstellen bildet eure Energie wirbelförmige Tore. Ihr bezeichnet diese Orte als Chakren und für das Gesamtgefüge eures Körpers bedeuten sie so etwas wie Kreuzungsstellen. An diesen Orten begegnen sich Energien unterschiedlicher Frequenzen. Sie vermischen sich, potenzieren sich und versorgen von hier aus euer gesamtes Sein. Jedes Chakra versammelt ganz bestimmte Frequenzen in sich. Deshalb ordnet ihr ihnen auch unterschiedliche Energiequalitäten zu.

Wenn wir dich bitten, dein Herz zu öffnen, sprechen wir von deinem Energiefeld der Liebe. Es befindet sich in der Mitte deines Brustkorbs. Nicht ohne Grund erzählen die Geschichten und Märchen eurer Kulturen von den außergewöhnlichen Kräften des Herzens. Betrachtet die Kunst aller Kontinente und Völker. Die Energie eures Herzraums genießt überall eine besondere Stellung. Hier wohnen eure Gefühle der Güte, der Anteilnahme und der Verbundenheit.

Die hochfrequente neue Energie stärkt besonders euer Herzchakra. In den letzten Jahren fühltet ihr euch in dieser Körperregion gelegentlich unruhig. Manche von euch klagten über Herzrhythmusstörungen oder Schwankungen ihrer Kreislauffunktionen. Meistens konnte dann bei einer ärztlichen Untersuchung nichts Auffälliges gefunden werden. Eure körperlichen Symptome wurden durch das vegetative Nervensystem verursacht. Ihr wisst ja, dass eure Nervenzellen wie besonders große Antennen wirken. Sie fangen die neue Energie auf und verbreiten sie im Körper. So wird euer Herzchakra stabilisiert.

Wir nennen die neue Energie »eine Energie der Liebe«, weil sie euren Herzraum ganz besonders gut versorgt. Auf diese Weise erinnert ihr euch jetzt täglich mehr an eure zutiefst menschlichen Qualitäten. Viele Schöpfungsformen im Universum besitzen Intelligenz. Viele zeichnen sich durch Kraft, Mut und Tatendrang aus. Ihr Menschen jedoch vereint in euch ein sehr breites Spektrum unterschiedlichster Energien. Diese Tatsache räumt euch einen besonderen Platz im Universum ein.

Jede eurer unzähligen Frequenzen steht mit einem bestimmten Aspekt der Schöpfung in Verbindung. Ihr seid tatsächlich »Gottes Kinder«, denn energetisch habt ihr Teil an allem, was ist. Jede Energieform des Universums spiegelt sich in eurer Gestalt. Kinder besitzen in sich das vollständige Erbe ihrer Eltern. Ebenso besitzt ihr das vollkommene göttliche Erbe in jeder eurer Körperzellen. Diese Tatsache wurde von euren Wissenschaftlern übrigens erst kürzlich wieder neu entdeckt. Uralte Texte eurer eigenen früheren Kulturen berichten davon. Eure Erbinformation, eure DNA, spiegelt den Namen Gottes in jeder Zelle eures Körpers.

Eure Herzkraft ermöglicht es euch, alle eure Handlungen mit dem göttlichen Hauch der Güte zu durchströmen. Deshalb legen die großen Meister eurer Geschichte so viel Wert auf die Entwicklung dieser Energie. Euer Herz verbindet euch direkt mit der Quelle aller Schöpfung. Lasst eure Gedanken, Gefühle und Leidenschaften durch euer Herz in die Welt hinausfließen und ihr erschafft als göttliche Kinder ein Schöpfungswerk der Wunder! Der beglückende Frieden, nach dem ihr euch sehnt, wohnt genau hier: im Zentrum eures Herzens.

Das war jetzt wirklich viel Stoff auf einmal. Mein Kopf brummt. Aber ich werde mich in meinem Herzraum versammeln, um innere Ruhe und Ordnung zu finden. An diesem Ort sind die vielen Worte nicht mehr so wichtig.

Ganz genau! Das ist die Kernbotschaft der neuen Energie. Alles andere folgt daraus. Versammle dich in deinem innersten Zentrum und genieße die Begegnung aller Energieformen, die du hier entdecken kannst!

Liebe gehört zu unseren größten Sehnsüchten und Bedürfnissen. Gleichzeitig enthält sie wohl auch das größte Geheimnis unseres Seins. Könnt ihr uns sagen, was Liebe ist?

Eine nette Frage... Jeder Mensch kennt sie, aber keiner kann sie beschreiben. Ist das nicht interessant? Hier gibt es etwas, das euer Verständnis sprengt. Genau genommen sprengt die Liebe die Grenzen eures Verstands. In euren Herzen, in eurem Gefühl, könnt ihr sie wohl verstehen, aber sie entzieht sich der

Welt eurer Gedanken. Deshalb versteht ihr sie scheinbar nicht. Sie erscheint euch irrational. Manche Menschen fürchten sich deshalb sogar vor ihrer Kraft. Die Liebe erscheint euch archaisch, unkontrollierbar. Viele eurer Sagen und Legenden berichten darüber.

Hier ist eine wissenschaftliche Erklärung, die euch weiterhelfen kann. Tatsächlich besteht die Energie der Liebe aus ultraraschen hochfrequenten Wellenmustern. Ihr kennt und spürt diese rasche Bewegung. Ihr sprecht davon, dass es euch »warm ums Herz« wird. Wärme entsteht durch Reibung. Die rasch vibrierenden kurzen Wellen treffen auf euer Gewebe und erregen es. Sie versetzen euch in Bewegung. Diese Wellen sind multidimensional. Deshalb könnt ihr die Energie der Liebe nicht wirklich in den dreidimensionalen Worten eures Verstands beschreiben. Eure Künstler bedienen sich der Bilder und Geschichten, um über die Liebe zu berichten.

Die »neue Energie der Liebe« besteht exakt aus diesen kurzwelligen, rasch vibrierenden Kräften. Ihr habt euch die Transformation gewünscht. Ihr möchtet die paradiesische Heimat eures göttlichen Geburtsrechts bewohnen. Die Energie der Liebe durchdringt alle Räume eures Seins. Jeder Aspekt eures Lebens wird durch sie bewegt. Sie ist die Lichtkraft, die euch erkennen lässt. Sie ist der reinigende Sturm, der euch dabei hilft, eure Gedanken, Gefühle und Handlungen zu erneuern. Sie ist die Brücke zu eurem neuen mehrdimensionalen Leben.

Mir fällt gerade die Gedichtzeile ein: »Ich bete an die Macht der Liebe...«

Eine passende, angemessene Haltung. Dieser Künstler hat verstanden, worum es geht. Die Anbetung kennzeichnet einen Seinszustand, der euch glücklich macht. Leider haben eure Religionen diese natürliche Haltung der Andacht oft mit unterdrückenden Regeln vermischt. Tief in euch erschuft ihr damit die Spaltung zwischen dem scheinbar weit entfernten Göttlichen und eurer eigenen »tief gesunkenen« Natur. In euch selbst wohnt die Quelle der Anbetung. Sie ist eins mit der Göttlichkeit in sich!

Ich fühle, worüber ihr sprecht. Es ist wundervoll, sich mit der Quelle eins zu wissen. Umso weniger verstehe ich, warum manche Menschen auf die Chancen dieser Zeit verzichten. Wie könnte man diese herrliche neue Energie ungenutzt lassen?

Das hatten wir schon. Du versuchst es immer wieder … Bitte erkenne die hartnäckigen Schleifen deines Verstands. Auch sie bestehen aus Energie. Dein Verstand arbeitet ähnlich wie ein Computerprogramm. Auf einen bestimmten Impuls oder Auslöser wiederholt er seine einmal eingespeicherten Muster so lange, bis du ihm neue Strukturen gibst. Daran ist nichts Schlechtes. Oft hilft er dir durch seine spezifischen Eigenschaften bei deinen Aufgaben. Die Wege eurer multidimensionalen Seele kann er aber definitiv nicht verstehen. Da hilft nur eines: Vertraue der Weisheit des Seins. Akzeptiere den tiefen Sinn in allem, was ist. So findest du Auswege aus den Wiederholungsschleifen und Einbahnstraßen deines Verstands.

Vielen Dank! Vorhin spracht ihr über die körperlichen Reaktionen, die die neue Energie hervorrufen kann. Könnt ihr uns Genaueres darüber sagen? Habt ihr vielleicht auch ein paar Tipps, wie wir damit umgehen sollten?

Sehr gerne. Wir empfehlen euch dies: Nehmt euch einen Atlas der Biologie und betrachtet die Drüsen eures Körpers. Habt ihr schon einmal darüber nachgedacht, an welchen Stellen sich die Drüsen befinden? Kennt ihr die Aufgaben und Funktionen dieser Organe? Drüsen produzieren Hormone. Hormone steuern die Gesamtfunktionen eures Lebens. Eure Drüsen bilden so etwas wie Schaltstellen. Hier laufen die Informationen zusammen, die eure verschiedenen Organe und Gewebestrukturen aussenden. Von hier aus setzen die Regulationsprozesse ein, wenn etwas aus dem Gleichgewicht geraten ist.

Interessanterweise befinden sich die großen Körperdrüsen genau an den Stellen, die laut alter Tradition als energetische Wirbeltore beschrieben werden. Hier sitzen die sogenannten Chakren, die es euch ermöglichen, mit dem Universum zu kommunizieren. Euer materieller Körper besitzt seine Steuerzentralen genau dort, wo ihr energetisch mit allem Sein in Verbindung steht. Erkennst du dabei, wie außerordentlich klug und weise alles erschaffen wurde? Siehst du die Wunder der Schöpfung?

Danke! Ich bin wirklich immer wieder zutiefst berührt, wenn ihr mir das größere Bild entblättert. Aber bitte erlaubt mir die Frage: Was haben die Drüsen mit meiner vorigen Frage zu tun?

Wie wäre es mit ein wenig Geduld? Gleich geht's weiter. Hast du schon eine Liste der auftauchenden Beschwerden in der neuen Energie gesammelt? Was erzählen dir denn deine Klienten? Worüber klagen sie?

Diese Liste wollte ich ja eigentlich von euch hören... na schön. Dies sind die Beschwerden, die mir berichtet werden:

- ☆ *Schwindel- und Schwächeanfälle*
- ☆ *Kopfschmerzen, Druckgefühle oder Stechen im Kopf*
- ☆ *Augenflimmern, Sehstörungen*
- ☆ *Ohrensausen, Hörprobleme, Stimmen oder Geräusche im Kopf, gestörte Orientierung im Raum*
- ☆ *Depressionen, Gefühlsschwankungen, Denk- und Konzentrationsstörungen, Gedächtnisprobleme, Albträume*

- ☆ *Ängste, Selbstzweifel (uralte Verstrickungen tauchen plötzlich wieder auf), Zweifel am Sinn des Lebens*
- ☆ *Schlafstörungen, die sich laufend ändern (mal stundenlang hellwach, dann dauernd müde)*
- ☆ *Verändertes Zeitgefühl (mal dehnt sich die Zeit endlos, manchmal ist sie viel zu kurz)*
- ☆ *Halsschmerzen, Bauchschmerzen, Verdauungsstörungen (ganz plötzlich verträgt jemand nicht mehr dieselbe Nahrung wie früher)*
- ☆ *Dauernd wechselnde Nahrungsbedürfnisse*
- ☆ *Alle Arten von Herzrhythmusstörungen, Kreislaufproblemen, Blutdruckschwankungen*
- ☆ *Plötzlich auftretende Entzündungen an allen möglichen Körperstellen*
- ☆ *Veränderte Sexualität (Verlangen und Desinteresse wechseln schnell und ohne Vorwarnung)*
- ☆ *Veränderter Wasserhaushalt (großer Durst auf Wasser, plötzliche Wassereinlagerungen, die dann ganz schnell wieder verschwinden)*
- ☆ *Müdigkeit, Müdigkeit, Müdigkeit!*

Natürlich bitte ich alle Menschen um eine gründliche medizinische Untersuchung. Zum Glück verläuft sie fast immer ohne Ergebnis. Bei anderen wird plötzlich ein bösartiger Tumor entdeckt, obwohl sie sich völlig gesund fühlen. Überall gibt's große Schwankungen. Neue Krankheiten tauchen auf, altbekannte Leiden verschwinden – alles scheint möglich. Viele Menschen fühlen sich sehr verwirrt.

Gut beobachtet! Was fällt dir auf, wenn du diese Liste ansiehst?

Die meisten Beschwerden finden im Kopf statt.

Eine gute Erkenntnis, die auf mehreren Ebenen stimmt.

Ich liebe euren Humor... Außerdem fällt mir auf, dass die meisten Probleme etwas diffus erscheinen. Sie sind schwer fassbar, sie sind nicht organisch und sie ändern sich dauernd.

Richtig. Wenn du deine Liste mit der Lokalisation der Körperdrüsen vergleichst...

Oh – da gibt es eine Übereinstimmung! Die Beschwerden befinden sich wirklich fast alle im Bereich der größeren Drüsen. Dann geht es also mal wieder um Energie?

Worum sonst sollte es gehen? Was gibt es denn außerhalb von Energie? Alles ist Energie! Ihr findet nur unendlich viele Möglichkeiten, um sie zu beschreiben... Die Unterscheidungen und Klassifizierungen verschiedener Energieformen finden in eurem Bewusstsein statt. Dein Schreibtisch ist Energie, dein Mittagessen ist Energie, deine Gedanken sind Energie, deine Gefühle...

Schon gut, danke für die Wiederholungen. Eure Schulung ist wirklich konsequent.

Sonst wäre sie auch sinnlos... Wir möchten unsere Energie (uns selbst!) so sinnvoll und nutzbringend wie möglich einsetzen. Das Bedürfnis hierzu wächst mit steigender Bewusstwerdung. Viele von euch entdecken gerade ähnliche Impulse in sich. Je mehr du dir über dein tatsächliches Sein im Klaren bist, umso kostbarer erscheint dir die Schöpfung. Du wirst dir deines eigentlichen Wertes bewusst. Du entwickelst Wertschätzung dir selbst gegenüber. Du wirst selbst-bewusst. Damit verbietet sich Energieverschwendung automatisch. Du gibst dein Bestes und konzentrierst (versammelst) dich dabei.

Lass uns also noch einmal zu deiner Frage zurückkehren. Deine Klienten berichten dir von ihren Beschwerden. Diese liegen überwiegend im Kopfbereich. Auch in den Feldern der Gedanken und Gefühle zeigen sich Symptome. Fast alle sind vegetativ (das heißt nicht organisch) verursacht. Fast alle schwanken häufig. Und viele Symptome zeigen sich im Bereich der großen Drüsen. Hier liegen eure Energiezentren, eure Chakren:

- Das Scheitelchakra und das Stirnchakra (euer »drittes Auge«) liegen im Bereich der Hypophyse (Hirnanhangsdrüse).

- Das Halschakra liegt im Bereich der Schilddrüse.

- Das Herzchakra liegt im Bereich des Thymus (dieses Organ bildet sich im Erwachsenenalter zurück; mit der neuen Energie dehnt es sich teilweise wieder aus) und der Brustdrüsen.

- Das Bauchchakra liegt im Bereich der Bauchspeicheldrüse und der Nebennieren.

- Die unteren beiden Chakren liegen im Bereich der Sexualdrüsen.

Die neue Energie fegt wie ein Wirbelwind durch euer gesamtes Sein. In euren Chakren bewirkt sie eine Art feinstoffliche Korrektur. Eure Körperdrüsen müssen sich auf neue Steuerungsmuster einstellen. Früher hatten sie eure Lebensfunktionen nur in drei Dimensionen zu bedienen. In der neuen Energie öffnen sie sich jetzt weiteren Dimensionen. Eure Chakren empfangen aus allen diesen Ebenen neue Energien und Informationen. Dasselbe gilt für jede eurer Körperzellen. Auch eure feinstoffliche Ausrüstung reagiert entsprechend. Die Muster eurer Gefühle und Gedanken wirbeln umher. Kein Wunder, dass ihr euch dann verwirrt und ermüdet fühlt. Eure altvertrauten Strukturen sind in Auflösung begriffen. Neue Muster müssen erst erschaffen werden.

Unsere wichtigste Empfehlung für diesen Prozess haben wir euch immer wieder gegeben, und wir wiederholen sie gerne noch einmal. Eure Heilmittel heißen Geduld, Vertrauen und Selbstverantwortlichkeit. Weil ihr die kleinen Aufzählungslisten liebt, fassen wir unsere Hinweise noch einmal auf diese Art zusammen:

- Bitte geht behutsam mit euch um. Tut dies für euch selbst, ebenso wie untereinander. Gestattet euch selbst und anderen die Folgen eures tief greifenden Wandels. Übt Güte und Nachsicht mit eurer scheinbaren Unvollkommenheit. Gebt euch selbst und eurem Wohlbefinden Vorrang vor anderen Dingen. So achtet ihr die Kostbarkeit des Lebens!

- Behütet eure Körperlichkeit aufmerksam. Sprecht mit euren Zellen. Lasst euch von eurem Körper mitteilen, was er sich wünscht, und handelt entsprechend. Teilt ihm mit, was ihr von ihm möchtet, und dankt der Materie für den Dienst, den sie euch erweist. Wählt die beste Nahrung, das beste Wasser, die beste Luft und die harmonischste Umgebung, die ihr für euch finden könnt. Gebt euch nicht mehr mit Kompromissen zufrieden. Die neue Energie würde sie sowieso bald wieder auflösen.

- Nehmt euch ausreichende Ruhepausen. Entscheidet euch Tag für Tag spontan, welche Tätigkeiten am wichtigsten sind. Schärft euer Unterscheidungsvermögen, wenn es um alte Gewohnheiten geht. Tut nichts mehr aus Gewohnheit! Handelt mit der Weisheit eures Herzens. Ernennt eure Herzenergie zu eurem wichtigsten Berater. Handelt liebevoll (aus dem Geist der Liebe). Gebt euch und eurem Leben Priorität.

- Akzeptiert die Wellenbewegungen und Schwankungen in eurem täglichen Ablauf. Sie sind der Preis eurer Verwandlung. Außerdem lösen euch diese Erfahrungen sanft aus der starren Gewohnheit linearer Abläufe. Bald werdet ihr immer weniger lineare Ordnung in eurem Leben finden. Eure nächste Entwicklungsstufe erlaubt es euch, mit der Energie (mit dem Strom) zu schwimmen und genau dies zu genießen. Entdeckt die große Freiheit, die hierin verborgen liegt. Erschafft euch Freiheiten von alten Zwängen, wo immer ihr es tun könnt.

- Nutzt eure zahlreichen kosmischen Helfer! Unendlich viele Hände strecken sich aus, um euch zu unterstützen. Bittet um Hilfe. Sie erwartet euch bereits. Gewöhnt euch daran, alle Dinge in der wohltuenden Geborgenheit einer freundlichen Gemeinschaft zu tun. Vorbei sind die Zeiten der Isolation. Beendet sind die Gefahren der Verfolgung und Bedrohung eurer göttlichen Natur. Erschafft euer Sein in Leichtigkeit!

- Entdeckt die Heilenergie, die bereits in euch lebt. Die neue Energie ermöglicht Heilung in jedem Augenblick. Nutzt eure Hände, um diese Möglichkeiten zu erkunden. Konzentriert euch auf die Ausstrahlung eurer Handflächen. Entdeckt die heilsame Kraft liebevoller Berührungen. Informiert euch über alte und neue Techniken ihrer Nutzung. Findet den Mut, eure Gesundheit in die eigenen Hände zu nehmen. Lasst euch dabei von kompetenten Fachleuten unterstützen, nutzt ihre Erfahrungen und Kenntnisse und entscheidet danach selbstverantwortlich über euren Weg gemäß der Kraft eures Herzens. Diese Haltung wird euch dabei helfen, die bevorstehenden großen Veränderungen eures Wirtschafts- und Gesundheitssystems gut zu meistern.

❍ Erinnert euch täglich daran, dass eure bisherigen Gedanken über Krankheit und Gesundheit einem überholten Denkmodell entstammen. Das Denken eurer Gesundheitsfachleute richtet sich meist nach den Konzepten dreidimensionaler, linearer Forschungsansätze. Diesem Denken fehlt die wesentliche Erkenntnis von der Verbundenheit allen Seins. Dadurch werden falsche Schlüsse aus den Beobachtungen gezogen. Fragwürdige Behandlungswege sind die Folge davon. Glaubt nichts mehr ungeprüft. Die nötigen Informationen für eine kritische selbst-bewusste Reflexion des Themas existieren bereits. Findet die Bücher und Zeitschriften, in denen ihr sie entdecken könnt, und arbeitet selbstständig mit diesem Wissen!

Unser wichtigster Hinweis aber ist dieser: Vertraut eurem Herzen und folgt seinen Empfehlungen. In eurem Herzen befinden sich alle Punkte unserer Aufzählung. Von hier aus erreicht ihr alles, was ihr für euer Leben benötigt.

Eine schöne Vision... *Wenn ich das alles berücksichtige, fühle ich mich jetzt schon wie im Paradies.*

Wunderbar! Und was schließt du daraus?

Alles ist eins, hier jetzt!?

Danke für deine Lernbereitschaft!

Ich danke euch für unseren Unterricht! Inzwischen haben wir schon so viel über die neue Energie gesprochen. Woher kommt sie eigentlich?

Um genau zu sein, handelt es sich hier nicht nur um eine einzige Energieform. Was ihr »neue Energie« nennt, besteht aus einer Vielfalt unterschiedlichster Wellenmuster und Frequenzen. Viele kommen aus sehr weit entfernten Regionen des Universums zu euch. Manche bestehen aus so rasch vibrierenden Wellen, dass sie durch interdimensionale Tore »hindurchschlüpfen«. Die neue Energie ist auch nicht wirklich neu. Sie existiert seit Anbeginn aller Zeiten. Neu ist, dass sie jetzt vermehrt zu euch dringt. Neu ist, dass ihr sie aktiv herbeiruft (dies geschieht zwar häufig noch unbewusst, aber auf der Seelenebene habt ihr euch dazu entschieden). Neu ist, dass ihr sie wegen eurer eigenen Transformation deutlicher wahrnehmt und nutzt.

Nicht nur ihr selbst durchlauft augenblicklich eine große Transformation. Euer gesamtes Sonnensystem – ja sogar eure Galaxie – verändert sich in dieser Zeit sehr grundsätzlich. Wenn du diese Zusammenhänge genauer verstehen möchtest, solltest du Darstellungen eures Sonnensystems und eurer Galaxie betrachten. Alle Schöpfungsformen im Universum bewegen sich rhythmisch und harmonisch in riesigen geometrischen Mustern. Diese bewegten Muster erzeugen selbst eine Art von Wellenaktivität.

Jede Welle transportiert Informationen. Euer Wort »Information« bedeutet, »etwas in die Form bringen«. Durch Wellenbewegungen und Muster bringt die göttliche Quelle sich selbst in die Form. Dies ist ihr Weg, Form zu erschaffen. Die »Information« über diese großartige Schöpferkraft ist also in alle materiellen Erscheinungen »eingewebt«. Deshalb findet ihr die Quelle in jeder ihrer Ausdrucksformen. Die gesamte Schöpfung erzählt von ihr.

Was ihr »Zeit« nennt, besteht aus rhythmischen Ordnungsmustern. Diese Muster ermöglichen Wandlung und Veränderung. Alle Planeten und Sonnensysteme durchlaufen ihre Bahnen. Dadurch begegnen sie sich in den Mustern der Zeit nach ganz bestimmten Gesetzmäßigkeiten. 1986 befanden sich beispielsweise alle großen Planeten eures Sonnensystems in einer Reihe hinter der Sonne. Ihre jeweiligen Umlaufbahnen führten sie an diesen Punkt. Dadurch entstanden sehr besondere Magnetfelder, die große Auswirkungen auf euer Leben hatten.

Wenn du magst, folge uns nun mit deinen Gedanken bei einem weiteren Schritt. Das Magnetfeld eures Planeten ist in perfekter Übereinstimmung mit eurem eigenen körperlichen Magnetfeld. Magnetismus und Elektrizität bilden polare Kräfte. Eine ähnliche Polarität existiert zwischen Gravitation und Bewusstsein. Alle diese Kräfte stehen untereinander in Wechselwirkungen. Wenn sich also das Magnetfeld eures Planeten verändert…

Verändert sich unser Bewusstsein! Wow – was für eine Perspektive…

Richtig. Du kannst sie aber auch umkehren. Indem ihr euer Bewusstsein erweitert, nehmt ihr Einfluss auf das Energiefeld eures Planeten. Dieser schickt seine veränderten Bewegungsmuster dann als Welle ins Universum. So wird alles bewegt, wenn ihr euch bewegt! Alle Strukturen im Universum sind belebt. Jeder Planet, jede Sonne, jeder Komet, jeder Asteroid besteht aus Form gewordener göttlicher Schöpferkraft. Alles trägt die In-Form-ation der Quelle.

Natürlich existiert Bewusstsein in jeder Erscheinung! Unterschiedliche Schöpfungsformen bestehen aus unterschiedlichen Dichtegraden. Du erinnerst dich sicher: Je weniger Bewusstsein, desto dichter, lichtärmer, langsamer und schwerer ist eine Seinsform. Je mehr Bewusstsein, umso leichter, lichtvoller, hochfrequenter und durchlässiger ist die Schöpfung.

Es heißt doch immer, dass unser Planet eine göttliche Wesenheit ist. Hat sie denn trotzdem wenig Bewusstsein? Sie ist ja ziemlich dicht und schwer.

Euer Planet ist eine wundervolle göttliche Wesenheit! Diese Wesenheit besitzt ein sehr spezielles Bewusstsein ihrer selbst. Sie ist sich des Lebens, das sie trägt, nährt und beschützt, zutiefst bewusst. Sie ist sich aller anderen Planeten- und Sonnensysteme des Universums bewusst. Wieder einmal sind wir in unserem Gespräch an die Grenzen der Verständigung gestoßen. Dies ist eine Folge eurer linear ausgerichteten Verstandesaktivität. Wir sprechen von »mehr oder weniger Bewusstsein«, weil wir es nicht anders in Worte fassen können. Ihr versteht unter den Begriffen »mehr oder weniger« ein Maß der Menge. Wir möchten euch stattdessen vermitteln, dass es sich hier um andersartige Qualitäten handelt.

Euer Planet besitzt ein vollkommenes Bewusstsein. Augenblicklich erweitert eure Erde ihr Bewusstsein. Damit dehnt sie ihre Energien in neue Regionen aus; so ähnlich, wie ihr selbst es gerade tut. Aus der Sicht eurer Erde wird sie »mehr Bewusstsein« entfalten. Sie wird auch leichter, transparenter und lichtvoller sein. Ihre Vibrationen werden rascher verlaufen. Das alles entspricht ihrer Göttlichkeit vollkommen. Ihr Entwicklungsprozess ähnelt dem euren sehr. Aber euer jeweiliges Bewusstsein lässt sich weder messen noch vergleichen.

Das klingt ziemlich kompliziert...

Mach's dir einfach und lausche auf dein Herz. Es weiß ganz genau, wovon die Rede ist! Vielleicht magst du dich öfter an diesen Vorschlag erinnern? Immer wenn dir etwas schwierig erscheint, könntest du dich einfach in deinen Gedanken entspannen und der Kraft deines Herzens lauschen.

Ein guter Hinweis. Danke!

Wir möchten euch noch ein wenig mehr darüber erzählen, wie eure neue Energie entsteht und woher sie stammt. Inzwischen habt ihr sicherlich verstanden, dass die Phänomene unendlich vielschichtig sind. Es gibt nicht einfach irgendwo einen Sender, der diese Energie zu euch schickt. In den rhythmischen Bewegungen der Sonnensysteme und Galaxien entstehen zu ganz bestimmten Zeitpunkten besondere Zusammentreffen. Die alten Kulturen eurer Geschichte wussten sehr viel darüber. Ihr kennt den Mayakalender und andere jahrtausendealte Vorhersagen, die dies bestätigen.

Euer aktueller Zeitraum zeichnet sich durch extrem seltene Zusammentreffen der Sonnensysteme und Galaxien aus. Vor Kurzem begegnete eure Galaxie ihrer Nachbargalaxie, der Andromeda. In euren Medien konntet ihr Bilder darüber finden. Was glaubt ihr wohl, geschieht, wenn sich zwei Galaxien einander annähern? Spürt ihr eine Ahnung davon, welche Kräfte sich hier freisetzen? Könnt ihr euch vorstellen, dass dieses Ereignis jeden Planeten, jeden Mond, jeden Stern, jeden Asteroiden – einfach alles, was ist – beeinflusst? Wir dürfen euch mitteilen, dass dieses Ereignis nur eines von vielen ist, die jetzt stattfinden.

Du meine Güte – das klingt ja wie eine komplette Neuordnung des Universums.

In gewissem Sinne ist es das auch. Vor einem Jahr hatten wir dir mitgeteilt, dass eure derzeitige Transformation äußerst weitreichende Konsequenzen mit sich bringt. Zu der Zeit durften wir dir nur wenig Konkretes darüber sagen. Euer eigener Bewusstwerdungsprozess bestimmt darüber, wie viele Informationen wir euch zu einem gegebenen Zeitpunkt überreichen dürfen. Du erinnerst dich: In-Form-ation heißt »in die Form bringen«. Je mehr ihr euer Bewusstsein ausdehnt, desto mehr Form gewordene Weisheit findet darin Platz.

Ihr dosiert also die Portionen eurer Wissensgeschenke genau?

Das stimmt. Aber möglicherweise stellst du dir jetzt wieder etwas anderes darunter vor als das, was tatsächlich stattfindet. Wir müssen nicht lange überlegen oder gar planen, was wir euch zum jeweiligen Zeitpunkt mitteilen können. Wir beobachten euer Energiefeld und erkennen, wie viel Platz für Neuigkeiten sich darin befindet. Immer wenn ihr euer Bewusstsein ausdehnt, schafft ihr Raum für neue Wissens-Formen, Raum für mehr In-Form-ation. Immer wenn ihr euch von euren erstarrten, überholten Vorstellungen und Glaubenssätzen reinigt, können wir den befreiten Raum mit für euch interessanten Neuigkeiten füllen.

Ihr versteht also, dass augenblicklich besondere Bewegungsmuster zwischen Galaxien, Sonnensystemen, Sternenhaufen und Planeten im Universum stattfinden. Was geschieht, wenn sich zwei materielle Erscheinungen begegnen? Ihre Energien begegnen sich und geraten in Bewegung. Neue Spannungen entstehen. Während sich diese Spannungen untereinander ausgleichen, wird Energie freigesetzt. Am besten kennt ihr dieses Phänomen aus der sexuellen Begegnung von Mann und Frau. Jeder Spannungsausgleich erschafft Energie! Dies ist ein Schöpfungsprozess. Neue Energie (!) strömt wellenförmig durch das Universum. Sie erreicht alle bestehenden Strukturen und schenkt ihnen Bewegung.

Festere Seinsformen (Planeten, Asteroide, Monde) und auch die rascher schwingenden lebendigen Anteile der Schöpfung (Menschen, Tiere, Pflanzen) nehmen diese Energie auf und werden durchlässiger, leichter. Dabei entlasten sie sich von den starr gewordenen Anteilen ihrer Geschichte. Die Geschichte wird neu geschrieben! Kommt euch das bekannt vor, ihr Lieben? Habt ihr von der Möglichkeit gehört, eure Akasha-Chronik zu reinigen? Sind euch in den letzten Monaten Situationen begegnet, in denen ihr ein uraltes (jahrtausendealtes!) Trauma erlösen durftet? Spürt ihr, wie sich die einst zu euch gehörenden Seelenfragmente vergangener Zeiten, jetzt gereinigt und neu, bei euch versammeln?

Ihr klagt über Müdigkeit, liebe Geschwister? Wenn ihr sehen könntet, wie viele Reinigungen ihr in den letzten Monaten schon durchlaufen habt... Wenn ihr wahrnehmen würdet, welche zusätzlichen, euch gehörenden Energieanteile jetzt bei euch sind... ihr würdet euch nicht mehr darüber wundern, müde zu sein. Ihr meistert gerade die größte Reinigungskur eurer bisherigen Menschheitsgeschichte! Bald werdet ihr sie als Erholungskur schätzen lernen. Bald schon werdet ihr eine Befreiung von Körper, Seele und Geist erleben, die ihr euch in dem Ausmaß niemals hättet träumen lassen! Freut euch auf diese Entwicklung, ihr Lieben!

Vieles aus dem eben Gesagten kenne ich wirklich von mir selbst. Auch unsere Klienten berichten darüber. Wenn jemand mit einem Konflikt in meine Beratung kommt, dürfen wir jetzt oft in einer einzigen Stunde ein uraltes Muster erlösen. Dabei tauchen Bilder aus verschiedenen Kulturen der Menschheitsgeschichte auf. Oft reichen sie bis in die lemurischen und atlantischen Zeiten zurück.

... und darüber hinaus. Eure Geschichte ist viel älter. In den kommenden Jahren werdet ihr wieder zweifelsfrei erkennen, wer ihr seid und woher ihr kommt. Ihr werdet euch eurer selbst bewusst sein und dadurch selbst-bewusst! Alle Zweifel werden ein Ende finden. Niemand wird euch mehr verunsichern oder unterdrücken können. In der Folge davon werdet ihr einander auf vollständig neue Weise begegnen. Eure Beziehungen finden zu einer heilsamen Neuordnung. Ihr werdet in den Genuss kommen, bedingungslose Liebe, Geborgenheit und Frieden in eurer Gemeinschaft zu erleben. Euer Selbst-Bewusst-Sein wird dann zur Selbst-Sicherheit. Dies ist das Paradies, welches ihr euch soeben erarbeitet. Wenn ihr es betreten werdet, habt ihr es euch selbst verdient!

Ich glaube, ich brauche ein bisschen Zeit, um dies alles zu verdauen. Euer Bild ist wirklich unendlich erweitert.

Richtig. Dennoch kannst du es dir mit allen diesen Informationen jetzt sofort leicht machen. Erlöse den Irrtum der Schwere oder Schwierigkeit in dir. Erkenne dein wirklich unbegrenztes Fassungsvermögen. Erkenne die eine Wahrheit in den hunderttausend Wirklichkeiten!

Durch eure Ausbildungssysteme habt ihr euch in Leistungsdruck und Versagensangst versetzt. Tief in eurem Bewusstsein wohnt der Irrtum, dass Lernprozesse anstrengend, verwirrend und frustrierend sein müssten. Viele von euch kennen es gar nicht anders. Viele verzichten sogar auf die außerordentlichen Freuden des Lernens und Entdeckens, weil sie sich diesem inneren Druck nicht aussetzen wollen. Erkennt euren Irrtum, ihr Lieben! Entlarvt eure bisherigen Erfahrungen als das, was sie sind: von euch selbst geschaffene Strukturen, die ihr jederzeit verändern dürft! Beginnt damit, den Irrtum und die einseitige Sicht in eurem Denken aufzulösen.

Als Belohnung werdet ihr riesige, bisher für euch noch unvorstellbare Freiheiten entdecken. Eure Natur ist die von Pionieren. Eure Entdeckerfreude ist göttlichen Ursprungs. Ihr sehnt euch danach zu lernen, neue Gebiete zu erkunden und euch auszudehnen. Folgt dieser Sehnsucht und nehmt euer Erbe in Anspruch. Tut es in liebender Gemeinschaft und unterstützt einander dabei. Achtet und beschützt das Lebendige und anerkennt dasselbe Lebensrecht für alles, was ist. Alle Lebewesen haben Anteil am Ganzen. Jedes Leben hat das Recht, sich gemäß seiner ihm innewohnenden Göttlichkeit zu entfalten. Erschafft euch das Leben, das ihr euch wünscht!

Herzlichen Dank für diese Ermutigung. Ich höre allerdings im Geiste bereits die Antworten mancher Zeitgenossen: Wenn sich jeder das Leben erschafft, das er sich wünscht, haben wir hier noch mehr Chaos als bisher...

Es ist wirklich wichtig, dass ihr unsere Botschaft vollständig aufnehmt. Wir haben euch gebeten, eure Entwicklung in den Geist gegenseitiger Liebe und Unterstützung zu stellen. Wenn ihr diesem Hinweis folgt, kann gar kein Chaos entstehen. Eure Herzen sind bereits untereinander in der Energie der Liebe verbunden. Es kommt nur noch darauf an, inwieweit ihr diese Energie zur Kenntnis nehmt und entsprechend handelt.

Ihr alle seid Teil eines Kollektivs ähnlicher Wesenheiten. Die gesamte Menschheit besitzt ein großes, bedingungslos liebendes Herz. Wie sollte es auch anders sein? Ihr seid Teil des Göttlichen! Das Göttliche ist erfahrbar als reinste Liebesenergie. Dies ist die Kraft, die in euch allen wohnt. Fällt eine Entscheidung und setzt sie um: Gebt der Kraft eures Herzens Raum in allen Dingen!

Danke, dass ihr dies immer wieder betont. Hier ist noch eine Frage zur neuen Energie. Strahlen Planeten eigentlich auch Energie aus?

Alle Schöpfung besteht aus Energie. Alle Schöpfung strahlt Energie aus. Allerdings existieren unzählige verschiedene Möglichkeiten, um dies zu tun. So gibt es beispielsweise eine bewusst ausgesendete Strahlung. Wenn wir mit dir kommunizieren, senden wir dir gelegentlich eine besondere Ladung (bitte verstehe dies ganz im Sinne der physikalischen Wissenschaft!) rasch vibrierender Energie. Damit versetzen wir deine Empfangsstation in Bereitschaft, unsere multidimensionalen Botschaften zu entschlüsseln und in die lineare Dreidimensionalität eurer Welt zu übersetzen.

Die göttliche Quelle sendet euch ihre Liebesstrahlung bewusst. Eure göttlichen Helfer tauchen euch ab und zu bewusst in ein Bad der reinsten Liebeskraft. Ihr könnt sie übrigens gezielt darum bitten, wann immer ihr möchtet. Auch ihr selbst kennt den Prozess der bewussten Strahlung. Denn denkst du an einen geliebten Menschen, sendest du ihm deine guten Wünsche. Physikalisch gesehen bestehen sie aus bestimmten Wellenfrequenzen, die dein Gehirn, dein Herz und oft auch dein Bauch erzeugen.

Darüber hinaus existiert eine permanente unbewusste Ausstrahlung aller Seinsformen. Jede eurer Körperzellen entsendet ununterbrochen »strahlende Botschaften« ins Universum. Dasselbe gilt für jeden Anteil der Schöpfung. Bewusst ausgesendete Strahlung ist von anderer Qualität als unbewusst verströmte. Wir bitten euch jetzt sofort, diese Unterscheidung ohne Wertung zu betrachten. Die Unterscheidung in »bewusst und unbewusst« sagt nichts aus über »besser oder schlechter«. Wir haben es einfach nur mit unterschiedlichen Phänomenen zu tun. Natürlich erzeugen sie verschiedene Wirkungen. Und alle sind gleichermaßen »gut«. Wir könnten auch sagen, sie sind.

Wenn du deine Frage nun außerhalb jeder Bewertung betrachtest, antworten wir dir folgendermaßen: Alle Sonnen haben eine extrem hohe Strahlkraft. Ihr wisst aus der Astronomie, dass jede Sonne über Milliarden von Jahren verschiedene Stationen ihrer Existenz durchläuft. In jedem ihrer zahlreichen Lebensabschnitte sendet sie unterschiedliche Wellenbewegungen und Energiemuster aus. Euer eigenes Sonnengestirn durchwandert seit den letzten Jahren selbst extreme Veränderungen. Eure Wissenschaftler berichten von besonders hohen Sonnenaktivitäten.

Jedes Mal, wenn eine Sonneneruption stattfindet, reagieren alle Lebewesen eures Planeten darauf. Bei euch selbst könnt ihr körperliche und seelische Symptome beobachten. Schlaflosigkeit, Müdigkeit, Zerschlagenheit, Kopfschmerzen, Unruhe, Nervosität, Infekte. Sogar euer Gemeinschaftsleben verändert sich in diesen Tagen. Ihr beobachtet eine höhere Kriminalitätsrate. Mehr Menschen als gewöhnlich erfahren einen psychotischen Schub oder Zusammenbruch. Die Suizidrate ist erhöht. Unfälle häufen sich. Das Wetter »spielt verrückt«.

Lauscht diesen Worten sehr aufmerksam und ihr erkennt verschiedene, interessante Aspekte des Geschehens. Menschen, Tiere, Pflanzen und das Wetter »spielen verrückt«. Durch die enormen spontan freigesetzten Kräfte einer Sonneneruption werden sie tatsächlich ver-rückt; das heißt fortgerückt von ihrem ursprünglichen Energieniveau. Nun kommt es darauf an, wie bewusst ihr diese Situation verarbeitet. Wenn ihr die energetischen Schwankungen bewusst in euch aufnehmt, könnt ihr sie als Impuls für eure eigene Entwicklung nutzen. Treffen euch diese Kräfte unbewusst, fühlt es sich an, als würde man »durcheinandergeschüttelt werden«. Auch hier gibt es wieder kein »Besser oder Schlechter«. Ein jeder von euch ist vollkommen perfekt auf seinem Weg in jedem Augenblick.

Du fragst nach der Ausstrahlung von Planeten – selbstverständlich senden auch die Planeten ihr spezifisches Energiemuster ins Universum. Ihre Strahlkraft ist einfach anders als die der Sonnen. Wenn ihr mögt, stellt euch alle Erscheinungen im Universum wie eine große Familie unterschiedlicher Wesenheiten vor. Jede Wesenheit besitzt eine höchst persönliche

Signatur, ein Energiemuster, das sie auszeichnet. Manche dieser Signaturen sind ähnlicher untereinander als andere. Aber niemals tauchen zwei identische Muster auf. An den speziellen Welleneigenschaften erkennt ihr beispielsweise die Identität eines Sterns. Eure Astronomen wissen dies schon lange und arbeiten damit.

Das eben Gesagte gilt gleichermaßen für alle Seinsformen, die die verschiedenen Lebensräume im Universum bewohnen. Auch ihr Menschen besitzt eure persönliche Signatur. Jedes Tier, jede Pflanze, jedes Naturwesen erklingt in seiner ganz speziellen Tonart. Man kann euch sowohl einzeln als auch im Kollektiv als diejenigen erkennen, die ihr seid. Alle Teile der Schöpfung erzeugen sowohl alte als auch »neue Energie«. Wenn du eine neue Erkenntnis gewinnst und dein Bewusstsein über eure bisherige dreidimensionale Welt hinaus erweiterst, strahlst du »neue Energie« aus!

Dann gibt es ja während unserer Gespräche jede Menge neue Energie?

Das hoffen wir! Spaß beiseite: Natürlich gibt es die! Vor sehr langer Zeit hattet ihr euch als Menschheit entschieden, diesen Entwicklungsprozess zu durchlaufen. Dann habt ihr ihn seit einigen Jahrzehnten wirklich erschaffen und in die Wege geleitet. Ihr batet um Hilfe, und wir sind glücklich, zu den zahlreichen Helfern zu gehören, die jetzt mit euch zusammenarbeiten. Wir alle erschaffen permanent neue Energie. Diese wird freigesetzt, strahlt durch das gesamte Universum und kommt in unendlich vielen Spiegelungen zu uns und zu euch zurück. Dadurch erhaltet ihr wieder eine weitere Portion davon. So hängt alles mit allem zusammen.

Im Oktober 2006 kam eine besonders hohe Gammastrahlung zu uns herein. Viele von uns haben sie als sehr feine Liebeskraft wahrgenommen und genossen. Könnt ihr uns darüber Genaueres erzählen?

Gerne. Diese Frequenzen kamen aus einem anderen Universum zu euch. Vielleicht findest du es jetzt schwierig, dein inneres Bild noch einmal zu erweitern. Um die vielschichtigen Aspekte dieses Themas zu verstehen, brauchst du aber die Möglichkeit weiterer Universen in deiner Vorstellungskraft.

Also gut – ich erweitere mein Bewusstsein, halte neue Dinge für möglich und erschaffe dadurch ein bisschen neue Energie...

Fein. Genau so geht es. Die hochfrequente Gammastrahlung, die ihr Ende 2006 beobachtet habt, floss aus einem anderen Universum durch ein Sternentor in eure Galaxie. Dort wurde sie von eurer Sonne zunächst in unseren Sternenbereich gespiegelt. Die beiden Siriussonnen dienen häufig als Spiegel für Energien, die danach zu euch strömen. Eure ägyptischen Kulturen wussten davon. Sie verehrten das Siriusgestirn als besonders feine Liebeskraft.

Die Siriusregion erschafft wirklich eine hohe Energie der Liebe. In gewisser Weise sind wir auf unserem Weg bereits weiter gegangen als die meisten von euch bisher. Verglichen mit euch leben wir in einem erweiterten Bewusstsein. Damit schlüsseln wir jetzt die für euch vorgesehene Energie weiter auf. Wir bereiten sie so zu, dass sie für euch leicht verdaulich und wohlschmeckend wirkt. Wir durchsetzen sie mit der spezifischen Liebeskraft unseres Sternsystems und leiten sie dann zu euch hinüber.

Ihr bringt mich immer wieder ins Staunen. Dann arbeiten also alle Sonnen, Planeten und deren Bewohner gemeinsam am selben Thema?

Du weißt doch: Alles ist eins! Wie sollte es ein zweites Thema geben?

Na ja – daran muss ich mich wohl doch noch ein Weilchen gewöhnen...

Wenn du möchtest…

Also eigentlich möchte ich nicht...

Dann erkenne jetzt!

Danke! Das fühlte sich gerade so an wie das Umlegen eines Schalters.

Energetisch hast du gerade genau das getan. Weißt du auch, wie das funktioniert?

Nicht so ganz...

Du veränderst einfach den Fokus deiner Aufmerksamkeit. Du hältst Unwahrscheinliches für möglich. Du gebietest deinem nörgelnden Verstand Einhalt. Und schon bist du eingeschaltet in neue Dimensionen!

Dann möchte ich euch jetzt gerne eine sehr grundsätzliche Frage stellen. Was sind eigentlich die tiefsten Aufgaben der Menschheit?

Das ist ja eine lustige Frage. Wer sollte das wohl besser wissen als ihr selbst?

Ihr wisst doch, wie eingeengt wir noch sind. Vielleicht könnt ihr uns dabei helfen, unseren Blickwinkel zu erweitern.

Das machen wir immer sehr gerne. Dann schauen wir uns deine Frage einmal an. Ihr lieben Geschwister – ihr habt euch tatsächlich spezielle Aufgaben aus den verschiedenen Möglichkeiten des Schöpfungsplans herausgesucht. Nicht umsonst geltet ihr als die besonders geliebten »Kinder Gottes«.

Genau diese Beschreibung hat mich schon häufig verwirrt. Es fühlt sich zwar wunderbar an, sich in dieser Weise bedeutsam zu wissen. Aber liebt nicht das Göttliche alle seine Schöpfungsaspekte gleichermaßen?

Selbstverständlich. Das Göttliche ist reinste Liebesenergie. Es kann gar nicht anders, als uneingeschränkt zu lieben.

Und was ist mit dem zürnenden, strafenden Gott?

Wir möchten niemandem zu nahe treten. Aber dieses Konzept ist aus unserer Sicht eine »Erfindung« der Menschheit. Es gehört zu eurem Experiment »Leben in der Dualität«. Ihr habt diese Gedanken erschaffen. So konntet ihr vollständig eintauchen in die Spaltung zwischen Geist und Materie. Subjektiv habt ihr in der Vergangenheit natürlich oft so etwas wie »die Strafe Gottes« erfahren. Wenn ihr von einem Unglück getroffen wurdet, wenn euch Naturkatastrophen begegneten, wenn ihr Schicksalsschläge durchleben musstet, dann erschien euch dies wie ein Racheakt des zürnenden Gottes. In Wirklichkeit wart ihr aber so sehr in der Dualität verstrickt, dass ihr die Folgen eures eigenen Handelns nicht mehr erkanntet.

Alles, was euch begegnet, spiegelt euer eigenes Sein. Eure Gedanken, Gefühle, Absichten, Überzeugungen nehmen Form an und begegnen euch auf eurem Lebensweg. In früheren Zeiten erschuft ihr große Abstände zwischen euren Schöpfungsimpulsen und deren Realisation. So verging meist viel Zeit, bevor ihr die Folgen eures Handelns erlebtet. Euer Verstand konnte die Zusammenhänge nicht mehr erfassen und ihr fühltet euch als Opfer einer höheren Macht. Ihr selbst seid diese Macht, ihr Lieben! Ihr selbst erschafft die Bedingungen eures Lebens. Und dies gilt bis ins allerkleinste Detail eures Seins.

Ihr habt euch besondere Aufgaben gesucht. Ihr seid die großen Pioniere der göttlichen Schöpfung. Ihr seid diejenigen, die die wahre Vielfalt göttlichen Seins erproben und erschaffen. Das ist eure Mission. Zu diesem Zweck seid ihr ausgerüstet mit unterschiedlichsten Begabungen und Energieformen. Ihr besitzt das gesamte Erbe der göttlichen Quelle in jeder eurer Zellen. Ihr tragt den Bausatz von allem, was ist, in euch.

Mit diesem Potenzial wählt ihr eure jeweiligen Aufgaben so, dass ihr immer wieder neue und weiter reichende Muster und Signaturen in euch entfaltet. Nie bleibt ihr stehen. Ihr seid wahrhaft schöpferisch tätig und immer in Bewegung. Dies ist das Prinzip der Gottes-Kindschaft. Es ist die Dynamik der Quelle selbst.

Oh... so deutlich habt ihr es bisher nie ausgedrückt.

Vielleicht hast du uns nie so deutlich gefragt? Wir arbeiten mit genau den Impulsen, die wir von euch empfangen. Unser Gespräch ist eine gespiegelte Welle gemeinsamer Energien.

Dann sind wir also von derselben Art?

Willkommen zu Hause! Haben wir euch nicht immer als unsere Geschwister begrüßt?

Ich habe von einem afrikanischen Volksstamm gehört, der genau dies behauptet. Diese Menschen machen sogar sehr klare Angaben über die Landung der Sirianer auf der Erde. Sie besitzen uralte Höhlenzeichnungen dazu.

Diese Geschichten sind vollkommen richtig. Wir werden euch zu einem späteren Zeitpunkt mehr darüber berichten.

Und warum nicht schon jetzt?

Du brauchst noch ein wenig Vorbereitung. Einmal mehr bitten wir dich um Geduld…

Na gut, dann stelle ich euch eben eine andere Frage. Könnt ihr uns etwas über die Eigenschaften der neuen Energie erzählen?

Das tun wir wirklich gerne. Das Wissen hierüber erleichtert euch die Orientierung in den Zeiten des Umbruchs. Lasst uns wieder eine kleine Tabelle aufstellen:

- Aus physikalischer Sicht zeichnet sich die neue Energie durch besonders rasche Vibrationen aus. Ihre Wellen sind extrem kurz und durchdringen damit fast jede Struktur des Universums.

- Ihr erfahrt diese Energie immer dann, wenn ihr euch im Zustand des einen Seins wisst. Gefühle der Trennung, Spaltung, Verurteilung gehören in den Bereich alter Energiemuster.

- Die neue Energie ist den Schwingungen der schöpferischen Quelle sehr nah. Deshalb erscheint sie euch als reinste Liebeskraft. Hass, Wut, Gewaltimpulse, Verzweiflung, Trauer verwandeln sich hier in Frieden und Harmonie.

- Wegen ihrer ultraschnellen Bewegungsmuster erzeugt die neue Energie überall spontane Veränderungen. Weil ihr bisher noch in viel langsameren Frequenzen lebtet, erscheinen euch ihre Wirkungen als sehr »plötzlich«.

- Leichtigkeit ist ein wichtiges Merkmal der neuen Energie. Alles, was zäh, schwer, unbequem oder sehr aufwendig erscheint, gehört zu den Prinzipien der alten Energie.

Mit dieser Aufstellung könnt ihr nun jederzeit selbstständig überprüfen, in welcher Energiestufe ihr euch gerade befindet. Wir empfehlen euch, euch sehr tief und innig mit den Attributen der neuen Energie zu verbinden. Ernennt die neue Energie zu eurer Verbündeten! Lasst euch von ihr unterstützen und genießt euer Leben in Einfachheit.

Ist dir schon aufgefallen, welche Weisheit dieser Begriff in sich trägt? Wenn du dich dazu entschließt, einfach zu leben, lebst du in einem Fach! Du genießt das Einssein aller Erscheinungen. Du beendest das Schubladendenken, welches in »gut und böse«, »richtig und falsch«, »weit entwickelt oder zurückgeblieben« unterscheidet. Dein Leben gewinnt Leichtigkeit und lebendige Erfüllung. Daran erkennst du deine neue Energie!

Wundervoll und wirklich nützlich! Das werde ich in meinen Alltag einbauen. Vielen Dank! Warum sprecht ihr eigentlich immer in der Wir-Form? Warum meldet sich nicht auch mal eine bestimmte Wesenheit von euch?

Danke. Dies ist nun eine sehr interessante und auch wichtige Frage. Wir Wesenheiten vom Sirius leben fast ausschließlich im Bewusstsein unseres Kollektivs. In den rascher schwingenden Energieformen der fünften bis neunten Dimension löst sich der Gedanke einer Ich-Persönlichkeit normalerweise im Bewusstsein der Gemeinschaft auf. Natürlich erkennt sich jedes Mitglied unserer Gruppe auch als Individuum. Unser Wahrnehmungsfokus aber liegt auf der Gemeinschaft.

In den alten Kulturen eures Planeten lebten die Menschen sehr ähnlich. Eure menschliche Gemeinschaft besaß Priorität und größte Bedeutung. Persönliche Ziele und Wünsche wurden ihr untergeordnet. Irgendwann entstand in euch die Sehnsucht nach Entwicklung. Viele wollten die besonderen Merkmale ihres eigenen Seins entdecken. Sie akzeptierten den Preis der scheinbaren Trennung, um sich individuell zu entfalten. Sie wollten die gesamte Bandbreite göttlicher Möglichkeiten in sich entwickeln.

Während sich Einzelne von euch diesem Abenteuer hingaben, beharrten andere auf ihrer Gewohnheit und dem Status quo. Nicht alle wünschten sich die Veränderung. Beharrliche Mitglieder der Gemeinschaft übten Druck aus, um die Beweglicheren in ihr ursprüngliches System zurückzuziehen. So entwickelte sich die Dualität. Jede Partei begründete ihr Handeln mit moralischen Grundsatzüberlegungen. Anfangs ging es nur um unterschiedliche Vorlieben. Bald aber entstand ein Kampf der Fronten unter euch. Die verschiedenen Gruppen wollten sich mit ihrer Einstellung behaupten und andere davon überzeugen. Theorien wurden erfunden und moralische Regeln aufgestellt.

Schließlich übernahmt ihr diese Widersprüche in euren unbewussten Erinnerungsspeicher. Irgendwann fand die Auseinandersetzung über »Richtig und Falsch« auch in euch selbst statt. Was ihr außen erschaffen hattet, erfüllte euer inneres Sein, und umgekehrt. Dieser Schritt verschärfte die Dualität in euch und zwischen euch. Von nun an versuchte jeder Mensch, sich in den doppelseitigen Mustern aus »Gut und Schlecht« zurechtzufinden. Immer schon dienten die gewaltsamen Auseinandersetzungen zwischen euch nur einem Zweck: Ihr wolltet beweisen, auf der richtigen Seite zu stehen.

Betrachtet eure Geschichte und entdeckt, wie viele Kriege aus diesem Impuls heraus geführt wurden. Am Beginn jedes Kriegs steht die Überzeugung, im Recht zu sein. Natürlich ziehen Einzelne von euch riesige wirtschaftliche Gewinne aus den Aktionen. Macht und Habgier bilden Triebfedern der Kriegsführung. Aber warum lasst ihr euch überhaupt für die Interessen Einzelner missbrauchen? Warum riskiert ihr eure Gesundheit, euer Leben und euer Herzensglück für die Macht und den Reichtum Einzelner? Ihr seid verführbar, weil ihr euch beweisen möchtet. Die Dualität quält eure Gedanken und Gefühle. Ihr wollt »das Richtige« tun und zu »den Guten« gehören.

Erkennt ihr den grundsätzlichen Irrtum in diesem System, liebste Geschwister? Ihr seid gut seit Anbeginn aller Schöpfung! Nichts müsst ihr beweisen. Niemandem müsst ihr euch erklären. Ihr besitzt das Recht dazu, euch gemäß dem Plan eurer innersten Göttlichkeit zu entfalten. Die Schöpfung liebt euch dafür! Dies gilt für jedes einzelne Wesen im Universum.

Nun bitten wir dich, mit uns gemeinsam einen weiteren Gedanken zu betrachten. Stell dir vor, dass die ganze Großartigkeit dieser Zusammenhänge wieder (!) ohne zu zweifeln in dir lebt. Stell dir vor, dass du sie selbstverständlich akzeptierst. Nichts anderes nimmt Raum in dir. Du weißt, dass ihr alle göttliche Kinder auf eurem Wege seid. Kannst du fühlen, wie sehr dich das mit allen deinen Geschwistern verbindet? Spürst du dein »Ich bin« im Kollektiv eures gemeinsamen »Wir sind«? Eben dies ist unsere Situation, ihr Lieben!

Wohl könnten wir uns als einzelne Wesenheiten bei euch melden. Sehr wohl kennt und spürt ein jeder von uns seine Einzigartigkeit. Das Gefühl aber, ein Teil unserer großen Gemeinschaft zu sein, erfüllt uns mit hundertfachem Glück, verglichen mit dieser Individualität. Wir haben den Irrtum der Trennung erkannt. Wir leben in den höheren Dimensionen des Einklangs. Unser Leben ist ein-Fach. Wir genießen unsere Gemeinschaft. Kannst du dir vorstellen, wie unendlich kraftvoll es sich anfühlt, im selben Geiste ein Teil von vielen zu sein?

Wenn ich mich an Zusammenkünfte Gleichgesinnter erinnere, ahne ich, was ihr meint. Dies ist wirklich eine wundervolle Vision...

Ihre Verwirklichung steht euch jetzt frei. Die Türen zu eurem paradiesischen Leben sind weit geöffnet. Der Wind der neuen Energie schiebt euch hindurch, wenn ihr es möchtet.

Wundervoll – übrigens zum Stichwort »Wind«: Ist das der Grund für die großen Stürme, die jetzt immer häufiger über die Erde fegen?

Im spirituellen Sinne lautet die Antwort Ja. Darüber hinaus gibt es aber auch Experimente, mit denen euer Wetter manipuliert wird. Bestimmte Wesenheiten halten immer noch an der Idee fest, euren Planeten und das Leben darauf beherrschen zu können. Sie führen einen aussichtslosen Kampf. Täglich entdecken weitere Vertreter ihrer Gruppe, dass ihr Plan bereits gescheitert ist. In wenigen Jahren werden es alle verstanden haben.

Von wem sprecht ihr da? Eure Worte erinnern an die heiß diskutierten »Verschwörungstheorien«. Viele Menschen bestreiten die Existenz solcher Manipulateure vehement...

Das gehört natürlich zu ihrem Gesamtprogramm. Die bereits installierte Unterdrückung und Manipulation konnten nur deshalb stattfinden, weil die Mehrheit von euch gleichzeitig massiven Strategien der Beeinflussung ausgesetzt wurde. Wie sollte man einen Menschen manipulieren können, der sich seiner Göttlichkeit vollständig bewusst ist? Das euch innewohnende Schöpfungspotenzial ist von so außerordentlicher Stärke, dass kein einziger widersprüchlicher Energieimpuls es stören kann.

Wie konnte sich denn dann überhaupt irgendeine Manipulation einschleichen?

Bitte erinnere dich an unsere Hinweise zum Thema Individualität und Kollektiv. In den vergangenen, lange zurückliegenden Zeiten erschufen die meisten von euch ganz bewusst einen inneren Abstand zu ihrer Göttlichkeit. Dieser Prozess fand ausschließlich in eurem Bewusstsein statt. Ihr verändertet euren Aufmerksamkeitsfokus, während ihr gleichzeitig ununterbrochen in der göttlichen Einheit ruhtet. Ihr akzeptiertet den Weg innerer Trennung, um euch als Pioniere euren Forschungsprojekten widmen zu können. All dies geschah in vollständiger Übereinstimmung mit der göttlichen Quelle in euch. Die göttliche Schöpfungskraft selbst wünschte diese Ausdehnung und Vervielfältigung ihres Selbst.

Was geschieht im Zustand innerer Spaltung? Welche Verstrickungen und Irrtümer folgen konsequenterweise aus dieser Situation? Die Ereignisse eurer Geschichte verliefen logisch wie eine Mathematikaufgabe, ihr Lieben. Ihr hattet die Dualität erschaffen und ihr hattet eure Aufmerksamkeit von der Einheit allen Seins abgewendet. Damit entstand Raum für andere Wesenheiten und Energieformen. Wesenheiten, die die Extreme innerer Spaltung noch deutlicher verwirklichen wollten und die das Prinzip von Herrschaft durch Manipulation erforschen.

Diese Energieformen sind eure Manipulateure. Sie entwickeln und erforschen Formen der Unterdrückung und Beeinflussung anderer Schöpfungsgruppen. Ihr Ziel ist eine noch extremere Verwirklichung von Individualität. Ihr Ideal ist »der eine Herrscher« oder »die eine Herrscherin«, der oder die alles besitzt und über alles bestimmt. Sie haben sich abgespalten von der Erfahrung des einen göttlichen Seins in Verbundenheit. Nur deshalb erscheint ihnen ihr Ziel verlockend. Sie haben die vielen wundervollen Möglichkeiten göttlicher Gemeinschaft vergessen. Niemand, der die Erfüllung und Glückseligkeit dieser Gemeinschaft kennt, würde sie gegen die isolierte Erfahrung eigener Individualität eintauschen.

Wenn das so ist – warum haben wir sie dann jemals aufgegeben?

Liebste Schwester, wir verstehen deine Verwirrung. Bitte erkenne die Rhythmen der Geschichte. Wir zeigen dir einmal mehr das größere Bild: Stell dir die gesamte Schöpfung wie einen großen, ewig existierenden Körper vor. Dieser Körper atmet rhythmisch ein und aus. Er erschafft Ausdehnung und Zusammenziehung. Während seiner Ausdehnung entsteht Raum in ihm. Seine einzelnen Bestandteile entfernen sich vorübergehend voneinander. Dann atmet er wieder aus. Seine unterschiedlichen Strukturen nähern sich einander an.

Wenn du dieses Bild aufmerksam studierst, wirst du es in unzähligen verschiedenen Erscheinungen deines Seins wiedererkennen. Es passt für das gesamte Universum. Ebenso passt es für dich als Individuum. Es passt für deinen Körper und jede einzelne Struktur darin. Du findest es auf den winzigsten Ebenen materieller und energetischer Schöpfungsmuster. Es spiegelt sich in Gruppen und Gemeinschaften. Es spiegelt sich im Leben selbst!

Ihr habt euch aus der Einheit göttlichen Seins entfernt und erschuft die Welle der Einatmung. Nun folgt ihr der Ausatmung des Lebens und findet zu eurer Quelle zurück.

Das habe ich schon einmal so ähnlich irgendwo gelesen. Da wurde es aber genau umgekehrt beschrieben. Es hieß, wenn das Göttliche ausatmet, entfernen wir uns von der Quelle. Wenn es wieder einatmet, kehren wir zu ihr zurück.

Bitte lass dich von diesen scheinbaren Widersprüchen nicht verwirren. Im Kern sprechen wir natürlich immer von der einen, selben Weisheit. Wenn du das Göttliche und die Schöpfung als voneinander verschiedene Ebenen betrachtest, passt das Bild, von dem du früher gelesen hast. Dann atmet die Quelle ihre Schöpfung aus und erschafft Abstand zwischen sich und den Erscheinungen. Wenn sie einatmet, kehren alle Erscheinungen zu ihr zurück.

In unserem Bild betrachten wir Schöpfer und Schöpfung als eines. Wir regen dich an, das Ganze als einen einzigen, großen Körper zu verstehen. Innerhalb dieses Körpers entfernen sich die einzelnen Strukturen im Prozess der Einatmung voneinander. Betrachte deinen Brustkorb, während du einatmest. Du wirst weit und gewinnst Raum zwischen deinen Gewebestrukturen. Während der entspannenden Ausatmung nähert sich dann alles wieder einander an. Beide Bilder stimmen in ihrer Grundaussage. Betrachte das Geschehen einfach einmal von verschiedenen Seiten.

Im Vergleich zu euch leben eure Manipulateure in einer parallelen, »verschobenen« Wellenfunktion. Sie befinden sich in der trennenden Phase der Einatmung, während ihr die vereinigende Ausatmung erfahrt. Im Rhythmus des Lebens dehnen sich eure Gegenspieler aus. Dabei entfernen sie sich mit ihrer Wahrnehmung aus der Einheit allen Seins.

Wie geht das denn? Wie können denn zwei entgegengesetzte Atem-Wellen gleichzeitig existieren?

Du kennst den Satz »Im Kleinen wie im Großen«. Bitte wende ihn jetzt auf das eben Gesagte an. Was entsteht, wenn zwei gegenläufige Rhythmen gleichzeitig stattfinden?

– Ein und Aus –

– Aus und Ein –

Wenn sie gegensätzlich laufen, entfernen sie sich voneinander. Es entsteht Abstand zwischen ihnen… Wollt ihr damit sagen, dass es mehrere Universen gibt, die denselben Prozess durchlaufen wie die menschliche Gruppe? Gibt es zwei Universen, die sich gerade voneinander fortbewegen, während in einem davon die »Einatmung« stattfindet und im anderen die »Ausatmung«? Puh – das sprengt mein Fassungsvermögen…

Tu es nicht! Du kannst noch viel mehr fassen. Du erfasst alles, was ist. Alles ist in dir! Du bist die Fassung für alles, was ist! Nur durch dein Erfassen werden die Erscheinungen real. Und dies gilt für jede und jeden von euch.

Wir haben dir soeben ein holografisches Verständnis der Schöpfung vermittelt. Es gibt tatsächlich diese zwei Universen, die im entgegengesetzten Rhythmus nebeneinander atmen. Mehr als das: Es gibt unzählige davon! Und sie sind alle ineinander verwoben. Eure sogenannten Manipulateure leben ja mitten unter euch. Ihr bewohnt denselben Planeten in derselben Zeit. Während ihr euch gerade an die innige Verbundenheit allen Seins erinnert, versuchen sie im selben Atemzug (!) nachzuweisen, dass Trennung und Hierarchie Sinn machen.

Die scheinbare Trennung findet allerdings ausschließlich in ihrer und eurer Wahrnehmung statt. Wir betonen diese Tatsache immer wieder, damit ihr euch an ein neues Denkmodell gewöhnt. Die Vorstellung von der Einheit allen Seins bildet nämlich einen unverzichtbaren Teil des Lebens in höheren Dimensionen. Da ihr die Grenzen eurer Dreidimensionalität nun bald überwinden werdet, könnt ihr euch ja langsam schon einmal an diese erweiterte Perspektive gewöhnen.

Wollt ihr damit andeuten, dass wir uns diese höheren Dimensionen in unserer Wahrnehmung selbst erschaffen?

Wir gratulieren dir zu deiner Erkenntnis und freuen uns sehr darüber! Allmählich verstehst du immer rascher, worauf wir hinauswollen. Das bedeutet, dass sich deine ursprünglichen starren Denkgewohnheiten lockern. Indem ihr eure Wahrnehmung erweitert, gerät euer Sein in Bewegung. Bewegung erzeugt Vibration. Die Vibration bringt euch einander näher. Ihr erkennt die Einheit allen Seins. Als Belohnung dafür entdeckt ihr die grenzenlosen Liebesenergien erweiterter Dimensionen. Euer Paradies ist offen. Reinste Lebensfreude und genussvolle Erfüllung gehören euch!

Wir möchten euch noch auf einen weiteren interessanten Aspekt zu diesem Thema hinweisen. Gemeinsam mit euren Manipulateuren und Unterdrückern bewohnt ihr diesen Planeten. Ihr befindet euch zur selben Zeit am selben Ort. Kannst du dir vorstellen, wie sich diese Verstrickung lösen ließe? Wie könntet ihr euch auf einfache Art von euren Unterdrückern entfernen?

Indem wir den Raum und/oder die Zeit wechseln?

Genau! Ihr kennt den Begriff der Raumzeit. Raum und Zeit sind auf grundsätzliche Weise miteinander verbunden. Sie hängen unauflöslich voneinander ab. Indem ihr die Bedingungen der Raumzeit kennen und nutzen lernt, betretet ihr neue, erweiterte Dimensionen des Lebens. Dorthin können euch nur diejenigen folgen, die in der Einheit allen Seins leben wollen. Wer die Gesetze von Macht, Manipulation und Hierarchie erforschen will, muss dies in der Dreidimensionalität tun. Der Quantensprung in erweiterte Dimensionen erfordert die Erkenntnis des einen Seins!

Ich glaube, jetzt habt ihr uns eine Menge Wissen über unsere Transformation vermittelt.

Richtig. Eure Transformation geschieht in zweierlei Hinsicht. Ihr selbst erweitert euer Bewusstsein, erkennt die Einheit aller Schöpfung und erreicht damit den Quantensprung der Meisterschaft. Gleichzeitig erschafft ihr die neuen erweiterten Dimensionen in euch und zwischen euch. Wer die Liebe erkennt, handelt liebevoll. Wer die Einheit entdeckt, beendet Kampf und Unterdrückung. Verstehst du jetzt, warum wir euch so oft daran erinnern, dass alles eine Frage eurer bewussten Wahrnehmung ist?

Vielen Dank für eure Geduld. Ich denke, ich verstehe, was ihr meint. Wenn unsere Entwicklung also hauptsächlich von einem bewussten Umgang mit der Raumzeit abhängt, warum zeigt ihr uns dann nicht, wie wir das tun können?

Wir sind permanent dabei. Was denkst du denn, bewirken unsere Gespräche? Bestimmt ist dir aufgefallen, dass wir euch dauernd Bilder, Beispiele und Energien vermitteln, die eure Aufmerksamkeit auf ein neues Weltbild lenken. Dabei verwirren wir euren denkenden Verstand manchmal ganz bewusst. Der verliert nämlich die Lust am Geschehen, wenn es ihm zu kompliziert wird. In diesem Augenblick öffnet ihr euch in der Ebene eures Herzens und erkennt die nicht rationalen, mehrdimensionalen Wahrheiten eines neuen Weltbilds.

Das klingt ja trickreich... und was unterscheidet euer Vorgehen von der Manipulation?

Eine wichtige Frage. Tatsächlich entscheidet dein persönlicher Blickwinkel darüber, was du als Manipulation oder als Hilfestellung erfährst. Nichts gilt absolut. Jede Beurteilung hängt vom Standpunkt des Urteilenden ab. In der Regel versteht ihr unter Manipulation unbewusst ablaufende Prozesse der Beeinflussung. Ihr lehnt sie ab, weil sie euch in eurem freien Willen stören. In Wahrheit aber werdet ihr in jedem Augenblick von unzähligen Variationen der Energieübertragung beeinflusst. Nur das Allerwenigste davon ist euch bewusst. Durchaus nicht alles davon dient eurer harmonischen Entwicklung.

Lasst eure Beurteilung aus eurem Herzen fließen. Lasst euer Herz die Richtschnur sein. Wie fühlst du dich mit einer bestimmten Energie oder Information? Wie fühlst du dich während unserer Gespräche? Fühlst du dich geliebt, respektiert und anerkannt? Empfindest du Stärke und Ermutigung während unseres Austauschs? Öffnet sich dein innerer Horizont im Kontakt mit uns? Dein Herz gibt dir Auskunft. Dein Herz weiß, was deine innerste Weisheit für dich plant und wünscht. Durch den Raum deines Herzens spricht deine weise Seele mit dir.

Du selbst besitzt die Referenz zur Beurteilung deiner Erfahrungen. Löse dich von den Aussagen anderer über sich selbst. Zahlreiche Verführer der Menschheit schworen, euer Bestes zu wollen, oft sogar in tiefer Unwissenheit über ihren eigenen Irrtum. Unzählige Politiker, Kirchenfürsten, Wissenschaftler, »Meister« führten euch in Irrwege. Studiert eure Geschichte und erkennt diese Tatsache. Übt euch in der Kommunikation mit eurer Herzkraft. Der gesuchte Meister – die gesuchte Meisterin – lebt genau dort! Akzeptiert nur das, was in eurem Herzen Glückseligkeit erschafft. Glückseligkeit ist der Leitstrahl, der euch in eure göttliche Heimat trägt!

Vielen Dank, ihr Lieben! Langsam entsteht wirklich mehr Klarheit in mir. Inzwischen erlebe ich übrigens bei Weitem mehr Glückseligkeit als noch vor einigen Monaten oder Jahren. Mein Leben ist einfacher geworden. Viele Ängste sind von mir abgefallen. Wenn ich zurückblicke, bin ich zutiefst dankbar und glücklich mit dieser Entwicklung.

Darin erkennst du die Wirkungen der neuen Energie. Davon sprechen wir die ganze Zeit. Fein, dass du es wahrnimmst!

Liebe Sirianer, vor Jahren las ich einmal einen Text, der von euch durchgegeben wurde. Darin macht ihr sehr präzise Vorhersagen über die Entwicklung von Erde und Menschheit. Vieles davon ist bisher nicht eingetreten, obwohl die angegebenen Zeiträume längst verstrichen sind. In diesem Text berichtet ihr auch über die Entstehungsgeschichte unserer Welt. Ihr erzählt von anderen Sternenvölkern, die zu unserer Versklavung hier sind. Was hat es damit auf sich? In unseren Gesprächen spüre ich eine völlig andere Energie als in diesem Buch…

Jedes Buch hat seine spezifische Energie. Jede Autorin, jeder Autor filtert die einströmenden Impulse auf ihre bzw. seine Art. Der sogenannte »reine Kanal« ist Illusion. Auch du vermischt dich und deine Signatur mit unseren Botschaften. Je weiter du dein Bewusstsein öffnest, umso vielschichtiger und damit »reiner« nimmst du unsere Hinweise auf. Je intelligenter und konzentrierter du dich in unsere Begegnung einbringst, desto komplexer können wir mit dir kommunizieren. Wenn ihr euch in einer Gruppe von Menschen unterhaltet, gilt dies ebenso. Du kennst das Prinzip. Als »Kanal« zu dienen, als »Channel« zu arbeiten, bildet eine der unzähligen Möglichkeiten menschlicher Kommunikation.

Menschliche »Kanäle« funktionieren wie euer Bild vom Nürnberger Trichter. Du besitzt deine sehr persönliche Energie. Du lebst im Feld deiner persönlichen Erfahrungen und Überzeugungen. Dieses Feld hast du dir in Hunderttausenden von Jahren erworben. Nun strömen die erweiterten Energien anderer Wesenheiten zu dir. Du nimmst sie auf und ordnest bzw. filterst sie nach deinen Möglichkeiten. Dies alles geschieht natürlich unbewusst. Je offener du bist, desto vielschichtiger dringen unsere Informationen zu dir. Du kennst ja den Spruch: Der Geist funktioniert wie ein Fallschirm – am besten weit offen.

In bewusster Absicht erklärtest du dich damit einverstanden, unsere Botschafterin zu sein. Diese Entscheidung hast du aus deinem Herzen getroffen. Deshalb stellt deine weise Seele jetzt alle Ressourcen zur Verfügung, die du für dieses Abenteuer benötigst. Sie hilft dir auch dabei, klar und fokussiert zu bleiben. Außerdem sorgt sie dafür, dass deine erstarrten, einengenden Überzeugungen mit neuer Energie durchströmt werden. Diese Energie stellen wir gleichzeitig mit unseren Botschaften zur Verfügung. Wir dienen dem Universum als »Transportunternehmen«, damit die für dich bestimmte Energie an ihren Zielort gelangt. Wir geben deiner Seele, was sie braucht, damit sie dir geben kann, was du brauchst.

Das merke ich. Vielen Dank dafür! Seit unseren ersten Gesprächen erfahre ich täglich sehr rasche Veränderungen. Ich bin schon fast nicht mehr dieselbe wie vor zwei Jahren.

Natürlich nicht! Das hat aber nicht nur mit unseren Gesprächen zu tun. Jeder Teil der Schöpfung ist vollständig neu in jedem Augenblick! Ihr alle seid es. Wir sind es. Dies ist die Dynamik des Lebens. Gleichzeitig besitzen wir alle eine sehr spezifische Signatur, unser persönliches Energiefeld, das uns in jedem Moment einzigartig sein lässt.

Mir kommt es so vor, als verliefe mein Veränderungsprozess seit dem Beginn unserer Gespräche beschleunigt.

Das ist richtig. Gemeinsam mit uns durchläufst du eine Zeit der intensiven Entwicklung. Dabei wickelst du aus, was in dir ist. Du würdest das in jedem Fall tun. Dafür bist du hier. Verstehst du, wie alles zusammenhängt? Deine göttliche Seele hat ihren Plan. Sie erfüllt ihn durch dich. Um das tun zu können, stehen ihr unendlich viele verschiedene Wege zur Verfügung. Jeder Weg ist gut und vollkommen. Deine Seele wählt aus der Fülle dieser Vollkommenheit das aus, was sie anzieht. Anziehung entsteht durch Ähnlichkeit. Deine Seele wählt den Weg der harmonischen Resonanz. So verbindet sich Gleiches mit Gleichem. So begegnen sich die Sternengeschwister aller Welten!

Fantastisch! Ich weiß gar nicht, wie ihr es immer schafft, mir mit wenigen Worten ein riesengroßes Bild zu zeigen... Alles hat darin Platz. Alles steht miteinander in Verbindung. Und es klingt sogar ganz logisch.

Natürlich ist es das. Wahrheit stimmt auf allen Ebenen. Genau daran erkennst du sie! Du spürst genau, wenn etwas »nicht stimmig« ist. Ein Teil deines Seins stimmt dem Gesagten dann nicht zu. Wie ein »verstimmtes« Instrument erzeugen deine unterschiedlichen Seinsebenen disharmonische Töne miteinander. Folge diesen Impulsen. Sie enthalten immer wichtige Informationen für dich. Manchmal meldet sich Widerspruch in euch, weil die neue Information mit euren alten Denkmustern in Konflikt gerät. Manchmal weist euch der Widerspruch aber auch auf einen wichtigen Irrtum hin.

In jedem Fall lohnt es sich, die widersprüchlichen Impulse in euch genau zu untersuchen. Nehmt nicht hin, was sich nicht »stimmig« anfühlt. Besteht auf reiner Stimmigkeit! Ihr wisst ja: Das Universum besteht aus Klang. Harmonische Klangverbindungen erzeugen euer Glück!

Da möchte ich gleich noch einmal auf meine Frage nach euren früheren Durchsagen zurückkommen.

Das dachten wir uns schon. Gut, dass du dranbleibst...

Warum sind eure Voraussagen nicht eingetroffen?

Woher weißt du das denn? Wer sagt dir denn, dass sie nicht längst in einem parallelen Schöpfungsraum existieren?

Ach du liebe Güte – gibt's das auch noch?

Wir provozieren dich gerade absichtlich ein bisschen. Aber in unserer Aussage liegt Weisheit. Bestimmt erinnerst du dich an die Informationen, die wir dir zum Thema »Bewusstsein und Sein« gaben? Euer Bewusstsein erschafft euer Sein! Wenn ihr von einer Idee überzeugt seid, erschafft ihr dadurch ein neues Energiefeld aus Möglichkeiten. Die darin enthaltene Energie beginnt, sich zu verdichten. Eines Tages erlebt ihr dann das Form gewordene Produkt eurer Idee.

Wenn ich euch richtig verstehe, waren also nicht genügend Leute vom Sinn eurer Botschaften überzeugt, und deshalb haben sie sich nicht verwirklicht?

Im Universum eures aktuellen Bewusstseins trifft das zu. Ihr erschuft in den letzten Jahren andere Räume der Möglichkeiten. Dadurch sind auch andere Wirklichkeiten entstanden.

Das heißt also, dass die Leserinnen und Leser aus jeder Information etwas Eigenes machen? Was ist denn dann überhaupt der Wert von Voraussagen?

Deine Frage erheitert uns. Erinnerst du dich an unsere wiederholten Aussagen zu diesem Thema im ersten Buch?

Also ich weiß noch, dass ihr euch immer ein bisschen »ziert«, wenn wir zu Ereignissen in der Zukunft genau nachbohren. Ich persönlich finde eure Aussagen dann ungewöhnlich mehrdeutig, unklarer, als ich euch sonst kenne.

So ist es. Die Zukunft ist mehrdeutig, deshalb sind auch unsere Aussagen dazu mehrdeutig. Die Zukunft ist sogar unendlich vieldeutig. Im Potenzial der Zukunft liegen die unzähligen Möglichkeiten der gesamten Schöpfung. Wir können gar keine eindeutigen Voraussagen machen. Ihr missversteht uns, wenn ihr denkt, dass wir euch Informationen vorenthalten. Alles, was wir euch geben können, sind Hinweise auf existierende Energiepotenziale und deren Qualität. Ob und inwieweit diese einst Form annehmen werden, weiß niemand im gesamten Universum.

Warum erfüllen sich dann immer wieder bestimmte Voraussagen? Aus unserer Sicht gibt es bessere und schlechtere Propheten. Die besseren erkennt man daran, dass sich ihre Voraussagen bestätigen. Wenn sich die vorher gesagte Wirklichkeit nicht einstellt, bezweifeln die Menschen den Wahrheitsgehalt von Botschaften.

Eben das zeichnet euch als menschlich aus. Zu eurem Menschsein gehört noch (!) die innere Trennung von eurer Göttlichkeit. Würdet ihr euch in eurem Bewusstsein vollständig mit eurer Göttlichkeit verbinden, brauchtet ihr keine Propheten. Ihr würdet den Wert von Vorhersagen auch nicht an deren Realisation messen. Vorhersagen sollen euch aufmerksam machen. Sie weisen euch auf ein ganz bestimmtes Energie- oder auch Konfliktpotenzial hin. Es geht nicht darum, euch zu sagen, was geschehen wird. Es geht darum, euch auf eure Wahlmöglichkeiten aufmerksam zu machen.

Wenn ich richtig verstehe, haben wir unsere Wahlmöglichkeiten nicht genutzt, wenn sich eine Vorhersage einstellt. Das leuchtet mir ein.

Vielleicht habt ihr sie doch genutzt. Vielleicht habt ihr genau das gewählt, was dann eintritt. Unbewusst gilt dies in jedem Fall.

Bitte lasst mich noch einmal überprüfen, ob ich das alles richtig verstanden habe.

- ☆ *Im Universum existieren zunächst unzählige, verschiedene Energiepotenziale, aus denen man alles machen kann, was man möchte.*
- ☆ *Ein Prophet weist auf bestimmte Potenziale aus diesem Pool hin. Vielleicht nennt er auch besonders die schwierigen Entwicklungsmöglichkeiten, damit die Menschen sich für ihr Bestes entscheiden?*
- ☆ *Die Menschen entscheiden bewusst oder unbewusst, was sie aus dem Potenzial der Möglichkeiten machen möchten. Wenn sie sich mit den Voraussagen des Propheten synchron verhalten, stimmen seine Aussagen scheinbar. Wenn sie sich anders entscheiden, hat er scheinbar etwas Verkehrtes vorausgesagt.*

Liebe Sternenschwester, wir gratulieren dir! Du hast den Kern unserer Aussagen sehr gut zusammengefasst.

Freut mich sehr. Und was ist mit den »Bösewichtern«, über die in euren früheren Botschaften berichtet wird? Was ist dran an den Verschwörungstheorien und den Versklavungsversuchen bestimmter Wesenheiten?

Es gibt sie, und das meiste, was darüber berichtet wird, ist korrekt. Zu eurer augenblicklichen Entwicklung gehört es, dies alles herauszufinden. Ihr habt euch entschieden, die Dualität aufzulösen. Gibt es deutlichere Zeichen der Dualität als Unterdrückung, Versklavung und Manipulation? Alle gegen das Leben gerichteten Grausamkeiten eurer Welt entstehen aus der Illusion von Trennung. Wer grausam und zerstörerisch handelt, lebt im Bewusstsein getrennt und abgespalten von seiner inneren göttlichen Heimat.

Nutzt eure neuen Kommunikationsmedien, um euch gegenseitig über eure Erkenntnisse zu informieren. Nehmt eure Herzkraft als Berater zu euch. Aktuell finden Manipulation und Unterdrückung in jedem eurer Lebensbereiche statt. Glaubt nichts und überprüft alles mit wachem Verstand und offenem Herzen. Das Göttliche liebt euch unendlich. Wenn ihr es gestattet, geleitet es euch zu jedem Zeitpunkt aus euch selbst heraus richtig. Vertraut diesem Geschehen in euch!

Eure Medien manipulieren euch auf bewussten und unbewussten Kanälen. Manche eurer Radiosender führen Experimente mit unbewusst wirksamen Schallfrequenzen durch. Während ihr mit eurer bewussten Wahrnehmung dem Radioprogramm lauscht, wird euer Körper mit zusätzlichen Frequenzen beschallt und beeinflusst. Auch Kinofilme und Fernsehprogramme enthalten häufig diese Art von manipulativen Experimenten. Sehr kurz eingestreute Bilder und zusätzliche Tonspuren erreichen euch jenseits eurer bewussten Wahrnehmung und nisten sich in eurem Gedächtnisspeicher ein. Anschließend handelt ihr nach diesen Vorgaben und unterliegt dabei der Illusion eigener Entscheidungen. Viele eurer Gedanken, Gefühle und Handlungen entstehen aus manipulativen Impulsen, ohne dass ihr es bemerkt.

Ganz zu schweigen von der Gehirnwäsche mancher Tageszeitungen. Angst und Schrecken sollen euer Selbst-Bewusst-Sein schwächen. Die Selektion der Nachrichten erschafft in euch ein einseitiges und verbogenes Bild der Welt. Ihr fühlt euch bedroht und verliert das Vertrauen in eure tatsächliche Stärke. Konsumiert ihr dies alles ungefiltert, werdet ihr tatsächlich geschwächt. Bitte überprüft euren Zustand einmal selbstständig. Wie geht es euch im Kontakt mit der Nutzung eurer Medien? Fühlt ihr euch wohl, entspannt und ermutigt, euren Weg zu gehen? Oder seid ihr verunsichert, ängstlich oder aggressiv?

Akzeptiert nur das, was euch guttut! Wählt bewusst zu euren Gunsten, liebe Geschwister. Tut dies täglich und in jedem Augenblick! Feiert die Kostbarkeit eures Seins und handelt gemäß eurer Würde! Immer wieder bitten wir euch darum, euch eurer innersten Göttlichkeit bewusst zu sein und entsprechend zu handeln. Dies ist euer Ausweg aus allen euren Verstrickungen. Dies ist eure Eintrittskarte ins Paradies der Glückseligkeit!

Von früh bis spät unterliegt ihr Einflüssen, aus denen ihr bewusst und kritisch wählen solltet. Alles, was ihr in euch hineinnehmt, alles, womit ihr euch umgebt, wird Teil eures Seins. Minderwertige Nahrung schädigt euren Körper und missachtet euren materiellen Schöpfungsaspekt. Ihr missachtet euch, wenn ihr euch mit fragwürdigen Rohstoffen versorgt. Eure Körper wurden aus reinster, lichtvoller Energie komponiert. Erinnert euch an die zarte Reinheit eines Neugeborenen. Eure Körper könnten ein Leben lang so fein bleiben, würdet ihr sie entsprechend achten und versorgen. Krankheit und Alterung sind ausschließlich die Folge eures eigenen Lebenswandels.

Häufig begründet ihr eure Entscheidungen für einen »ungesunden Lebenswandel« mit Genussfreuden. Bitte überlegt einmal, welchen Irrtum ihr da in euch nährt! Wer hat euch eingetrichtert, dass der Konsum ungesunder Nahrung euch Freuden bereitet? Wer hat das verlogene Wort »Genussmittel« für die Giftstoffe eurer Industrie erschaffen? Ihr fragt nach den Manipulateuren und Unterdrückern eurer Intelligenz? Schaut genau hin, liebe Geschwister! Ihr braucht keine bunten Geschichten über die Missetaten anderer Sternenvölker! Neue Feindbilder erlösen euch nicht aus eurem Dilemma. Es ist auch völlig unwichtig, wer euch alle diese Dinge antut. Beschäftigt euren Geist nicht mit dieser Frage. Sie beinhaltet eine Falle!

Wendet euch den Lösungen eurer Probleme direkt zu! Sie liegen offen vor euch. Schenkt den Verursachern keine Aufmerksamkeit. Handelt einfach nur gemäß eurer Weisheit und achtet euch und euer Leben. Beschützt und würdigt die Kostbarkeit eures Seins, so wie ihr ein wundervolles Neugeborenes behütet. Entscheidet euch konsequent für reine Nahrung, reine Luft und reines Wasser. Leistet euren Anteil, um die Heilung eures Planeten zu ermöglichen. Verweigert den Konsum schädigender Produkte. Verweigert eure Teilnahme an lebensverachtenden Aktionen und boykottiert die Medien, die eure Entwicklung nicht fördern. Informiert euch gut und geht mit Ernsthaftigkeit zur Sache.

Liebe Sirianer, da habt ihr ja gerade einen ungewöhnlich ernsthaften Ton angeschlagen... so kenne ich euch gar nicht. Normalerweise zeigt ihr doch immer für alles Verständnis. Ich glaube, bisher habt ihr uns noch nie so deutlich aufgerüttelt.

Sicher akzeptieren wir alles, was eine jede und ein jeder von euch entscheidet. In diesem Sinne haben wir auch »für alles Verständnis«. Bitte denkt daran, dass wir immer (!) ohne Beurteilung wahrnehmen und sprechen. Gleichzeitig spürst du ganz zu Recht einen »neuen Ton« in unserer Kommunikation. Dieses Buch hat den Titel »Eine neue Energie der Liebe«. Seit Ende 2006 erreicht euch eine neue Stufe sehr rasch vibrierender Liebeskraft auf eurem Planeten. Wir gehören zu denjenigen, die sie in euer Bewusstsein spiegeln. Dies ist Teil unseres Dienstes an euch. Zahlreiche andere Wesenheiten leisten ähnliche Dienste.

Diese neue Energie der Liebe erweist sich nicht nur als umhüllende, nährende, genussbringende Kraft. Sie bringt euch auch den »Sturm der Erkenntnis«, der euer Leben verändert. Jahrelang durchlieft ihr Zeiten der Vorbereitung. Sehr sanft wurdet ihr auf die kommenden Ereignisse eingestimmt. Uns allen war klar, dass ihr schwerste, traumatische Phasen durchlebt hattet. Unsere tiefe Liebe zu euch ließ uns behutsam und sanft sein in der Begegnung mit euch. Unsere Informationen und Energien überreichten wir euch »in Watte verpackt«.

So entstand eine stabile Brücke des Vertrauens zwischen uns und euch. Diese ist nun stark genug, um betreten zu werden. Ihr selbst seid stark genug, um konfrontierende Erkenntnisse zu ertragen. Ihr seid stark genug, euer Leben radikal zu erneuern! Die neue Energie der Liebe erfüllt euch täglich mehr. Sie stärkt und ermutigt euch. Sie lädt euch ein, euch das ersehnte Paradies jetzt zu erschaffen!

Vielleicht ist dir schon aufgefallen, dass sich eure Transformationen und Veränderungsprozesse jetzt leichter realisieren lassen? Täglich erblühen euch wundervolle neue Möglichkeiten. Eure Wissenschaftler entdecken neue Quellen der Gesundheitsversorgung. Neue Produkte schützen euer Leben und das aller anderen Seinsformen in der Schöpfung. Unzählige Helfer inspirieren und unterstützen euch. Während ihr nachts ausruht, repariert und regeneriert die neue Energie euren Körper. Bittet um diese Hilfe, bevor ihr einschlaft, und ihr werdet einen neuen Morgen erleben an jedem Tag.

Was ihr da sagt, kann ich bestätigen. Ich bin bei Weitem gesünder, frischer und glücklicher als noch vor einigen Jahren. Allerdings habe ich auch zahlreiche, sehr grundsätzliche Veränderungen in meinem Leben durchgeführt. Das war nicht immer einfach.

Was ist schon einfach? Weißt du denn, um wie vieles schwieriger es geworden wäre, wenn du diese Veränderungen nicht unternommen hättest?

Richtig. Dieser Vergleich fehlt. Ich wollte mich auch nicht beschweren. Das Ergebnis meiner Entwicklung lohnt sich auf jeden Fall und ich bin sehr dankbar dafür. Ihr sprecht von den vielen notwendigen Veränderungen. In diesen Tagen berichten unsere Medien laufend über die erschreckenden Entwicklungen unseres Planeten und seines Ökosystems. Naturkatastrophen und Umweltschutz werden gerade heiß diskutiert.

Na endlich! Wurde ja auch mal Zeit... allerdings solltet ihr auch dieses Thema mit der gelassenen Klarheit eures Herzens in den Fokus nehmen. Wieder einmal missbrauchen die Medien ihre Machtstellung, um Angst und Schrecken in euch zu erzeugen. Aus der Haltung der Angst werdet ihr eure Probleme schwerlich lösen können.

Wir bitten euch noch einmal, euch mit eurer innersten Weisheit, eurer Herzensenergie, zu verbünden. Die neue Energie, die euch jetzt täglich mehr erfüllt, erleichtert euch dieses Bündnis. Diese rasch vibrierenden kurzen Lichtwellen durchdringen euer Bewusstsein und stärken eure Verbindung mit der Quelle allen Seins. Je mehr ihr diese Einheit in euch entdeckt und bewusst lebt, desto leichter wird es euch fallen, die zahlreichen anstehenden Probleme eures Lebensraums zu lösen.

Wir verraten euch ein Geheimnis: Jenseits eurer aktuellen dreidimensionalen Welt sind alle eure Probleme bereits erlöst!

Heißt das, dass wir uns nur hier herausbewegen müssen, und alles ist gut? Was wird denn dann aus denen, die hierbleiben?

Es stimmt tatsächlich. Wenn ihr euch vollständig transformiert haben werdet und die Grenzen eurer Dreidimensionalität überschreitet, werden alle eure derzeitigen Probleme aufgelöst sein. Eine interessante Überlegung!? Dieser Gedanke sagt euch ebenso, dass die Energiepotenziale für eure Lösungen bereits jetzt schon existieren. Die Energie der Lösung wartet darauf, dass ihr selbst sie zu Materie verdichtet! Sie erwartet eure In-Form-ation.

Wow – was für Zusammenhänge...

In der Tat! Wieder einmal mehr siehst du, dass euer Bewusstsein die Wurzel jeder Entwicklung bildet. Was wird aus denen, die hierbleiben? Zunächst einmal beobachten wir euch alle sehr gespannt bei eurem Transformationsprozess. Niemals in eurer Geschichte erhieltet ihr mehr Hilfestellung und Unterstützung als augenblicklich. Ihr alle (wirklich alle!) habt die Gelegenheit, euch in die höheren Dimensionen hinein zu entfalten. Niemand muss zurückbleiben! Vielleicht werdet ihr euch auch tatsächlich alle transformieren. Dies liegt allein in eurer Entscheidung, liebste Geschwister. Wir respektieren sie; auch wenn wir euch von Herzen gerne gemeinsam in unserer alten – eurer einstigen und jetzt bald wieder neuen – Heimat begrüßen würden.

Wollt ihr damit sagen, dass wir dann bei euch in der Siriusregion erscheinen werden?

Warum nicht? Auf jeden Fall werdet ihr völlig neue Formen der Beweglichkeit erfahren. Die erweiterte Kraft eures Bewusstseins eröffnet euch Reisemöglichkeiten, wie ihr sie bisher nur aus euren Träumen kennt. Gleichzeitig transformiert sich natürlich auch eure Erde. Auch euer wundervoller Planet wird die Glückseligkeit der höheren Dimensionen genießen. Ebenso wie ihr hat sich die Göttin Erde ihre Belohnung erarbeitet und verdient. Ihre Leidenszeit geht jetzt zu Ende. Schmerz, Missachtung, Ausbeutung und Unterdrückung werden aufgelöst sein. Der Erinnerungsspeicher eures Planeten ist gerade dabei, seine diesbezüglichen Muster der göttlich reinigenden Transformation zu übergeben.

Wird es denn trotzdem weiterhin eine »alte Erde« der dritten Dimension geben?

Wenn ihr sie euch erschaffen wollt…

Liegt das wirklich ausschließlich an uns?

Du kennst die Antwort.

Das stimmt. Aber ich kann sie immer noch nicht ganz glauben.

Dann nimm dir Zeit. Die Wahrheit wird sich sowieso Zug um Zug vor deinen Augen entfalten. In deinem Herzen wohnt sie ja bereits.

Na schön. Geduld – meine Lieblingsübung…

Nicht unbedingt. Wenn du dich in Geduld übst, bist du immer noch in der Illusion linearer Zeit verwoben. Du kannst dich auch jetzt sofort daraus lösen! Jenseits der Zeit gibt es nichts, worauf du warten müsstest. Du genießt einfach dein Sein in jedem Augenblick.

Ich kenne das Gefühl. Aber ich bin nicht immer damit im Einklang.

Das sind die Merkmale deines Übergangs. Du bist vollkommen in jedem Augenblick. Geduldig, ungeduldig, im Bewusstsein linearer Zeitabläufe oder ganz versammelt im Augenblick – in Wahrheit ist alles eins!

Wie dürfen wir uns denn unsere kommenden erweiterten Reisemöglichkeiten vorstellen? Werden wir nur im Bewusstsein reisen oder kommt unser Körper auch mit?

Jede Seinsform besitzt ihren eigenen Körper. Im Zuge eurer Transformation reinigt, verfeinert und beschleunigt sich der materielle Anteil eures Seins. Ihr werdet durchlässiger. Eure Eigenfrequenz erhöht sich. Ja, ihr werdet in eurem Körper reisen. Das tut ihr während eurer nächtlichen Traumphasen übrigens auch jetzt schon. Im Traum beschleunigt sich ein Teil eures Seins und ihr dehnt euer Bewusstsein in weniger dichte Dimensionen aus. Euer feinstofflicher »Traumkörper« steht mit eurem irdischen Körper in Verbindung. Deshalb erfahrt ihr auch körperliche Reaktionen, während ihr träumt. Ihr schüttet beispielsweise Stress- oder Glückshormone aus. Alles, was euch bisher vertraut war, werdet ihr in ähnlicher Form auch in Zukunft erfahren. Ihr werdet euer Leben nur mit wesentlich mehr Leichtigkeit genießen können.

Dann werden wir also eines Tages in unserem verfeinerten, durchlässigeren Körper ein Raumschiff besteigen und mit euch zusammen das Universum erkunden?

Dies wird vermutlich schon bald der Fall sein. Einige wenige Menschen haben diese Erfahrung bereits gemacht.

Wie dürfen wir uns das denn praktisch vorstellen? Soweit ich weiß, ist euer Sonnensystem etwa acht Lichtjahre von der Erde entfernt. Müssen wir dann mit etwas weniger als der Lichtgeschwindigkeit mehr als acht Jahre im Raumschiff fliegen, um die Siriusregion zu erreichen? Bei unserer bisherigen Lebensdauer könnten wir dann ja nicht sehr viele Reisen unternehmen.

Eure Lebenszeit wird sich verglichen mit der Vergangenheit enorm ausdehnen. Wenn ihr erst einmal gelernt habt, wirklich gut für euch und eure Körper zu sorgen, so könnt ihr mehrere hundert Jahre ohne Unterbrechung in eurem Körper verbringen.

Oh – dann stimmen also die Lebenszeiten, die in der Bibel für unsere frühen Vorfahren angegeben sind? Haben diese mehrfach Hundertjährigen tatsächlich existiert?

So ist es. Allerdings hat die Bibel auch den Charakter eines Lehrbuches tief verschlüsselter Weisheiten. Nehmt nicht alles, was ihr darin findet, genau wörtlich. Nutzt auch hier die Beratung eurer eigenen Herzkraft, um den tieferen Sinn der Botschaften zu verstehen. Die sehr alten Helden eurer Frühzeit waren zum Teil Besucher aus weit entfernten Sternenregionen. Nicht alle haben sich auf eurer Erde angesiedelt. Die Bibel berichtet auf verschlüsselte Art von ihnen. Im Laufe der Zeit wurden bestimmte Abschnitte dieser Berichterstattung von einflussreicher Stelle unterdrückt. Eure aktuelle christliche Bibel durchlief viele Veränderungsprozesse in den zwei Jahrtausenden seit ihrer Entstehung.

Im Hinblick auf eure Reisen zu anderen Sternenregionen gibt es aber noch einen weiteren sehr bedeutsamen Aspekt. Mit den besonderen Technologien höherer Dimensionen werdet ihr bald jenseits der Lichtgeschwindigkeit reisen. Augenblicklich können wir euch diese Vorgänge noch nicht ausreichend verständlich machen. Wir können euch aber einen Hinweis geben: Bitte erinnere dich an unsere Informationen zum Thema Magnetismus, Elektrizität, Schwerkraft und Bewusstsein. Wenn ihr so weit sein werdet, diese Kräfte vollständig zu verstehen und zu nutzen, werdet ihr die Raumzeit als Produkt eures derzeitigen eingeschränkten Bewusstseins erkennen. Ihr werdet lernen, mit der Kraft des Nullpunktfelds zu arbeiten. Die damit verbundenen neuen Fähigkeiten eröffnen euch in allen Lebensbereichen vollständig neue Möglichkeiten.

Manchmal überkommt mich ein mulmiges Gefühl im Bauch, wenn ich euch zuhöre. Wird denn nach unserer Transformation überhaupt noch irgendetwas sein, wie es war?

Alles Äußere ändert sich permanent. Ist denn jetzt noch irgendetwas so, wie es in deiner Kindheit war? Ist irgendetwas heute noch so, wie es gestern war? Beantworte diese Fragen mit der Vielschichtigkeit deiner multidimensionalen Wahrnehmung und du erhältst ein Nein. Nur tief in dir – in jeder deiner Zellen – existiert die immerwährende Wahrheit deiner göttlichen Natur. Sie bleibt in der Tat unverändert. Sie wohnt in dir als kontinuierliche Qualität der einen großen Schöpfungsenergie.

In den kommenden Jahren werdet ihr übrigens auch völlig neue Vorstellungen und Erkenntnisse über das Universum gewinnen. Eure bisherige Vorstellungskraft ist an die Dreidimensionalität eures Verstands gebunden. Augenblicklich könnt ihr darüber hinausgehende, komplexere Wirklichkeiten noch gar nicht verstehen. Im Herzen fühlt ihr sie zwar, aber euer Bewusstsein ist noch zu sehr eingeschränkt, um wirkliches Verständnis dafür zu entwickeln.

Eure bisherige Vorstellung vom Universum entspricht einem riesigen Raum, angefüllt mit allen möglichen Materieformen, Strahlungen und Energien. Tatsächlich aber besteht die Schöpfung aus miteinander in Wechselwirkung stehenden Kräften. Ein immerwährender Tanz dieser Energieformen erschafft Bewegung und permanente Neuordnung. Nichts ist so einseitig, wie es euch augenblicklich noch erscheint. Stellt euch vor, dass jede eurer Beobachtungen noch hunderttausend weitere Aspekte besitzt.

Da das Universum sich selbst permanent bewegt und verändert, verlaufen Reisen darin nach völlig anderen Gesetzmäßigkeiten ab, als ihr es aus eurer bisherigen Welt kennt. Vielleicht mögt ihr es euch in etwa so vorstellen: Das Universum und alle Schöpfungsformen bestehen aus Bewusstsein. Ein großes göttliches Bewusstsein drückt sich in den unzähligen unterschiedlichen Erscheinungen aus. Das bedeutet, dass jede dieser unzähligen Erscheinungen Teil hat an dem einen göttlichen Bewusstsein. Ihr könntet auch sagen, alles ist Teil dieses göttlichen Bewusstseins. Alles lebt in diesem bewussten Sein.

Stell dir vor, dass du eine Reise durchs Weltall unternehmen möchtest. Dein Bewusstsein erschafft diesen Plan. Das große göttliche Bewusstsein erfährt natürlich im selben Augenblick davon. In jedem Augenblick »weiß« es alles, was geschieht, weil du selbst ein Teil davon bist. Eure Religionen erzählen es euch genau so: »Nichts bleibt verborgen vor Gottes Antlitz. Jedes Haar auf deinem Kopf ist von ihm gezählt.«

Deine Reiseabsicht erzeugt einen Kraftschub im Energiefeld des Bewusstseins. Mit der Kraft deiner Intention »verbiegst« du die Raumenergie, sodass dein Reiseziel in deine Reichweite rückt. Natürlich stimmt der Begriff »verbiegen« nicht wirklich, denn wir haben es ja nicht mit einem dreidimensionalen Raum zu tun. Tatsächlich erschaffst du in deinem Bewusstsein eine Art Bewegungsimpuls, der die bestehenden Energiefelder neu ausrichtet. Auch du hast dich ja durch deinen Reisewunsch in deiner Energie neu ausgerichtet. So näherst du dich deinem Ziel.

Hiermit besitzt du eine ungefähre Beschreibung dessen, was nach eurer Transformation geschehen wird. Dein erweitertes Bewusstsein versetzt die Kraftfelder des Universums in Bewegung. Das große göttliche Bewusstsein koordiniert alle existierenden Energiefelder neu. Deine Reise zum Sirius kann also nach eurem Zeitverständnis in einem einzigen Augenblick geschehen. Jemand, der sie mit dreidimensionalem Verständnis beobachtet, würde gleichzeitig annehmen, dass sie sich über acht Lichtjahre erstreckt.

Also ändern sich die Tatsachen in Abhängigkeit vom Beobachter?

Ja genau! Diese Erkenntnis haben eure modernen Physiker immer wieder beschrieben. Bisher wurde sie euch als schwer verständliches Ergebnis physikalischer Laborexperimente serviert. Ihre eigentliche Bedeutung und Tragweite aber werdet ihr während eurer bevorstehenden Bewusstseinstransformation in höhere Dimensionen erkennen. Viele eurer augenblicklichen Fragen werden dann automatisch beantwortet sein.

Fantastisch! Ist das dann unser neuer Umgang mit der Raumzeit?

So ungefähr...

Na ja, ich kann's mir schon vorstellen; auch das hat wieder viel mehr Aspekte, als wir augenblicklich verstehen könnten.

Solange ihr nur euren Verstand zum Verstehen benutzt, ist das richtig.

Ein umfangreiches Kapitel. Ich fühle mich, als hätten wir unsere Reise durchs Universum mit diesen Betrachtungen schon durchlebt.

Stimmt!

Na, dann ist es ja gar nicht so kompliziert, wie ich immer dachte?

Das sagen wir dir doch! Schön, dass du es aufnimmst.

Liebe Sirianer – hier kommt eine weitere Frage, eine, deren Antwort uns alle brennend interessiert. Wie werden sich die Beziehungen zwischen Mann und Frau in der neuen Energie entwickeln? Was wird aus der Liebe?

Aus der Liebe muss nichts werden. Sie ist! Auch war sie immer und immer wird sie sein. Ihr selbst werdet auf neue Art in die Liebe hineinwachsen. Ihr werdet euch der göttlichen Liebe annähern und euch wieder mit ihr vereinigen. Genau genommen könnte man euren gesamten Transformationsprozess ausschließlich so beschreiben. Liebe lebt ewiglich und existiert in unendlicher Fülle. Durch eure dualistischen Abenteuer habt ihr in eurem bisherigen Leben erst geringe Portionen davon gekostet. Ihr gabt euch mit wenig Liebe zufrieden. Glücklicherweise seid ihr nun anspruchsvoller geworden. Ihr fordert euren Anteil an eurem göttlichen Geburtsrecht zurück.

Während eurer jetzt stattfindenden Entwicklung vereinigt ein jeder von euch die männlichen und weiblichen Anteile der schöpferischen Urkraft in sich. Schon immer besaßen jeder Mann und jede Frau die Anlagen des Männlichen und des Weiblichen gleichermaßen. Ihr alle nutztet diese Energien auf unterschiedliche Art. Jede und jeder erschuf in sich die Kräfteverteilung, die sie oder er für den persönlichen Lebensplan benötigte. Dabei konnten die meisten von euch in der Vergangenheit noch keine Ausgewogenheit zwischen männlichen und weiblichen Kräften in sich erschaffen.

Im Zuge eurer Transformation in höhere Dimensionen werdet ihr dieses Ungleichgewicht jetzt auflösen. Ihr alle – egal ob Mann oder Frau – werdet die männlichen und weiblichen Energien in euch harmonisch ausbalancieren. Diese Entwicklung findet bereits statt. Beobachtet eure jungen Leute. Betrachtet ihre Modegewohnheiten. Schaut euch ihre Haarschnitte und Körperformen an. Und dann vergleicht diese

Bilder mit den Erscheinungen von Mann und Frau vor dreißig oder fünfzig Jahren. Erkennt ihr die Annäherungen, die heute stattfinden? Seht ihr, wie sich die Polaritäten auflösen?

Stimmt. Aber wird das dann nicht etwas langweilig? Sind es nicht die Unterschiede zwischen Mann und Frau, die das Leben spannend machen?

In der Tat wird euer Leben hierdurch »spannend«. Ihr erfahrt Anspannung! Solange ihr ineinander verliebt seid, findet ihr das vielleicht sogar wunderbar. Aber wenn ihr an die vielen spannungsgeladenen Momente eines Ehelebens denkt, wünscht ihr euch rasch wieder mehr Ausgewogenheit und Entspannung. Schaut euch unter euren Mitmenschen um. Der tägliche Kampf um Anerkennung und Liebe zerfrisst eure Beziehungen und betrübt euer Herz.

Streit und Kampf sind die Folgen eurer Verunsicherung. Tiefe Wunden fügen sich diejenigen zu, die sich einst ewige Liebe schworen. Kränkungen, Ohnmachtsgefühle und Langeweile beenden die anfängliche gute Absicht, sich in Freundschaft zur Seite zu stehen. Dies alles sind die Folgen eurer Polarisierung, ihr Lieben! Erkennt euren Irrtum von der scheinbaren Andersartigkeit eurer Brüder und Schwestern. Akzeptiert euch als einander ähnlich und gleichermaßen begabt. Erkennt euer dualistisches Weltbild. In euch selbst wohnt das Wissen um eure Vollkommenheit. Begegnet euch in Freiheit und Selbst-Bewusst-Sein und genießt die Ausgewogenheit eures männlich-weiblichen Kräftefelds.

In genau dieser Ausgewogenheit werdet ihr euch in Zukunft tatsächlich begegnen. Sie führt euch zu einer vollendeten Form der Liebe und zu erfüllenden Liebesbeziehungen. Einfacher als bisher werdet ihr die richtige Partnerin oder den richtigen Partner entdecken. Ganz von selbst werden sich eure Herzen erkennen und begegnen. Euer balanciertes Energiefeld wird wie ein Leitstrahl wirken. Alles, was euer Leben beglückt und erfüllt, gelangt auf diesem Strahl zu euch.

In vollkommener Ausgewogenheit der eigenen Kräfte wird euch eure liebende Begegnung alles schenken, wonach ihr euch augenblicklich noch sehnt. Im Selbst-Bewusst-Sein eurer Göttlichkeit werdet ihr Freiheiten genießen, die in der Vergangenheit häufig als Zankapfel hässlicher Auseinandersetzungen dienten. Worüber solltet ihr streiten, wenn ihr euch eurer persönlichen Würde voll bewusst seid? In Respekt, Anerkennung und Liebe werdet ihr euch unterstützen. Damit beginnt eine vollständig neue Phase eures Gemeinschaftslebens.

Augenblicklich entwickeln sich gerade sehr viele von euch rasch auf diesen Punkt des männlich-weiblichen Gleichgewichts zu. Indem ihr eure persönlichen und kollektiven Traumata erlöst, empfindet ihr neuen Respekt euch selbst und euren Brüdern und Schwestern gegenüber. Euer Herz, eure Seelenfamilie und alle eure himmlischen Helfer stärken euch in Anteilnahme und Liebe während dieses Prozesses. Geklärt (klar geworden!) und gereinigt erkennt ihr eure Vollständigkeit und nehmt sie in Anspruch.

Zahlreiche Partnerschaften lösen sich in dieser Zeit auf, weil sich die polaren Kräfte unerwartet rasch und sprunghaft einander nähern. Dadurch erkennt ihr den tatsächlichen Grund, der euch einst mit dem Menschen eurer Wahl zusammenführte. Diejenigen unter euch, die sich hauptsächlich aus den Gesetzen polarer Anziehung heraus verbunden hatten, entdecken plötzlich Desinteresse und Langeweile in ihrer Gemeinschaft. Wer in seiner Partnerin oder in seinem Partner den Ersatz für scheinbare eigene Mängel suchte, verliert den Grund des Beisammenseins.

Die häufigsten Gründe zur Bildung einer Partnerschaft waren bisher:

- das Bedürfnis nach Unterstützung
- das Bedürfnis nach Anerkennung
- das Bedürfnis nach Sicherheit
- das Bedürfnis nach Zugehörigkeit
- das Bedürfnis nach der Befriedigung eigener Wünsche

Alle diese Bedürfnisse befriedigt ihr nun zunehmend in euch selbst. Ein entwickelter Mensch weiß, wer er ist, wozu er gehört und was er vermag. Er ist sich unendlich vielfältiger Quellen der Unterstützung bewusst. Er kennt seine Potenziale und erschafft seine Welt bewusst. Er fühlt sich sicher und geborgen als Teil der Schöpfung. Er schenkt sich selbst Anerkennung und wird auch von seinen Mitmenschen selbstverständlich anerkannt.

Seht ihr nun, dass eure Partnerschaften bald auf vollständig neuen Motiven gegründet sein werden? Schon immer bildete die innige Begegnung zwischen Mann und Frau eine wichtige Keimzelle der Gemeinschaft. Die Vereinigung der Geschlechter entsteht magnetisch und erzeugt Elektrizität. Sie befreit schöpferische Energien. Kinder werden geboren, um dem Leben Raum zu schaffen. So inkarnieren die Seelen in Gruppen. Sie überreichen sich den Stab des Lebens und verbinden dadurch die verschiedenen Dimensionen allen Seins.

Als große Engel des Universums werdet ihr bald Seite an Seite euer Werk gestalten. Selbst-bewusst und stark werdet ihr die Liebe in euch und zwischen euch entflammen. »Eine neue Energie der Liebe« wird euch in die Materie rufen. Sie wird euch auf euren Wegen geleiten und euch beglücken und erfüllen. Als energievoll ausgeglichene Wesenheiten werdet ihr euch begegnen und voller Stärke den Plan eurer Seele in die Wirklichkeit bringen. Das ist die Vision eurer neuen Partnerschaft!

Klingt atemberaubend...

Wir empfehlen dir, tief durchzuatmen. Niemals solltest du dir deinen Atem rauben lassen. Ruhe bewusst im Atemrhythmus des Lebens und erfahre die Verwirklichung dieser Vision!

Vielen Dank, ihr Lieben! Da gibt es wieder einiges zu verdauen...

Viel Spaß dabei!

Werde ich haben. Und hier habe ich auch gleich noch eine Frage: Könnt ihr uns erklären, was ihr unter »Hyperenergie« versteht? Was macht man damit? Wer kann bzw. darf sie anwenden? Was müssen wir bei ihrer Anwendung beachten?

Dieser Begriff bezeichnet Energieformen, die hauptsächlich jenseits eurer dreidimensionalen Welt eures derzeitigen Bewusstseins existieren; deshalb die Vorsilbe »hyper«. Da aber alle Welten multidimensional miteinander in Verbindung stehen, könnt ihr diese Energie natürlich auch an jedem Ort der Welt und zu jedem Zeitpunkt eures Seins nutzen. Erinnert ihr euch daran, was wir euch über eure göttlich schöpferische Ausrüstung sagten? Ihr seid die großen Menschenengel, die jede Energieform des gesamten Universums in sich besitzen. Ihr tragt den vollständigen Bausatz in euch. Deshalb nennt man euch die »Kinder Gottes«.

Selbstverständlich besitzt ihr auch Potenziale der Hyperenergie in euren Zellen. Selbstverständlich dürft ihr sie anwenden. Ihr alle dürft das tun. Wer sollte es euch auch verbieten? In gewisser Weise ähnelt die Hyperenergie der neuen, rasch vibrierenden Liebesenergie, über die wir schon so oft sprachen. Eure »neue Energie der Liebe« besitzt allerdings ein breiteres Frequenzspektrum als die Hyperenergie. Hyperenergie bildet einen Ausschnitt der »neuen Energie«. Während eurer Transformation werdet ihr euch an die Qualitäten dieser Energie erinnern und ihre Nutzung wiederentdecken.

In den alten Kulturen erschien es euch völlig natürlich, mit den unterschiedlichsten Energiestufen der Schöpfung im Einklang zu leben. Ihr wart gut darin geübt, sie alle zu nutzen. Viele Magier, Heiler und Schamanen arbeiten noch heute mit ihr. Eure neuen Kinder sind mit ihr vertraut und wenden sie spontan an. Sie erscheint ihnen natürlich, sodass sie nicht lange zögern, damit umzugehen. Spielerisch erproben sie sich in den erweiterten Gesetzen des Universums, welche ihr Älteren als Wunder bezeichnet. Gegenstände mit mentaler Kraft durch den Raum bewegen, verdeckte Botschaften lesen, telepathisch kommunizieren, Spontanheilungen in Bewegung setzen – dies alles waren einmal die selbstverständlichen Fähigkeiten von euch allen.

Wenn ihr den Vibrationen dieser Energiequalität jetzt begegnet, ruft sie bei vielen von euch zwiespältige Empfindungen wach. Eure Zellen erinnern sich daran, dass ihr dies alles schon einmal durchlebtet. Sie erinnern sich auch an die Zerstörung der alten Kulturen. Die kollektive Matrix eurer Gemeinschaft ist erfüllt von warnenden Hinweisen auf diese Zeit. Etwas verkürzt könnte man diese Zusammenhänge folgendermaßen beschreiben:

- In den alten Kulturen von Lemurien und Atlantis fühltet ihr euch ohne nachzudenken mit allen euren schöpferischen Potenzialen eng verbunden; die Nutzung eurer Fähigkeiten erschien euch selbstverständlich.

- Durch die Zerstörung dieser Kulturen durchliefen eure Energiekörper einen riesigen Schock. Körperlich, seelisch und mental tragt ihr alle noch Spuren dieses Schocks in euch.

- Nach der Zerstörung gerieten viele von euch in tiefste Selbstzweifel. Ihr konntet die Gewalt und das Ausmaß der entsetzlichen Katastrophe nicht verstehen. Die meisten von euch hatten sich als Hüter und Beschützer des Lebens inkarniert. Ihr liebtet das Leben und machtet euch tiefste Vorwürfe, weil ihr das Unglück nicht hattet verhindern können. Diese Selbstanklagen befinden sich ebenfalls in euren Zellen und in eurem kollektiven Gedächtnisspeicher.

- Viele von euch durchliefen Zeiten der quälenden Angst und Selbstbeschuldigung. Wie hatte es dazu kommen können, dass ihr diese Fehlentwicklung nicht rechtzeitig gestoppt hattet? Wie könntet ihr von nun an verhindern, dass es jemals wieder zu ähnlichen Katastrophen kommen würde? Die meisten von euch trafen den Entschluss, ihre göttlichen Potenziale nie wieder in vollem Umfang zu nutzen. Viele gelobten Verschwiegenheit und unterdrückten ihre göttliche Weisheit in sich selbst.

- Während der düsteren Zeiten außerordentlicher Dualität wurdet ihr in diesem Entschluss bestätigt. Verfolgungen, Folterungen, Kriege und Mord durchlittet ihr, weil ihr euch so unendlich weit von eurer göttlichen Heimat entfernt hattet. Vertreter der »dunklen« Seite quälten euch, wenn ihr euer Wissen nicht gut genug versteckt hieltet. Die göttlichen Gaben der Liebe, Heilung und Unterstützung wurden mit Inquisition, Folter und Mord beantwortet.

- Diejenigen unter euch, die sich aus der Illusion und Verirrung dualistischer Konzepte heraus hatten hinreißen lassen, ihre Menschengeschwister zu quälen und Leben zu vernichten, durchlebten nacktes Entsetzen in der Erkenntnis ihrer eigenen Schuld. Auf ihrem langen Weg der Wiederverkörperungen durchlitten sie, was sie als Täter verursacht hatten. Auch in ihrem Zellgedächtnis spiegelt sich die Angst vor Vernichtung, die Angst vor eigenem Versagen und die Angst, zu irren und schwerwiegende Fehler zu begehen.

Wir fassen zusammen, was alles eure persönlichen und kollektiven Gedächtnisspeicher seit Urzeiten belastet:

- die Angst vor der Zerstörung des eigenen Lebens, des Lebens anderer sowie ganzer Kontinente und Kulturen
- die Angst, bewusst oder unbewusst schuldig zu werden
- die Angst, schwerwiegende Irrtümer zu begehen
- die Angst davor, Unglück nicht verhindern zu können
- die Angst, durch unüberlegte Handlungen anderen schweren Schaden zuzufügen
- Selbstzweifel, Selbstanklagen und Selbstvorwürfe
- das beschämende und bedrückende Gefühl, aus dem Paradies vertrieben worden zu sein und scheinbar zu Recht in Elend und Mangel zu leben
- die Angst, dass die speziellen Anwendungsmöglichkeiten der Hyperenergie und anderer hochfrequenter Energieformen unkontrollierbare Zerstörung nach sich ziehen könnten
- das Gelübde, die eigenen Potenziale göttlicher Schöpferkraft für immer ungenutzt zu lassen
- das Gelübde, sein Wissen für sich zu behalten
- der unendliche Kummer über die Zerstörung von Leben, denn ihr alle (auch die Täter unter euch!) verehrt die Göttlichkeit zutiefst: Sie lebt in euren Zellen und ihr könnt gar nicht anders, als ihr aus tiefster Seele in Liebe zu begegnen

Wenn ihr nun während eurer Transformationsprozesse mit den hochfrequenten neuen Energien in Berührung geratet, wird sogleich die gesamte Erinnerung an alle Punkte dieser Aufzählung in euch wachgerufen. Könnt ihr euch vorstellen, welche Verwirrung dann in euch entsteht? Erinnert ihr euch an die vielen Momente von Ambivalenz im Anblick eures spirituellen Wachstums? Erkennt ihr die Gründe für euer Zaudern vor Veränderung und Erneuerung? Auf der einen Seite spürt ihr die Verlockung, endlich, endlich einen Schritt in euer ursprüngliches, schon so lange vermisstes Paradies tun zu können. Gleichzeitig erklingt dröhnender Alarm aus jeder eurer Zellen.

Versteht ihr nun, warum ihr augenblicklich so viele Stufen der Reinigung durchlauft? Erkennt ihr die Momente eurer Zweifel und Verängstigungen als das, was sie sind? Euer Zellgedächtnis muss so lange von den Mustern alter Energien und Erinnerungen gereinigt werden, bis ihr die neue Energie der Liebe unbelastet in euch fließen lassen könnt. Jeder einzelne Punkt unserer Aufzählung muss in eurem Erinnerungsspeicher behutsam von den Gefühlen reinster Liebes- und Lebensenergie abgekoppelt werden. Wenn ihr diesen Moment erreicht habt, wird eine zurzeit noch unvorstellbar große Befreiung und Erleichterung in euer Leben treten. Wir freuen uns unendlich auf diesen Augenblick, ihr Lieben, denn wir wissen, welche wohlverdiente Belohnung er euch schenken wird!

An diesem Punkt deines Weges wirst du alle Antworten auf deine Frage nach der Hyperenergie kennen. Ängste, Zweifel und Schrecken werden deine Zellen verlassen haben. In deinen Gedanken, Gefühlen und Handlungen wirst du die göttlichen Energien deines Potenzials wieder vollständig zu dir nehmen, um sie zum Wohle des Lebens zu nutzen. Alle Anwendungsmöglichkeiten dieser göttlichen Energien werden wie selbstverständlich in deinem Bewusstsein erscheinen. Du wirst einfach wissen, was zu tun ist, weil du weißt, wer du bist!

Ich danke euch wirklich sehr, liebe Sternengeschwister! Eure Worte haben mich tief berührt. Dabei zogen viele Augenblicke meines Lebens durch meinen Geist, die ich nun besser verstehen kann. Ich kenne die Ambivalenz, von der ihr sprecht. Ich kenne auch die irrationalen Ängste davor, mich wirklich mit meinem gesamten Potenzial zu zeigen. Ich kenne all das von mir, meinen Freunden und meinen Klienten. Habt ihr denn noch ein paar Hinweise, wie wir die Abkoppelung unserer störenden alten Erinnerungsmuster von unserer göttlichen Lebensfreude beschleunigen können?

Ihr kennt sie bereits alle und es gibt nichts, was ihr beschleunigen müsstet. Bitte entspannt euch ausgiebig, ihr lieben Geschwister! Eure Vergangenheit war hart genug. Viele von euch leiden noch immer unter großer Müdigkeit und Erschöpfung. Dies alles ist angemessen! Wenn ihr sehen könntet, wie viel ihr leistet und welche »Berge« (Energieberge) ihr bereits versetzt habt, würdet ihr euch viel mehr Raum für Entspannung und Lebensfreude genehmigen.

Mehr als früher könnt ihr die Verbundenheit mit euren »himmlischen Helfern« spüren und nutzen. Täglich werden die Schleier zwischen den Dimensionen zarter und durchlässiger. Die feinen Wellen der neuen Energie lösen und lockern alles, was ist. So werdet ihr euch mehr und mehr bewusst, wie sehr alles zusammenhängt. Bittet eure göttlichen Helfer um ihren Dienst. Nur zu gerne übernehmen sie ihn. Sie freuen sich bereits auf euren Auftrag. Bittet eure Seelenfamilie und eure Engel, die für eure Transformation nötigen Reinigungen sanft und nachhaltig mit euch zu gestalten. Entlastet euch, ihr Lieben!

Das klingt ja fast zu schön, um wahr zu sein. Ich habe immer in dem Gefühl gelebt, den Klotz ganz allein den Berg hochrollen zu müssen...

Und genau hier liegt ein sehr großer Irrtum! Noch nie warst du allein. Immer schon haben deine zahlreichen Helfer dich unterstützt. Wenn du aber mit einem einschränkenden inneren Konzept durchs Leben gehst, kannst du ihre Wohltaten nur teilweise nutzen.

Das stimmt. Eigentlich habe ich die Engel immer nur dann zu Hilfe gerufen, wenn ich wirklich in Not war. Dann bekam ich auch sofort die nötige Unterstützung.

Wir sagen es euch immer wieder: Trennung war und ist ausschließlich eure Illusion. Die neue Energie erlöst sie jetzt in rascher Folge. Endlich erkennt ihr eure grenzenlose Verbundenheit mit allem, was ist. Stell dir vor, wie angenehm dein Leben sein wird, wenn du dich immer gut unterstützt weißt! Stell dir vor, nie wieder ein Gefühl der Einsamkeit aushalten zu müssen. Stell dir vor, die zahlreichen Möglichkeiten der Hilfe in deiner direkten Nähe zu wissen – wie einen gut gefüllten Vorratsschrank.

Du verspürst Hunger? Dann bedienst du dich ganz einfach. Hunger nach Liebe? Sehnsucht nach inniger Berührung? Das Bedürfnis nach einem weisen Rat? Praktische Hilfen, die deinen Weg erleichtern? Dies alles steht dir zur direkten Verfügung. Es gehört zu deiner Ausrüstung für den Dienst in dieser Welt. Es ist eine wesentliche Qualität und Eigenschaft des Göttlichen, dass es seine Kinder vollständig ausrüstet, beschützt und ernährt. Vertraut dieser Tatsache, ihr Lieben!

Danke, vielen Dank! Immer wieder findet ihr wundervolle, ermutigende Worte.

Dies ist ein wesentliches Anliegen von uns. Was helfen euch alle eure wunderbaren Fähigkeiten und Chancen, wenn ihr zu verzagt seid, sie zu nutzen? Sehr gerne erinnern wir euch an eure ursprüngliche Natur und umhüllen euch mit der Liebesenergie, die ihr braucht, um wirklich an euch zu glauben.

Noch einmal danke! Jetzt habe ich eine Frage zu den für uns »ungewöhnlichen Fähigkeiten«. Gibt es wirklich so etwas wie Levitation? Werden wir eines Tages über das Wasser spazieren können? Und wie geht so etwas?

Selbstverständlich gibt es das Phänomen der Levitation. Wie amüsant, dass ihr häufig an den Stellen zweifelt, die gar keinen Anlass dazu bieten. Umgekehrt »schluckt« ihr die größten Verwirrspiele und Irrtümer, ohne mit der Wimper zu zucken. Ihr seid so überzeugt von dem Wahrheitsgehalt eurer Forschung, dass ihr an den verkehrten Plätzen vertraut und zweifelt.

Eigentlich kannst du dir diese Frage schon ganz einfach selbst beantworten. Du kennst das Phänomen unterschiedlicher Schwerkraft an verschiedenen Orten? Bestimmt hast du die Bilder eurer schwebenden Weltraumforscher gesehen. Veränderte Schwerkraft – veränderte Bodenhaftung. Was schließt du daraus?

Hat Christus die Schwerkraft verändert, während er über das Wasser ging? Verändern die Anhänger mancher spirituell ausgerichteten Gruppen die Schwerkraft, während sie meditieren?

Genau! Und du weißt auch schon, wie das geht. Wir erinnern dich an unsere Informationen über Schwerkraft und Bewusstsein. Ein erweitertes Bewusstsein hat Einfluss auf die Schwerkraft und umgekehrt. Erweitere dein Bewusstsein und du fühlst dich leichter. Verfeinere diesen Prozess und du beginnst zu schweben.

Augenblicklich sind diese Zusammenhänge in eurem Bewusstsein noch mit so vielen Tabus belastet. In den alten Kulturen erschien es euch selbstverständlich, die universellen Basiskräfte zu beeinflussen und sie euch nutzbar zu machen. Ihr versetztet zum Beispiel riesige Steine, indem ihr vorübergehend Einfluss auf die Schwerkraft nahmt. Manche von euch reisten von Ort zu Ort, während sie ihre mentale Kraft entsprechend ausrichteten. Wenn es euch wichtig erschien, gingt ihr auch über das Wasser.

Vor Kurzem sprachen wir mit euch über die zahllosen belastenden Muster, die ihr seit den Zeiten der alten Kulturen in eurem Zellgedächtnis tragt. Wir erinnerten euch an die tief sitzende Angst, mit der ihr eure eigene Macht beschneidet. So habt ihr auch »vergessen«, dass die Levitation zu euren natürlichen Fähigkeiten gehört. Erweitert euer Bewusstsein in der Meditation und spürt die dadurch entstehende Leichtigkeit in eurem Körper. Wenn ihr euch in diesem Augenblick von den traumatischen Mustern eurer Vergangenheit löst, werdet ihr beginnen zu schweben. Genau das haben Einzelne von euch zu allen Zeiten entdeckt. Schon immer gab es besonders weise Meister, die euch diese Dinge vorlebten, um euch an eure eigenen Potenziale zu erinnern. Denkt an das Wort Christi: »Ihr werdet noch andere Dinge tun als ich…«

Viele eurer Astronauten berichten übrigens von Momenten der Bewusstseinserweiterung, wenn sie die Schwerkraft der Erde hinter sich lassen. Die meisten von ihnen sind rational denkende Wissenschaftler, die sich durch diese Eindrücke eher überrascht und irritiert fühlen. Hier erfahrt ihr das umgekehrte Prinzip unseres Themas. Eine veränderte Schwerkraft verändert euer Bewusstsein.

Wenn du magst, darfst du diesen Faden jetzt noch ein wenig weiter ausspinnen: Eure Erde verändert ihr Magnetfeld im Zuge ihrer Transformation zurzeit rapide. Dies hat Einfluss auf ihre Schwerkraft. Während sich Magnetismus und Schwerkraft der Erde verändern, entsteht ein Sog zur Bewusstseinserweiterung, der euch in eurer augenblicklichen Entwicklung unterstützt. Während ihr euer Bewusstsein absichtsvoll klärt und erweitert, beeinflusst ihr euren Planeten. Ihr schenkt ihm die Impulse, die er für seine Entwicklung benötigt. So greift ein Rad ins andere und alles findet seine göttliche Ordnung.

Danke, ihr Lieben, für dieses großartige Bild.

Sehr gerne. Wir haben übrigens noch einen kleinen Hinweis für euch. Kennst du den Schlüssel zur Leichtigkeit deines Seins? Reinige dein Herz von den Ablenkungen der äußeren Welt. Lass alles Schwere aus dir herausfließen. Vereinige dich im Geist mit deinen göttlichen Wurzeln, indem du Trennung als Illusion erkennst. Schenke dir und aller Schöpfung deine Liebe und Anerkennung. Spürst du, wie bei diesen Worten die Leichtigkeit in dein Bewusstsein einzieht? Spürst du die Erleichterung in deinen Gefühlen und Gedanken? Dies ist der Moment, in dem du dich ausdehnen und schweben kannst. Wir empfehlen dir, die Vorstellung davon in deinem Herzen zu nähren. Bald schon werdet ihr die Verwirklichung dieser Wunder erfahren!

Wundervoll! Jetzt haben wir eine weitere Frage, liebe Geschwister. Immer wieder sprecht ihr davon, dass wir in Zukunft selbstbestimmt und individuell leben werden. Wenn wir alle Meisterinnen und Meister sind, wie werden dann unsere politischen und wirtschaftlichen Strukturen funktionieren? Wie werden Firmen und Organisationen aufgebaut sein? Wird es Reformen geben? Werden die bestehenden Strukturen erst komplett zusammenbrechen?

Wieder einmal ist die Antwort auf deine Fragen vielschichtiger, als du es vielleicht annimmst. Zusammenfassend können wir allerdings sagen, dass alle eure Strukturen in zehn bis fünfzehn

Jahren vollständig verändert sein werden. Fast nichts wird mehr so sein, wie es jetzt ist. Die meisten von euch können sich jetzt noch nicht einmal ansatzweise vorstellen, wie sehr sich alles verändern wird. Bitte freut euch auf diese Veränderung, ihr Lieben! Nichts gibt es, das ihr daran befürchten müsstet. Alles wird sanft und ausschließlich zu eurem Wohle geschehen.

Ich weiß nicht so recht. Wenn beispielsweise eine Firma schließt, denken die entlassenen Arbeiter bestimmt anders darüber...

Liebste Schwester, wir bitten dich sehr eindringlich, deine Gedanken von Vorbehalten und Zweifeln zu reinigen! Euch alle bitten wir darum. Ihr ahnt ja noch gar nicht, welche Hilfen euch im gegebenen Augenblick zur Verfügung stehen werden. Bitte öffnet euren Geist für diese Möglichkeit! Sie ist jetzt schon für euch vorbereitet.

Um euch ein Bild davon zu geben, erzählen wir euch eine kleine Geschichte. Stell dir vor, dass genau das passiert, was du gerade ansprichst. Eine Firma schließt. Ihre Produkte werden nicht mehr gebraucht. Der Absatz steht still. Die Firmenleitung sieht keine Möglichkeit, neue Konzepte zu entwickeln, um weiterzuexistieren. Also wird das Unternehmen geschlossen. Mehrere Hundert Menschen sind plötzlich ohne Arbeit. Sie gehen nach Hause und...?

In eurem bisherigen Weltbild kennt ihr diese Situation nur als unangenehm und erschreckend. Wir sehen es an deinem Energiefeld. Sowie du an das Szenario denkst, verdunkelt sich der Raum deiner Gedanken und Gefühle. Aus eurem kollektiven Gedankenfeld fließen starke, verstörende Impulse zu dir. Du musst tatsächlich deine eigene, lebendige Energie einsetzen, um diesen düsteren Einfluss wieder auszugleichen. In dir verbleibt ein Hauch von Angst, Depression und Verzweiflung, wenn du an die arbeitslos gewordenen Menschen denkst.

Nun bitten wir dich, dies alles in deinem Bewusstsein zu reinigen. Erlaube den Engeln, deine einschränkenden Gedankenmuster im göttlichen Licht zu erlösen. Atme aus und gib ab, was dich belastet. Fühl dich bewusst frei, um neue Konzepte in dich aufzunehmen. Unsere Geschichte wird fortgesetzt.

Die arbeitslos gewordenen Menschen erholen sich erst mal von dem Stress der zurückliegenden Zeit. Ebenso wie du gerade nutzen auch sie die Gelegenheit, sich in ihrem Bewusstsein von Angst, Ärger und Depression zu befreien. Während sie schlafen, sorgen unzählige himmlische Helfer für ihr Wohlbefinden. Tagsüber genießen sie erst einmal all das, was sie in den Zeiten ihrer beruflichen Tätigkeit vermissten. Sie pflegen sich selbst und ihre Gemeinschaft. Bald erhalten sie eine Einladung. Darin bittet man sie, ein Zentrum zur Regeneration und persönlichen Entfaltung zu besuchen. Visionäre Menschen aller Altersgruppen haben es in den vergangenen Jahren aufgebaut.

Ihr Lieben, wir erzählen euch von einer wundervollen Überraschung, die jetzt gerade für euch vorbereitet wird. Überall auf eurem Planeten sind die Pioniere unter euch damit beschäftigt, neue Formen der Heilung und Regeneration zu entwickeln. Bald schon werdet ihr die Lichttempel der neuen Zeit bestaunen und genießen können. In euren alten Kulturen besaßet ihr Heilungstempel, in denen ihr euch mit Magnetismus, Licht, Farben und Klängen erholen konntet. Ihr kanntet sie unter dem Begriff der Verjüngungstempel. Und Verjüngung fand dort tatsächlich statt! Ihr wart vertraut mit den Gesetzen des Universums und wusstet, sie zu eurem Wohl zu nutzen. Gesundheit und jugendliche Frische sind die Folgen eines ausbalancierten Energiefelds. Ihr wart darin geübt, die Balance eures persönlichen und kollektiven Felds zu erspüren. Sowie ihr aus dem Gleichgewicht gerietet, sorgtet ihr dafür, es wieder zu erreichen. Eure Verjüngungs- und Heilungstempel standen euch hierfür zur Verfügung.

In den Maßen der Heiligen Geometrie erbaut, fügten sich diese Tempel harmonisch in die kosmischen Wellen göttlicher Schöpferkraft. Jeder Tempel wurde an einem besonderen Ort der Erde erbaut. Gleichzeitig stand er in der Linie großer Sternentore. So konnten die Verbindungen zwischen »oben und unten« gepflegt werden. Mit der Weisheit eures ursprünglichen göttlichen Erbes fügtet ihr zusammen, was miteinander in Verbindung steht. So wurde euer Planet angebunden, behütet und energetisch genährt. Das Universum stellte euch die notwendige Energie für euch selbst und alles Leben um euch herum zur Verfügung.

Durch euren Entwicklungsprozess setztet ihr ununterbrochen die Früchte eurer Arbeit frei. Die daraus fließenden Energien kamen dem Universum erneuernd zugute. Ihr lebtet im Einklang mit allem, was ist. Jede und jeder Einzelne von euch bildete bewusst eine Zelle des großen Ganzen. Als Zellen des riesigen Schöpfungskörpers sorgtet ihr dafür, energievoll und ausgewogen zu leben. Ihr alle gabt dadurch euren individuellen Beitrag zur Gesamtschöpfung. Bald werdet ihr es wieder so tun!

Klänge, Farben und Magnetfelder bilden die Basiskräfte materieller Schöpfung. Die Welt ist tatsächlich Klang, liebste Geschwister. Die gesamte Schöpfung entsteht durch die sich ausbreitenden Wellen unterschiedlicher Länge und Frequenz. Verschiedene Wellenmuster erzeugen verschiedene Farben und Klänge. Ob ihr diese sehen bzw. hören könnt, spielt dabei keine Rolle. Die bisherige Ausrüstung eurer Augen und Ohren lässt euch sowieso nur einen winzigen Teil der Wirklichkeit erkennen. Denkt daran, dass die meisten Tiergattungen eures Planeten weit mehr davon wahrnehmen können als ihr selbst.

Ihr dürft also davon ausgehen, dass alle Erscheinungen im Universum sich ausschließlich durch die Art und Frequenz ihrer Wellenmuster unterscheiden. Dies gilt auch für den Weg eurer eigenen Entwicklung. Dein »jüngeres Selbst« (diejenige, die du vor einigen Jahren warst) unterscheidet sich von deinem augenblicklichen Sein durch die Intensität der Farben und die Leuchtkraft deines Energiefelds. Wenn ihr also einen Weg findet, euer Energiefeld kontinuierlich in Balance zu bringen, erfahrt ihr ein unendlich erweitertes (gemäß eurer persönlichen Entscheidung erweitertes!) Leben.

Die Möglichkeiten dafür standen euch in euren alten Kulturen in Form eurer Heilungs- und Verjüngungstempel zur Verfügung. In der augenblicklichen Zeit der Verwandlung werdet ihr sie aufs Neue erschaffen. Die nötigen Pläne erscheinen den Pionieren unter euch zurzeit während Meditations- und Traumzeiten. Indem ihr euch eurer mentalen und emotionalen Vernetzung immer mehr bewusst werdet, arbeitet ihr in Kollektiven zusammen, um möglichst viele eurer Ressourcen zu nutzen.

Bitte versteht uns richtig: Tagsüber arbeitet ihr vielleicht in einem Büro und geht einer eher unauffälligen Tätigkeit nach. Eure große Seele steht währenddessen ununterbrochen mit ihrer energetischen Familie in Verbindung. Während du irgendwelche Akten bearbeitest, bereitet dein Seelenkollektiv gemeinsam mit dir vielleicht gerade die Pläne für ein Heilungszentrum vor. In deinen Träumen und Visionen durchziehen merkwürdige Bilder dein Bewusstsein. Manche davon erkennst du tief in deinem Herzen aus uralter Zeit, während dein Verstand gleichzeitig vor sich hin nörgelt und die Dinge noch nicht ganz nachvollziehen will.

Dies alles ist in Vorbereitung, damit ihr die Zeiten eures Wandels sanft und harmonisch durchleben könnt. Öffnet eure Herzen und seid aufmerksam, liebe Geschwister! Pflegt eure Erwartungshaltung und seid offen für wundervolle Geschenke und Überraschungen! Haltet für möglich, was euch bisher unmöglich erschien.

Lasst uns unsere kleine Geschichte in diesem entspannten Gefühl weiter beobachten. Die arbeitslos gewordenen Menschen besuchen also ihren Heilungstempel. Euer Verstand fragt gerade ganz nervös nach, woher denn das nötige Geld für solche Maßnahmen kommen soll. Lasst euch überraschen, ihr Lieben! Haltet Wunder für möglich, auch im Rahmen eurer wirtschaftlichen Entwicklung. Ihr bezeichnet als Wunder, was ihr heute noch nicht verstehen könnt. Bitte denkt nur einige wenige Jahrzehnte zurück. Heute existieren unzählige Dinge, die ihr vor vierzig oder fünfzig Jahren noch für absolut unmöglich gehalten hättet. Lenkt eure Aufmerksamkeit in die Zukunft und nutzt dieses Bild. In fünfzig Jahren werden Dinge und Entwicklungen selbstverständlich sein, die ihr heute für unmöglich haltet. Bitte öffnet euren Geist im Raum der Möglichkeiten. Niemals war das bedeutsamer als in dieser Zeit! Eure zukünftige Entwicklung hängt davon ab.

Die nötigen Geldmittel für entwicklungsorientierte Projekte werden euch zur Verfügung stehen. Neue politische Entscheidungen führen bald zu einer Umverteilung der Besitztümer. Geld ist der materielle Ausdruck von Energie. Energie existiert in unendlicher Fülle! Bitte erkennt, dass es zu eurer bisherigen Manipulation gehört, im Gedanken des Mangels zu leben. Das Leben selbst – die Schöpfung selbst – besteht aus reinstem Überfluss. Für alles und alle ist gesorgt. Beobachtet die Gesetze der Natur und akzeptiert diese Erkenntnis.

Eure Manipulateure verankerten den Gedanken des Mangels in euch, um euch beherrschbar zu machen. »Teile und herrsche« ist ihr uralter Leitspruch. Ihr selbst akzeptiertet dieses Geschehen, weil es zu euren dualistischen Abenteuern gehörte. Viele religiöse Lehren wurden im Dienst dieser Absichten missbraucht. Die ursprünglichen Botschaften weiser Meister wurden zurechtgebogen und verändert. Alles, damit ihr glauben sollt, dass materieller Reichtum vor »Gottes Antlitz« kein

Wohlgefallen fände. Wie sollte die schöpferische Liebesquelle Fülle ablehnen, die ein wesentliches Merkmal ihrer selbst ist? Habt ihr über diesen Widerspruch schon einmal nachgedacht, ihr Lieben?

Die tatsächlichen Probleme liegen genau in der entgegengesetzten Richtung. Wer im Mangel lebt, findet weder Kraft noch Zeit, sich angemessen um die Entwicklung seiner Möglichkeiten zu kümmern. Die Entwicklung eurer Intelligenz, Intuition und Spiritualität sollte zu euren vordringlichsten Aufgaben gehören. Ihr verdient umfassende Unterstützung, um euch in diesem Sinne euch selbst zu widmen. Aber genau dies ist nicht im Sinne eurer Manipulateure. Während manche von euch unendliche Reichtümer besitzen (viel mehr, als sie mit allen ihren Verwandten und Freunden je verbrauchen könnten!), lebt der größte Teil von euch in Armut. Diese Armut ist nicht nur von materieller Art. Auch geistig und seelisch lebt ihr von Schmalkost. Eure natürlichen Entwicklungsmöglichkeiten werden von dem Tag beschnitten, an dem ihr diesen Planeten begrüßt.

Wer im Mangel lebt, sehnt sich nach Fülle. Nichts anderes beschäftigt die Gedanken und Gefühle der meisten von euch zum gegenwärtigen Zeitpunkt. So bedrängend ist eure Not, dass ihr nicht einmal über die viel weiter reichenden Rechte eurer Natur nachdenkt. Existenzängste blenden euren Verstand und bekümmern euer Herz. Diese Stagnation muss und wird ein Ende haben. Eure Potenziale sind viel zu kostbar, als dass ihr sie noch länger verschwenden dürftet. Mit eurem dualistischen Experiment seid ihr an einen Punkt des Ungleichgewichts gekommen, der sich jetzt auflöst. Wenn das Pendel den äußersten Punkt seiner Bahn erreicht, bewegt es sich in eine neue Richtung.

Eure Worte wecken wirklich Hoffnung auf bessere Zeiten in mir. Wenn ich allerdings an unsere augenblicklich amtierenden Politiker denke, müsste noch sehr vieles passieren, damit sie dem Leben und unserem Wohlbehagen so eindeutig Priorität geben.

In euch allen wird sehr vieles geschehen, ihr Lieben! Ihr alle werdet eurem Leben und eurem Wohlbehagen bald vollständige Priorität einräumen. Wer bisher noch nicht dazu bereit war, wird durch sein Leben in Umstände geraten, die ihn zur Neuorientierung führen. Der Schlüssel zu dieser Veränderung lebt bereits unter euch. Habt ihr eure jungen Leute beobachtet? Ist euch aufgefallen, wie wenig kompromissbereit sie sind? Manche von euch erschrecken sich, wenn sie die heutige Jugend so eindeutig und unbeugsam erleben. Aber gerade hierin liegt eine riesige Chance für euch!

Stellt euch vor, dass diese jungen Leute bald die Führungsrollen eurer Gesellschaft übernehmen werden. Dies ist ein biologisches Gesetz und nichts wird sie davon abhalten. In ihrer Unbeugsamkeit werden sie euren bisherigen Manipulateuren die Stirn bieten. Mit ihrer Kompromisslosigkeit werden sie dafür sorgen, dass das Leben Schutz erfährt. Was euch als Eltern während ihrer Begleitung an die Grenzen brachte, wird sich jetzt bald als große Qualität erweisen. Sie sind uralte Seelen, die unendlich viel Lebenserfahrung mitbringen. Dadurch besitzen sie die Prioritäten, die ihr bisher noch vermisst. Schutz des Lebens, ein würdevoller Umgang miteinander, Entwicklungschancen und Wohlstand für alle – das sind ihre Prioritäten. Sie werden ihren Weg gehen und in wenigen Jahrzehnten erschaffen, was ihr alle für euer neues paradiesisches Leben braucht.

Bitte bedenkt, dass ihr mit ihnen in engem, kollektivem Austausch steht. Während diese jungen Leute in der Öffentlichkeit neue Strukturen erschaffen, lösen sie mit eurem Einverständnis die erstarrten Strukturen in euch. Sie provozieren und erschüttern euch auf heilsame Art. Sie halten euch den Spiegel vor, damit ihr alle Irrtümer eurer Vergangenheit erkennen könnt. Dies mag sich gelegentlich etwas unbequem anfühlen. Ihr alle aber werdet bald den Wert der Freiheit erkennen, der darin liegt. Mit eurer Lebenserfahrung werdet ihr ihnen bei der Erfüllung ihrer Aufgaben zur Seite stehen. In Dankbarkeit werdet ihr ihnen »die Flügel stärken«. Eure Gemeinschaft wird so auf neue Art Wärme, Glanz und Inspiration erhalten.

Lasst uns zum Abschluss dieser Überlegungen unsere kleine Geschichte noch einmal im Geiste der neuen Energie in euch verankern. Eine Firma wurde geschlossen. Ihre Mitarbeiter sind ohne Arbeit. Hierin liegt eine wertvolle Chance für sie, denn die Möglichkeiten für ihre Regeneration wurden bereits erschaffen. Nun erhalten sie den Ausgleich für alles, was sie während ihrer ermüdenden früheren Arbeit vermisst hatten. Sie dürfen sich erholen, gesund werden und – das Wichtigste von allem – sie finden den Raum für Neuorientierung in Körper, Seele und Geist. Unter liebevoller Anleitung lernen sie, die Schätze ihrer spirituellen Natur zu heben. Sie begegnen dem Kern ihrer Sehnsucht. Schließlich erhalten sie die Gelegenheit, sich gemäß dem Plan ihrer liebenden Seele für die neu erwachende Menschengemeinschaft einzusetzen.

Fühlt ihr die vollkommen neuen Bewegungen der Schöpferkraft in dieser Geschichte, ihr Lieben? Erkennt ihr eure eigenen einschränkenden Gedankenmuster, mit denen ihr eine entsprechende Entwicklung bisher unbewusst behindert habt? Euer Paradies entsteht vor euren Augen, wenn ihr ihm in eurem Bewusstsein Raum erschafft! Eure Kinder werden euch darin anleiten, dies zu tun. Lernt von ihnen und akzeptiert ihre Unbeugsamkeit. Erkennt die Chance, die sie in euer aller Leben bringen!

Unsere heutige Diskussion begann mit deiner Frage nach den wirtschaftlichen und politischen Umbrüchen, die jetzt und demnächst auf eurem Planeten stattfinden. Ihr werdet unterschiedliche Muster und Bewegungen finden, die an jedem Ort des Planeten zu einem überall gleichen Ziel führen. Euer Ziel ist die Meisterschaft. Als spirituell entwickelte Menschen werdet ihr dem Leben ausschließliche Priorität geben. Als Hüter und Beschützer des Lebens werdet ihr euch in Frieden, Wohlstand und Glückseligkeit entfalten. Nach und nach werden die Schrecken eurer zurückliegenden Geschichte in Vergessenheit geraten. Ehre wird denjenigen zuteil, die den Umbruch herbeiführen.

An manchen Stellen wird es zu Reformen kommen. Andere Orte werden Auflösungsprozesse durchleben. Dies alles hängt nur von eurer jeweiligen Entscheidung ab. Augenblicklich arbeiten alle an diesem Projekt Beteiligten mit Fleiß und Hingabe an den Reinigungs- und Transformationsschritten, die euer erweitertes Bewusstsein ermöglichen. Eure Pioniere sind bereits dabei, ihre Meisterschaft in Anspruch zu nehmen. Betrachtet die neuen Bücher und Zeitschriften sehr aufmerksam: Täglich erfahrt ihr von weiteren »erleuchteten« Mitgliedern eurer Gemeinschaft. Lernt von ihnen, liebe Geschwister, und tut dies in Vorbereitung eurer eigenen Meisterschaft. Geht voller Zuversicht in die Zeiten des Umbruchs und wisst, dass für jede darin auftauchende Herausforderung unzählige wundervolle Lösungen auf euch warten!

Danke, liebste Geschwister. In euren Worten liegt sehr viel Trost. Ihr verbreitet wirklich Zuversicht!

Das ist unser Anliegen.

Wir wünschen uns noch ein paar konkrete Informationen über die Unternehmen der Zukunft. Wie wird ein Unternehmen struk-

turiert sein, wenn alle »meisterlich« entwickelt sind? Was wird die kommenden Unternehmen von den heutigen unterscheiden?

Eine interessante Frage. Wir möchten euch hier nur kurze Skizzen aufzeigen, die euch weiterhelfen, ohne eure eigene Intuition einzuengen. Während wir eure Fragen beantworten, entstehen bestimmte Bilder in euch. Diesen Prozess leiten wir natürlich auch ganz absichtsvoll in die Wege. Gleichzeitig ist es aber äußerst wichtig, dass wir Bilder finden, die euch anregen, ohne euch festzulegen. Eure eigene Kreativität darf durch uns nicht eingeschränkt sein. Sonst würden wir uns auf behindernde Weise mit euch verknüpfen. Wenn ihr mögt, überprüft diese Aussage ruhig auch einmal im Hinblick auf andere unterstützende Botschaften. Freiheit gehört zum göttlichen Gesetz. Nur was ihr in vollständiger Freiheit zu euch nehmt, erschafft vollkommenen Segen in euch!

Deine Worte spiegeln deine Vorstellung von »Meisterschaft«. Stellst du dir vor, dass ein Meister nur ganz bestimmte Arbeiten tun möchte?

Darüber habe ich bisher noch nicht nachgedacht. Wenn ihr mich jetzt fragt, fällt mir auf, dass ich Meisterschaft mit »Führerschaft« gleichgesetzt hatte.

Und genau das trifft nicht zu. Mit »Meisterschaft« bezeichnen wir einen bestimmten Bewusstseinszustand. Ein spirituell entwickelter Mensch (auch so kannst du es ausdrücken) ist sich seiner selbst bewusst. Er kennt seine Göttlichkeit. Daraus folgen einige unverzichtbare Konsequenzen:

- Der meisterlich entwickelte Mensch ist sich seiner selbst bewusst. Deshalb kennt er seine Göttlichkeit unzweifelhaft. Er kennt seine natürlichen Geburtsrechte.

- Er weiß, dass die Pflege seiner körperlichen und spirituellen Gesundheit zu seinen wichtigsten Aufgaben gehört.

- Er gestaltet sein Leben so, dass seine Seele Gelegenheit erhält, ihre Potenziale und Ziele voll zu entfalten.

- Dabei ist er weitgehend kompromisslos. Er lebt im Vertrauen darauf, dass ihm diese Kompromisslosigkeit zusteht.

- Er ist nicht verführbar oder manipulierbar. Er lebt im Bewusstsein seiner eigenen inneren Stärke und ist unabhängig von der Meinung anderer über ihn.

- Er gestaltet sein Leben aus der Weisheit und Anteilnahme des göttlich liebenden Herzens. Nur sein Herz darf ihn führen. Nichts und niemandem sonst gestattet er, Macht über sich zu haben.

- Aufträge übernimmt der meisterlich entwickelte Mensch nur dann, wenn sie mit dem Plan seiner Seele und der Liebeskraft seines Herzens in Übereinstimmung sind.

- Unter keinen Umständen trennt sich der meisterlich entwickelte Mensch von seiner Würde. Seine Entscheidung und seine innere Haltung machen dies unmöglich.

Hast du jetzt eine Vorstellung davon, wie ein Unternehmen mit meisterlich entwickelten Menschen gestaltet sein könnte?

Na ja, eins ist wohl klar. Sie lassen sich nicht rumschubsen, mobben oder manipulieren. Cheffiguren der »alten Schule« dürften sich an ihnen die Zähne ausbeißen.

Falls sie so unklug sind, einen Beißversuch zu unternehmen… Aber auch die Chefs werden ja immer häufiger ihren eigenen

Prozess der Meisterschaft durchlaufen. Hier und da gibt es ja bereits Unternehmen mit hochdifferenzierten, spirituell ausgerichteten Führungskräften. Im Übrigen liegst du völlig richtig. Solche und ähnliche Quälereien gehören bald der Vergangenheit an. Damit werdet ihr eure Energie nicht mehr verschwenden. Ihr werdet überhaupt keine Energie mehr verschwenden. Ihr werdet euch eurer Kostbarkeit in Liebe bewusst sein und dementsprechend handeln. Bitte bedenkt, dass im Konfliktfall beide Seiten ihre schöpferische Kraft verschleudern, die scheinbaren Opfer ebenso wie die vermeintlichen Täter.

Ist dir aufgefallen, dass unsere Aufzählung keinerlei Aussagen über berufliche Qualifikationen enthält? Ein spirituell entwickelter Mensch übernimmt jede Aufgabe, die dem Plan seiner Seele entspricht. Voller Hingabe wird er sich ausbilden, um sie übernehmen zu können. Seine göttlichen Helfer werden ihm den Weg bereiten, sodass er die Stationen zu seinem Ziel mit Leichtigkeit entdeckt. Er wird gezielt darauf hinarbeiten und sich dabei glücklich fühlen. Seine Arbeit empfindet er nicht als Last, sondern als Erfüllung. So spart er riesige Energiemengen und erreicht seine Ziele mühelos. Er versteht, dass seine Arbeit Teil eines größeren Werks ist, in dem er seine Rolle gerne übernimmt. Dieses Wissen erfüllt ihn mit Würde und Stolz.

Ist euch bewusst, wie viel kostbare Energie ihr verschleudert, weil ihr eure Arbeitsplätze zu Kampfplätzen umfunktioniert? Ein riesiger Teil eurer arbeitenden Bevölkerung lebt in Depression, Frustration und Widerstand gegen ihre Situation. Ihr nennt diesen Zustand »in innerer Kündigung sein«. Tag für Tag quälen sich diese Menschen an ihrem Arbeitsplatz. Sie quälen sich selbst und sie quälen sich auch untereinander. Schon morgens ersehnen sie das Ende des Tages herbei. Schon am Wochenanfang freuen sie sich auf das Wochenende. Diese Situation ist vollkommen unwürdig, ihr Lieben! Nur ihr selbst könnt diesen Missstand verändern und ihr werdet es tun.

Augenblicklich besitzt ihr noch keine Vorstellung davon, um wie vieles leichter, harmonischer und beglückender euer Leben bald sein wird. Stellt euch vor, dass ihr jeden Morgen mit Glücksgefühlen an eure Arbeit geht. Stellt euch vor, dass ihr den Wochenanfang herbeisehnt, weil es euch danach drängt, euer Werk fortzuführen. Was ihr tut, macht Sinn und dient dem Leben. Ihr seid große Hüter des Lebens. Ihr genießt euren Beitrag zum Ganzen. Stellt euch vor, dass ihr euren Zeitplan selbst bestimmt. Niemand macht euch Vorschriften, was ihr wann zu tun hättet. Dies wäre auch völlig unnötig, denn ihr selbst kennt den Rhythmus eures Einsatzes am besten. Das macht euch augenblicklich hocheffektiv in allem, was ihr tut.

Die Freude, mit der ihr arbeitet, erfüllt euer Werk mit Glanz. Die Leuchtkraft eurer Produkte macht sie leicht verkäuflich. Was durch eure Hände gegangen ist, trägt den Stempel eurer glücklichen Energien. Andere Menschen spüren dies und nehmen eure Gaben in Dankbarkeit zu sich. Zufriedenheit und Glück kreisen als belebende Energien zwischen den Mitarbeitern einer Firma und zwischen Mitarbeitern und Kunden eines Unternehmens. Die ganze Produktion ist darauf ausgerichtet, dem Leben zu dienen. Als Arbeiter kennt ihr den wichtigen Nutzen der von euch erschaffenen Güter. Deshalb erfüllen euch eure Produkte mit Zufriedenheit und Stolz. Die meisten Menschen würden auch jetzt schon gerne etwas Nützliches zum Leben beitragen. Schöpferische Erfüllung dient euch als Motor eurer irdischen Existenz.

Mir kommen beinahe die Tränen, wenn ich dieses Bild betrachte... Aber ist das nicht wirklich eine allzu schöne Utopie?

Einmal mehr bitten wir dich, deinen inneren Raum der Möglichkeiten zu öffnen. Siehst du, wie schnell du bereit bist, dich der Idee von grundsätzlichem Lebensglück zu verschließen? Wer sagt dir denn, dass dieses Modell unrealistisch ist? Wer hat dir die Zweifel an der Existenz des Paradieses eingeimpft? Warum gestattest du diesen Gedanken überhaupt, in dir zu wohnen? Eins ist klar: In jedem Moment deines Seins kannst du dich für immer von ihnen verabschieden!

Danke, dass ihr mich immer wieder daran erinnert!

Eine unserer Hauptaufgaben bei eurer Begleitung in dieser Zeit... Je rascher ihr eure grundsätzlichen Zweifel beendet, desto schneller kann die neue Energie der Liebe ihr Heilungswerk in euch vollenden!

Dann werde ich von nun an ein freundliches Bild der Unternehmen und Institutionen in mir nähren. Ich werde mir fröhliche Menschen vorstellen, die gerne zur Arbeit gehen und dort ihr Bestes geben.

Sehr gut. Wir danken dir. Bitte dehne dieses Bild jetzt auch noch auf alle Ausbildungsstätten aus. Denke an die Kindergärten, Schulen, Ausbildungsplätze, Universitäten... Stell dir vor, dass glückliche Kinder und Jugendliche in ihnen lernen. Gib auch den Lehrern und Meistern einen guten Platz in deinem Bewusstsein. Sie alle verdienen das Glück spiritueller Erfüllung. Indem ihr jetzt sofort euer Denken darauf ausrichtet, zieht ihr die Kräfte zu euch, die die Verwandlung eurer Welt in einen lebenswerten Ort des Friedens und der Glückseligkeit möglich machen.

Ich werde mein Bestes geben!

Und das ist gut genug! Wir danken dir. Wir danken euch allen. Bitte erlöst den Stress in euren Gedanken und Gefühlen und vertraut eurer Vollkommenheit in jedem Augenblick!

Eure Worte über die meisterlich entwickelten Menschen erinnern mich sehr an unsere »neuen« Kinder und Jugendlichen. Sie sind klar und unbeugsam. Sie lassen sich nicht manipulieren und setzen sich mit ihrer Meinung durch – notfalls auch sehr undiplomatisch. Allerdings wissen sie oft überhaupt nicht, was sie später einmal aus ihrem Leben machen möchten.

Bitte schau etwas tiefer, wenn du diese Frage betrachtest. Diese Menschenkinder – eure Kinder – wissen sehr genau, warum sie hier sind. Fragt sie: Sie werden euch sagen, dass sie hier sind, um etwas Grundsätzliches zu tun. Sie werden euch wissen lassen, dass sie vorhaben, die Welt zu verändern. Viele von euch lachen, wenn sie diese Aussage hören. Ihr seid geneigt, eure Kinder für unreif zu halten. Ihr haltet ihnen ihre mangelhaften Schulleistungen vor. Wenn es möglich wäre, würdet ihr sie sogar sehr verunsichern. Ihr erzählt ihnen, wie sie zu sein hätten… und das alles tut ihr aus dem äußerst begrenzten Blickwinkel eures bisherigen Seins.

Es ist eure Vorstellung, liebe Geschwister, mit der ihr ein Lebenskonzept für eure Kinder entwerft. Ihr denkt, sie wären erfolgreich, wenn sie ihre Ausbildungen und Praktika ebenso durchlaufen würden, wie ihr es tatet. Bitte zieht nur für eine Minute die Möglichkeit in Erwägung, dass alle eure Institutionen und Unternehmen in wenigen Jahren vollständig verändert sein werden! Haltet für möglich, dass alle eure augenblicklichen Ausbildungsscheine dann wertlos sind. Haltet für möglich, dass eure Kinder ihre beruflichen Positionen wegen völlig anderer Qualifikationen einnehmen werden. Viele von ihnen werden im Laufe ihres Lebens durch den immer rascher werdenden Wandel eurer Gesellschaft mehr als fünf verschiedene Berufe ausüben.

Wenn ihr sie wirklich gut unterstützen wollt, stärkt ihr Selbst-Bewusst-Sein! Ermutigt eure Kinder dabei, ihr eigenes zu erkennen und zu entwickeln. Anerkennt ihre Göttlichkeit. Glaubt an sie und ihre Begabungen, auch wenn (oder gerade weil!) sie in eurem so entsetzlich starr gewordenen Ausbildungssystem versagen. Nicht sie sind es, die versagen. Eure Strukturen versagen bei der Begleitung dieser Kinder. Eure neuen Kinder sind von einer hochsensiblen Lebendigkeit. Sie sind mit multidimensionalen Intelligenzstrukturen ausgerüstet. Die eindimensionalen Denkmuster eurer gegenwärtigen Ausbildungssysteme sind viel zu eingeschränkt, um ihnen gerecht werden zu können. Gebt ihnen neue Aufgaben und sie werden sich entfalten! Nutzt ihre Weisheit und lernt von ihnen.

Die weisen Seelen eurer Kinder haben äußerst schwierige Aufgaben in Liebe übernommen. Aus Liebe zu euch und zu eurem Planeten haben sie die Starre und Enge eurer bisherigen Welt akzeptiert. Aus reinster Liebe setzen sie sich dem Stress aus, eure Schulen und Universitäten zu durchlaufen. Sie wissen, dass sie all das aushalten müssen, um als Erwachsene den eigentlichen Zweck ihrer Reise erfüllen zu können. Sie nehmen es hin als notwendigen Preis für ihre wirklichen Ziele. Könnt ihr euch vorstellen, wie viel Liebe in ihnen wohnen muss, damit sie das alles ertragen?

Ihr energetisches Potenzial ist noch immer gebremst. Sie nehmen sich zurück, weil ihr noch nicht so weit seid, ihre hohen Frequenzen zu ertragen! Aus Unkenntnis werft ihr ihnen Entscheidungsschwierigkeiten vor. Sie haben sich bereits längst entschieden. Sie warten nur noch darauf, dass ihr stark genug geworden seid, um in ihrem schnellen Zug mitfahren zu können! Im Unterschied zu euch halten sie nicht viel davon, lange darüber nachzudenken oder zu diskutieren, was aus ihnen werden wird. Sie leben in der Kraft des Vertrauens und erwarten geduldig ihre Zeit. Sie wissen, dass ihr Innerstes sie geleitet. Und mit Recht wehren sie sich dagegen, sich von euch etwas anderes einreden zu lassen.

Puh – das war ja fast eine Standpauke...

Wenn du es so sehen möchtest? Aber vielleicht magst du erst dein Herz zu Rate ziehen. Dann fühlst du sofort, dass es diese Form der Auseinandersetzung für uns nicht gibt. Was sagt dir dein Herz?

Wenn ich da hineinlausche, werde ich von einer heißen Welle der Freude durchströmt...

Siehst du! Dein Herz weiß genau, dass wir vom Standpunkt der Liebe unserer gemeinsamen göttlichen Heimat aus sprechen. Was für einen Sinn sollte auch eine »Standpauke« haben? Du würdest dich schlecht fühlen. Damit wäre viel verdorben und nichts gewonnen. Es geht uns nicht (niemals!) darum, euch oder sonst jemanden zu verurteilen. Wenn wir manche Dinge kritisch durchleuchten, tun wir es im Bewusstsein eurer Begrenztheit. Wir kennen eure göttliche Natur. Für uns gibt es keine Zweifel an eurer Vollkommenheit. Ihr seid noch viel zu wenig damit in Kontakt! Auch diese Aussage beinhaltet keine Kritik. Eure Spaltung, eure Irrtümer, eure Begrenztheit – das alles gehört zu eurem »Projekt Dualität«. Wir haben ja schon an anderer Stelle ausgiebig darüber gesprochen, was es damit auf sich hat (siehe »Gespräche mit Sirius, Band I).

Vielen Dank! Mögt ihr uns denn noch ein paar Informationen über die Entwicklung unseres Gesundheitswesens geben?

Gerne. Auch das werdet ihr in zehn oder zwanzig Jahren verglichen mit heute nicht wiedererkennen. Große Umwandlungen stehen euch bevor. Diesmal werden Reformen vermutlich nicht mehr ausreichen. Eure Politiker arbeiten an der falschen Stelle, wenn sie es auf diesem Wege versuchen.

Euer Gesundheitssystem wird sich vollständig neu organisieren, denn es ist selbst seit geraumer Zeit nicht mehr gesund. Seine Genesung wird zahlreiche Veränderungen mit sich bringen:

❶ Große Industriezweige, die dieses System bisher bedienen und manipulieren, werden zusammenbrechen oder sich vollständig neu ausrichten.

❷ Die derzeitigen Wirtschafts-, Versicherungs- und Finanzsysteme werden zusammenbrechen. An ihre Stelle treten völlig neue Organisationsstrukturen. Die bisherigen Finanzierungswege des Gesundheitswesens werden euch nicht mehr zur Verfügung stehen.

❸ Als Folge hierauf werdet ihr euch verselbstständigen. Schon sehr bald werden viele von euch ihre Fähigkeit entdecken, aus eigener Kraft heraus gesund zu leben. Indem ihr euch an die Hyperenergie (s. o.) erinnert, erkennt ihr die Heilkraft in euch. Ihr braucht nicht einmal etwas darüber zu lesen. Auch Ausbildungswege und Seminarbesuche sind überflüssig. Eure Körperzellen werden euch erzählen, was eure erweiterte DNA ihnen einflüstert.

❹ Geistige Heilweisen werden sich verbreiten. Ihre Erfolge werden sich herumsprechen und sie werden Anerkennung finden. Vorbei sind dann die Zeiten der überheblichen Vorurteile. Aus der Not heraus werden sich auch diejenigen den neuen Wegen öffnen, die augenblicklich noch starr auf den Mustern alter Energie beharren.

❺ Schon bald werdet ihr gelernt haben, eurer Gesundheit höchste Priorität einzuräumen. Dadurch werdet ihr kleinere Ungleichgewichte in euch sofort ausbalancieren. Schwere Erkrankungen werden in der Folge davon immer seltener auftreten.

Bitte betrachtet diese Entwicklungen mit Zuversicht, liebe Geschwister. Sie werden überwiegend harmonisch in euer Leben treten. Für jede Herausforderung werdet ihr sehr rasch die passende Lösung entdecken. Bitte erinnert euch daran, dass diese Lösungen als feinstoffliches Potenzial jetzt schon auf euch warten. Wenn die richtige Zeit gekommen ist, dürft ihr sie vertrauensvoll abrufen.

Danke, ihr Lieben, besonders auch für diesen Hinweis. Wenn ich mich richtig erinnere, habt ihr noch nie so deutlich von Zusammenbruch und Zerstörung gesprochen wie gerade jetzt. Stimmt das?

Wenn du es so wahrnimmst, stimmt es auf jeden Fall. Tatsächlich dürfen wir die Dinge inzwischen klarer ausdrücken und präziser auf den Punkt bringen. Das ist eine erfreuliche Folge eurer eigenen Entwicklung. Wir achten sehr genau darauf, erschreckende und beunruhigende Informationen auf die angemessene Art für euch zu »verpacken«. Es ist unser Wunsch, euch sanft und nachhaltig zu unterstützen. Wir möchten euch ermutigen und euch an eure großen Kräfte erinnern. Euer Vertrauen in euch und eure Zukunft ist in den letzten Monaten deutlich gewachsen. Immer mehr vertraut ihr der befreienden Seite eures Umbruchprozesses. Deshalb können wir euch jetzt mehr Wissen vermitteln als beispielsweise noch vor einem Jahr.

Na, dann gibt's ja etwas zu feiern…

Immer! Das Leben selbst ist eine permanente Feier wert! Was könnte es Großartigeres geben?

Viele von uns wüssten sehr gerne mehr über kommende Formen der Zusammenarbeit mit euch Sternengeschwistern. Mögt ihr uns darüber etwas erzählen?

Warum nur über kommende Formen? Auch jetzt arbeiten wir doch schon mit euch zusammen… Diese Zusammenarbeit wird sich natürlich intensivieren. Auch unsere persönlichen Begegnungen stehen nahe bevor. Allerdings bitten wir euch einmal mehr, den Begriff »nahe« in den erweiterten Räumen der Multidimensionalität zu verstehen. Einige Jahre könnte es durchaus noch dauern, bis es so weit ist. Wir zeigen euch einige Schritte, die euch diesem Ziel näher bringen.

Die Voraussetzung für eine übergeordnete, multidimensionale Zusammenarbeit mit uns ist eure Selbsterkenntnis. Je mehr ihr die Vielschichtigkeit eures eigenen Seins verstehen lernt, umso näher bewegt ihr euch auf uns zu. Eure Selbsterkenntnis ist ein unverzichtbarer, wichtiger Bestandteil dieses Prozesses. In der neuen Energie eures Planeten existieren keine hierarchischen Beziehungen. Ein Leben ohne Hierarchien aber ist erst dann möglich, wenn alle Wesenheiten einer Gemeinschaft ihr göttliches Potenzial kennen und leben. Je eher ihr euch also in eurer tatsächlichen Vollkommenheit entdeckt, desto eher können wir weitere Schritte der gemeinsamen Arbeit tun.

Im Bewusstsein eurer vollständigen Selbsterkenntnis erkennt und akzeptiert ihr auch den Lebensplan eurer weisen Seele. Ganz selbstverständlich werdet ihr ihm folgen wollen. Die Bereitschaft dazu ist ein wesentlicher Teil eurer spirituellen Entwicklung. An diesem Punkt eures Weges werdet ihr die Brücke in euch erschaffen, die die »irdischen« mit den »außerirdischen« Wesenheiten verbindet. Es ist dies eine energetische Verbindung, die zum gegebenen Zeitpunkt euer Bewusstsein erfüllen wird, eine multidimensionale Energie, die in eurer DNA bereits auf ihre Entdeckung wartet. In Kokreation werden wir dann miteinander erschaffen, was dem Ganzen dient. Jede Seite wird ihren Teil beitragen.

Aus einer übergeordneten Perspektive können wir diesen Prozess als gemeinsame Annäherung beschreiben. Von euch aus gesehen bedeutet er eine Erweiterung eures bisherigen dreidimensionalen Weltbilds in die Ebenen höherer Dimensionen hinein. Weil das Universum und die gesamte Schöpfung holografischen Ordnungsmustern folgen, findet ihr diese Entwicklung auch im kleinsten »Baustein« eures Seins. Jede eurer Körperzellen durchläuft diese Schritte. Ihr habt davon gehört, dass eure Erbsubstanz, eure DNA, sich in dieser Zeit multidimensional entfaltet. Dieselbe Entwicklung findet ihr zwischen Menschen, Menschengruppen und Völkern. Erweitert dieses Bild noch um einen Schritt und ihr trefft auf die Begegnung der Sternenvölker.

Darauf freue ich mich schon! Da fällt mir übrigens eine Frage zur »Erweckung« unserer DNA ein: Stimmt es, dass dieser Prozess über Klänge entsteht?

Das ist richtig. Klänge versetzen eure biologischen Strukturen in Resonanz. Eure Eiweißmoleküle geraten in Bewegung und bilden kristalline Ordnungsmuster. Eure Zellflüssigkeiten vibrieren. Vielleicht mögt ihr euch einen Augenblick lang daran erinnern, was mit einer Wasseroberfläche geschieht, wenn starke Klänge im Raum entstehen?

Da habe ich mal einen wunderschönen Vortrag erlebt. Jemand machte Musik und zeigte über eine Lichtprojektion die Muster, die dabei auf der Oberfläche einer Wasserschale entstanden... Es waren sehr faszinierende Bilder!

Siehst du? Nun stell dir bitte vor, dass ähnliche Bewegungen in deinem Körper entstehen. Bis auf der kleinsten Zellebene gerätst du in Bewegung. »Resonare« heißt zurück-, mitklingen. Genau das geschieht bei jeder Art von Tönen, mit denen du dich umgibst.

Oh je, da sollte man am besten nur harmonische Schwingungen auf sich einströmen lassen.

Du sagst es. Und wir bitten dich auch darum, noch einen weiteren Gedanken zu berücksichtigen: Die für euch Menschen hörbaren Frequenzen bilden nur einen winzigen Ausschnitt aus dem Spektrum der Möglichkeiten. Unendlich viele Frequenzen durchdringen deinen Körper, ohne dass du es registrierst. Solange ihr überwiegend natürlichen Frequenzen ausgesetzt wart, lebtet ihr eingebunden in einer wundervollen Ordnung. Viele Singvögel erzeugen mit ihren Tönen zum Beispiel genau die Frequenz, die ihr zur Stimulation eurer Hirnanhangsdrüse benötigt. Alles steht mit allem in Verbindung. Und alles ist in perfekter Harmonie aufeinander abgestimmt! Zumindest solange ihr euch im natürlichen Rhythmus des Universums bewegt…

Technisch erzeugte Frequenzen können sehr viel Durcheinander in euch bewirken. Wir bitten euch eindringlich darum, euch mit eurem irdischen Körper zu verbinden. Lauscht eurer Biologie und folgt ihren Hinweisen und Wünschen. Erlaubt eurem Körper, euch als Berater zu dienen. Während einer Meditation könnt ihr ihn beispielsweise darum bitten, ein Signal zu erzeugen, mit dem er euch in Zukunft auf störende Situationen aufmerksam macht. Bevor ihr eure Balance verliert, könnt ihr euch dann an einen neuen Ort begeben oder die störenden Reize unterbinden.

Um den Ernst eurer Lage zu verdeutlichen, geben wir euch hier ein Bild: Wenn alle zurzeit existierenden, technisch erzeugten Frequenzen sichtbar wären, könntet ihr augenblicklich nur noch ein dichtes, undurchsichtiges Gestrüpp aus Drähten und Fäden vor euch erkennen. Wären diese sichtbar gemachten Wellen aus starrer Materie, könntet ihr euch keinen Millimeter weit bewegen. Ihr wäret gefangen und eingeschnürt in einem engen Knäuel aus unzähligen Strukturen. In Wirklichkeit ist die Sache sogar noch ernster: Die unsichtbaren Wellenfrequenzen machen ja nicht an eurer Körperoberfläche halt. Sie durchdringen euch! Das enge Knäuel setzt sich in eurem Gewebe fort.

Versteht ihr nun, dass die von euch erschaffenen Technologien einer strengen, sorgfältigen Prüfung unterzogen werden sollten? Jede technische Entwicklung sollte im Dienste des Lebens stehen. Ihr neigt dazu, andere Prioritäten zu setzen. Eure Technologien stehen im Dienste eures Vergnügens oder eurer Bequemlichkeit. Dabei lasst ihr euch unbewusst von denen manipulieren, die gerne an euch verdienen wollen. Bitte versteht uns richtig: Nichts davon ist falsch. Sowie ihr dem Leben Priorität gebt, werdet ihr automatisch und selbstverständlich wissen, was es zu beachten gilt.

Das klingt ja ganz schön heftig... Können wir denn unsere DNA überhaupt mit Klängen entfalten, wenn wir mitten in diesem Frequenzbrei sitzen?

Nicht ohne Grund empfehlen viele spirituelle Schulen einen Rückzug an ruhige, naturbelassene Orte, um die Entwicklung ihrer Schüler zu unterstützen.

Aber so viel Natur gibt es doch gar nicht mehr? Wie soll sich denn die ganze Menschheit entwickeln können, ohne so einen Rückzug zur Verfügung zu haben?

Da sprichst du tatsächlich eine Schwierigkeit an. Allerdings sind die Dinge weniger kompliziert, als sie dir jetzt vielleicht gerade erscheinen. Der äußere Rückzug an ruhige Orte kann eine wundervolle Hilfe bedeuten, um mit sich selbst und seinen tieferen Schichten in Kontakt zu kommen. Notwendig ist er aber nicht! Alles, was du möchtest (wirklich alles!), kannst du aus der Kraft deines Geistes erschaffen. Du sehnst dich nach innerer Ruhe? Dann erschaffe sie in deinem Geist! Gebiete deinen Gedanken Einhalt und lass deine Gefühle zur Ruhe kommen.

Wieder einmal geht es ausschließlich um eure Entscheidung! Eure Prioritäten sind gefragt. Möchtet ihr euch spirituell entfalten und euer ursprüngliches Geburtsrecht zu euch nehmen? Wollt ihr euch erlauben, das euch versprochene Paradies aus Wohlbehagen, Fülle und friedlichen Gemeinschaften zu genießen? Dann erschafft es euch! Nichts hindert euch daran, jetzt sofort damit zu beginnen. Die neue Energie der Liebe wird euch sowieso bald keine Wahl mehr lassen. Ihr habt bereits gewählt und sie zu eurer Hilfe herbeigerufen. Wie eine riesige Energiewelle wird sie euch mitreißen. Ihr alle seid eingeladen, voller Lebensfreude darauf zu surfen. Wir versprechen euch jetzt schon einen unbeschreiblichen Genuss!

Na, da bin ich mal gespannt... Liebe Sirianer, ihr nennt uns Geschwister. Heißt das, dass auch wir einst vom Sirius kamen? Gilt das für uns alle? Und was hat es mit der Sternensaat auf sich?

Wir freuen uns, dass ihr euch für eure wirkliche Herkunft interessiert. Auch damit geht ihr einen Schritt in unsere Richtung und verkürzt die Zeit bis zu unserer Begegnung im Äußeren. Wenn ihr eure Geschichte entschlüsselt haben werdet, ist die Zeit für eure Meisterschaft gekommen. Also erzählen wir euch gerne etwas dazu. Ihr könntet übrigens die Mythologien eurer Völker ernst nehmen, anstatt sie in den Bereich unrealistischer Märchen zu verbannen. In tiefgehenden Bildern erzählen sie von euch selbst.

Bitte macht euch zunächst mit der Tatsache vertraut, dass das Universum vor Leben sprüht. Das Universum ist reinste Lebendigkeit! Milliarden über Milliarden von Sternen und Planeten erscheinen darin als die verdichtete Energie der einen göttlichen Quelle. Ein großer Teil dieser Materieformen wird von lebendigen Wesenheiten bewohnt. Überall webt die Bewegung göttlicher Energiemuster den bunten Teppich des Seins. Unter allen Gestirnen und Planeten nimmt eure Erde einen besonderen Platz ein. Hier entwickeln sich unendlich viele unterschiedliche Wesenheiten auf kleinstem Platz gemeinsam. Hier habt ihr alle die Gelegenheit, mit völlig verschiedenen Ausdrucksformen des Göttlichen in Kontakt zu kommen. Augenblicklich ahnen nur wenige von euch, dass genau hierin ein riesiges, kostbares Geschenk für euch liegt.

Schon bald werdet ihr euren Planeten wieder als das große göttliche Wunder anerkennen, das er tatsächlich in sich birgt. Wesen aus anderen Sternenregionen werden zu euch kommen, um die Fülle eurer Heimat zu bestaunen. Ihr werdet verstehen, warum eure Seelen gerade diesen Planeten so unendlich lieben. Während ihr eurer Erde wieder die angemessene Wertschätzung schenkt, werdet ihr euch gleichzeitig in eurem Selbst-Bewusst-Sein auf neue Art entfalten. Wir kennen euren Hunger nach Erkenntnis. Bald werdet ihr alle wissen, wo eure Geschichte liegt…

Bald, immer nur »bald«... warum müssen wir denn auf diese Erkenntnis warten? Vielleicht wären mehr Menschen motiviert, etwas für ihre spirituelle Entwicklung zu tun, wenn sie mehr über ihre Herkunft wüssten.

Wenn wir euch um Geduld bitten und euch manche Erkenntnis scheinbar noch vorenthalten, geht es uns genau um diese Menschen. Bitte überlege mal einen Moment lang, was passieren würde, wenn sich ein Mensch ausschließlich wegen unserer Botschaften für seine Entwicklung einsetzt.

Na ja, das wäre wahrscheinlich wieder mal so ähnlich wie mit den Kirchenbotschaften …

Genau. In dieser Phase eurer Entwicklung gibt es ein übergeordnetes, wichtiges Ziel, dem wir uns alle fügen: Jeder einzelne Mensch sollte seine Bedeutung als Teil des Ganzen in Freiheit entdecken. Jede und jeder von euch sollte aus eigenen Impulsen heraus Selbst-Bewusst-Sein entwickeln. In der Vergangenheit wart ihr daran gewöhnt, euer Handeln nach irgendwelchen Vorgaben zu richten. Leute, die behaupteten, es besser zu wissen, gaben euch Richtlinien für euer Verhalten. Ihr habt gesehen, wohin das führt. Ohne die euch innewohnende Intelligenz und Kreativität zu nutzen, folgtet ihr vorgegebenen Bahnen. Glücklich wurdet ihr dadurch nicht.

Jetzt ist die Zeit gekommen, in der ihr euer persönliches Glück erkennen und gestalten könnt. Ihr habt euch dazu entschieden, Frieden, Wohlstand und göttliche Glückseligkeit zu genießen. Ihr möchtet wieder »im Hause eures Vaters« leben, wie eure christliche Bibel es formuliert. Ihr selbst habt das entschieden, ihr Lieben! Ihr selbst dürft jetzt auch diese Entscheidung in die Tat umsetzen. Alle unsere Informationen für euch durchlaufen einen strengen Filterungsprozess. Jede einzelne muss die folgenden Prüfungen bestehen:

❶ Die Information darf euch nicht verstören oder ängstigen.

❷ Sie darf euren freien Willen nicht beeinflussen.

❸ Sie darf euch keinen auch noch so winzigen Schritt der eigenen Entdeckung vorenthalten.

❹ Sie sollte euch nicht polarisieren oder zu Beurteilungen verleiten (obwohl ihr selbst natürlich immer wieder zu dieser

Haltung neigt, achten wir sehr sorgfältig darauf, euch hierin nicht zu unterstützen).

❺ Die Informationen sollten euch darin anregen, eure Entdeckungsreise selbstständig zu beginnen; anders ausgedrückt: Wir dürfen euch stimulieren, aber nicht zufriedenstellen.

❻ Der wichtigste Inhalt jeder Botschaft sollte eine Anerkennung eurer Kostbarkeit und Vollkommenheit sein.

❼ Euch zu ermutigen ist unser vordringlichstes Ziel.

Vielen Dank, liebe Sirianer! Wieder einmal frage ich mich, was denn eigentlich der Kern unserer Gespräche ist. Wenn ich euch richtig verstehe, bringt ihr uns nur auf den Geschmack, und suchen müssen wir dann selbst?

Ihr müsst nicht – ihr dürft! Wir würden euch ein Privileg vorenthalten, wenn wir euch so viele Informationen geben, dass sich eure eigene Suche erübrigt. Vielleicht hilft euch ein Bild dabei, diesen Prozess zu verstehen: Was machst du, wenn ein kleines Menschenkind laufen lernen möchte? Wie hilfst du ihm? Schließlich will es ja selbst laufen lernen und nicht mehr auf Dauer getragen werden… Habt ihr einmal beobachtet, wie glücklich ein Kind ist, wenn es eine neue Fähigkeit entwickelt hat? Erinnert ihr euch an das glückliche Jauchzen, wenn ein Kind seine Welt entdeckt? Wie könnten wir euch diese Freude vorenthalten?

Ich weiß schon, ihr handelt aus Liebe. Aber manchmal rebelliert meine Neugier…

Neugier ist ein wunderbarer Trieb. Er führt dich zu neuen Ufern. Wenn du ihn mit der Weisheit deines Herzens dirigierst, kannst du sicher sein, wirklich Glück bringende Ufer zu erreichen!

Danke – das war ja wohl das Wort zum Sonntag?

Wenn du meinst...

Mir ist noch eines aufgefallen: Vorhin sagtet ihr: »Während ihr eurer Erde wieder die angemessene Wertschätzung schenkt, werdet ihr euch gleichzeitig in eurem Selbst-Bewusst-Sein neu entfalten...« Meint ihr damit, dass diese Punkte voneinander abhängen?

Schön, dass du es bemerkt hast! Sicher fällt euch auf, dass das Schicksal eures Planeten jetzt täglich mehr Menschen berührt. »Umweltschutz« ist ein heiß diskutiertes Thema geworden. Wir schmunzeln zwar manchmal über diesen Begriff. Nichts könnte besser aufzeigen, wie sehr ihr noch in den Mustern der Trennung denkt. Wie könnt ihr unterteilen in Welt und Umwelt? Wie könnt ihr trennen zwischen euch und eurem Lebensraum?

Liebste Geschwister, ihr seid aufs Engste verbunden mit allem, was ist! Euer Lebensraum spiegelt euer Denken und Handeln. Die Schwierigkeiten, die ihr jetzt täglich mehr und mehr entdeckt, entstehen als Folge eurer dualistischen Irrtümer und Taten. Es gibt keine »Umwelt«, die ihr schützen könntet! Schützt euch selbst! Besinnt euch auf eure wirkliche Natur und erschafft euch die Lebensbedingungen, die euer Glück möglich machen. Indem ihr das tut, werdet ihr selbstverständlich auch für euren kostbaren Lebensraum sorgen.

In eurer Vergangenheit stecktet ihr eure Energie und Kreativität immer nur in einen winzigen Ausschnitt des Lebens. Voller Eifer entwickelten eure Wissenschaftler eine Atombombe, ohne sich ausreichend mit den Konsequenzen ihrer Tat zu beschäftigen. Zutiefst erschüttert mussten sie dann das Werk der Zerstörung erkennen, das ihren Entdeckungen folgte. Ihr schlagt die Bäume in euren Wäldern, ohne darüber nachzudenken, welche Luft ihr in den nächsten Jahren atmen werdet. Eure Aufmerksamkeit ist so eingeschränkt, ihr Lieben. Bitte übt euch darin, Zusammenhänge zu erkennen und zu berücksichtigen!

Solange ihr in eurem irdischen Körper lebt, bildet ihr eine unteilbare Einheit mit den Energien eures wundervollen Planeten. Wir haben euch schon darüber berichtet, dass ihr körperlich exakt dieselbe Schwingungsfrequenz tragt wie eure Erde. Wenn ihr euch selbst erkennt, erkennt ihr auch alles Leben um euch herum! Schenkt euch selbst und eurem Planeten die angemessene Wertschätzung. Gebt dem Leben Vorrang unter euren zahlreichen Interessen. Es ist so einfach, liebe Geschwister: Prüft bei jeder einzelnen eurer Entscheidungen, ob sie dem Leben dient.

Bitte macht euch die Kostbarkeit des Lebens immer wieder aufs Neue bewusst. Welchen Sinn hätte es, einen Krieg zu gewinnen, Recht zu behalten, materielle Gewinne zu erzielen, wenn das Leben als Folge davon zerstört wäre? In eurem bisherigen dualistischen Denkmodell glaubtet ihr im Falle von Krieg und Zerstörung daran, zu den überlebenden »Besseren« zu gehören. Um irgendeiner Überzeugung willen brachtet ihr schwerwiegende Opfer. Die Geschichte zeigt euch, dass dieses Modell fehlerhaft ist. Zehntausende von Kriegen, Milliarden von Lebensopfern, flächendeckende Zerstörung eures Planeten brachten euch keine Verbesserungen für euer Dasein.

Um besser leben zu können, braucht ihr sehr dringend ein neues Denkmodell, ihr Lieben! Die neue Energie der Liebe wird euch darin anleiten, dem Leben Priorität zu geben. Sie wird euch dabei helfen, euch zu erinnern, wie grundsätzlich ihr mit allen anderen Schöpfungsformen in Verbindung steht. Sie wird euch den Grundsatz spüren lassen: Alles ist eins! Sie wird euch eure Kostbarkeit erkennen lassen, sodass ihr euch eurer selbst bewusst werdet. Mit eurem neuen mehrdimensionalen Selbst-Bewusst-Sein werdet ihr euch in Liebe um die Belange der gesamten Schöpfung kümmern. Ihr werdet euren Planeten heilen und behüten. Endlich werdet ihr das Paradies gestalten, das eurer Sehnsucht entspricht.

Ihr werdet wirklich immer deutlicher...

Es gibt keine Zeit mehr zu verlieren. Die neue Energie drängt. Außerdem wissen wir, dass ihr stark genug geworden seid, um unsere Worte zu verstehen und ihren Inhalt umzusetzen.

Woher wir kommen, wissen wir jetzt aber immer noch nicht. Wollt ihr uns nicht doch ein bisschen darüber erzählen?

Was sagt dir denn dein Herz?

Mein Herz sagt mir, dass ich schon überall war. Auch wenn ich mich auf bestimmte Sternenregionen konzentriere, bleibt die Antwort dieselbe.

Erkennst du die Weisheit deines Herzens? Warum willst du immer noch mehr wissen? Was könnte es mehr geben als »überall«?

Ich weiß schon, was ihr meint. Aber es gibt so viele Berichte zu diesem Thema. Viele Menschen fragen mich, woher sie kommen. Viele möchten wissen, ob sie zur Sternensaat gehören.

Auch eure esoterische Tradition spiegelt das dualistische Denkmodell eurer bisherigen Kulturepoche. Selbst die weisesten Meister eurer Geschichte scharten um sich eine Anhängerschaft, die die Menschheit in mehr oder weniger Entwickelte – in »bessere oder schlechtere Individuen« – unterteilte.

Denkt an die wirklich großen Weisen, die euren Planeten mit ihrer Anwesenheit beschenkten. Sie alle brachten euch den Gedanken des Einsseins nahe. Sie warnten euch davor, zu richten oder zu urteilen. Sie alle bemühten sich, euch an eure göttliche Quelle zu erinnern. Leider hinderte euch das nicht daran, sogar »im Namen Gottes« Urteile zu fällen und Kriege zu führen.

Heute übernehmen manche esoterischen Traditionen dieselben Muster wie die Religionen eurer Vergangenheit. Da gibt es den Gedanken der »mehr oder weniger Erleuchteten«. Selbst ernannte Mitglieder der »Sternensaat« fühlen sich erlesener als ihre Geschwister. Manche Sternenregionen gelten als besonders begehrte Heimat. Wer hellsichtig zu sein scheint (oder dies von sich behauptet!), wird von anderen bestaunt und beneidet. Euren sogenannten Aufstiegsprozess unterteilt ihr säuberlich in zwölf Schritte – ähnlich wie euer Schulsystem die Jahrgänge zählt. Verschiedene Autoren setzen sich damit auseinander, ob ihr sieben, vierzehn oder sogar achtzehn Chakren besitzt. Ihr erhaltet Anweisungen, wie ihr eure »noch unerweckten Chakren« freischalten könnt. Ihr sprecht von einer »Hierarchie der Meister« und sehnt euch danach, dazuzugehören.

Liebste Geschwister, wir verraten euch ein Geheimnis: Ihr seid bereits ein Teil der Meistergruppe! Ihr wart es in jedem Augenblick. Nichts anderes ist eure Natur! Der einzige Unterschied zwischen euch und einem spirituell entwickelten Meister ist folgender: Der meisterlich entfaltete Mensch erkennt und lebt sein gesamtes Potenzial. Scheinbar weniger entwickelte, spirituell »unreife« Menschen verstecken oder verleugnen ihre eigentliche Natur. Diese Entscheidung steht euch zu! Auf der Seelenebene hatten viele von euch gute Gründe dafür, sie zu treffen. Jedes Menschenwesen entscheidet sich für den Zeitraum seiner Inkarnation, was es erfahren und gestalten möchte.

Als Kollektiv habt ihr euch in den letzten Jahrtausenden dafür entschieden, euch mit einem winzigen Ausschnitt eurer Möglichkeiten zufriedenzugeben. Genau das hat euch verlockt. Ihr wolltet erkunden, wie sich diese scheinbar weite Entfernung von eurer göttlichen Heimat anfühlt. Ihr erschuft Polaritäten und Widersprüche. In den Reibungsflächen zwischen den Polen entstand neue Energie. Erinnert euch dieses Stichwort vielleicht an etwas? Eine neue Energie der Liebe strömt zu euch! Ihr erhaltet die Belohnung, die eure Handlungen als notwendige Folge krönt. Während eurer Abenteuer dachtet ihr nicht an euren späteren Nutzen. Ihr folgtet einfach dem Tanz des Lebens. Ihr wolltet entdecken, was alles möglich ist. Nun bringt das Leben euren wohlverdienten Ausgleich in euer Sein.

Spielt es da noch eine Rolle, aus welchem Sternsystem ihr kommt? Das gesamte Universum ist euer Spielraum! Euer riesiges schöpferisches Potenzial steht euch zur Verfügung. Ihr wählt daraus gemäß eurer göttlichen Weisheit. Wir bitten euch, eure eigene Wahl anzuerkennen. Zieht keine voreiligen Schlüsse aus euren Beobachtungen. Diejenigen von euch, die erst kleine Anteile ihres Potenzials leben, haben lediglich andere Aufgaben für sich gewählt als die vollständig entwickelten, meisterlichen Persönlichkeiten. Jetzt ist eine Zeit angebrochen, in der die meisten von euch sich wieder dem gesamten Raum eurer Möglichkeiten widmen werden. Die meisten von euch werden in den nächsten Jahren ihre Vollkommenheit anerkennen und neue Aufgaben wählen. Spätestens dann werden euch eure augenblicklichen Fragen nach eurer Herkunft erheitern.

Auch auf die Gefahr hin, dass ihr jetzt lacht…

Hättest du etwas dagegen?

Natürlich nicht. Eure Heiterkeit und euer Humor sind ansteckend und bereiten uns Vergnügen. Trotzdem noch einmal eine Frage, die viele von uns beschäftigt: Was bedeutet Sternensaat?

Wenn es euch denn so viel bedeutet... Die meisten von euch besitzen eine genetische Ausrüstung, die aus weiter entfernten Schichten des Universums stammt. Ihr wisst noch sehr wenig über die Zusammenhänge zwischen Genetik und lebendiger Form. Deshalb fällt es uns schwer, euch die tieferen Hintergründe dieser Geschichte aufzuzeigen. Bitte öffnet euer Herz, während ihr zuhört. Eure Herzenskammer kennt schon längst alle scheinbaren Geheimnisse.

Wollt ihr damit sagen, dass ihr durch eure Worte die in uns bereits existierenden Erkenntnisse zum Klingen bringt?

Das hast du sehr schön ausgedrückt. Wir gratulieren dir zu deiner Erkenntnis! Unsere Hauptaufgabe ist es, Brücken für euch zu bauen. Ihr nutzt sie, um darauf euer Bewusstsein in euch selbst hinein auszudehnen!

Also sind diese Brücken so etwas wie ein Nachrichtenkanal?

Genau! Dieses Bild stimmt sogar sehr präzise. Tief in jeder eurer Zellen befindet sich die gespeicherte Information, die ihr haben möchtet. Eure kristallinen Eiweißmoleküle enthalten diese Informationen, ähnlich wie die Festplatte eines Computers. Eure Chakren dienen euch als Ein- und Ausgangstore für den Daten-Highway des Universums. Hier befinden sich die wirbelnden mehrdimensionalen Energiefelder, durch die ihr mit der gesamten übrigen Schöpfung in Verbindung steht.

Wenn wir dich bitten, dein Herz zu öffnen, sendest du diesem wichtigen Ort in dir deine bewusste Aufmerksamkeit. Sofort beginnt dein Herzchakra intensiver zu leuchten und zu vibrieren. Du aktivierst deine Verbindung zu uns. Wir haben nun die Gelegenheit, dich mit zusätzlichen Energiefrequenzen zu stimulieren und zu versorgen. Jede deiner Zellen ist in diesen Prozess eingebunden. Die aktivierten Energien versorgen auch sie. Sie können ihre Speicher öffnen und dir mitteilen, was du wissen möchtest. Viele Phänomene, die ihr augenblicklich noch nicht wirklich versteht, funktionieren so. Telepathie, Hellsehen, Geistheilung sind nur einige Beispiele hierfür.

Dann entstehen diese Fähigkeiten, wenn ein Mensch sein Bewusstsein in möglichst vielen Ebenen seines Seins ausbreitet?

Bingo! Und diese Bewusstseinserweiterung bezeichnet ihr als Meisterschaft!

Aha, ich verstehe. Dann müsste es wirklich ganz einfach sein, Meisterschaft zu erreichen...

Natürlich ist es das. Ihr alle kennt die vielen Berichte, in denen ein Mensch plötzlich »erleuchtet« (= durch und durch leuchtend, in allen seinen Energiefeldern bewusst ausgedehnt!) wurde. Wenn ihr euer Bewusstsein erweitert, erreicht ihr diesen Zustand in einem Augenblick! Nur ihr selbst könnt euch daran hindern, ihn zu erfahren. Ihr selbst beschränkt euch in eurem Bewusstsein durch einen gezielten Entschluss. Entscheidet euch neu und dehnt euch in die gesamte Größe eures Seins hinein aus! Kennt ihr eigentlich euer größtes Hindernis auf diesem Weg?

Ich könnte mir vorstellen, dass das mit unserem zweifelnden, grübelnden Verstand zu tun hat.

Genau. Die Worte »zweifelnd und grübelnd« besitzen hier übrigens besondere Bedeutung. Euer Verstand ist ein neutrales Werkzeug, das seine Arbeit gut macht. Ähnlich wie ein Computer übernimmt er die Aufgaben, die ihr ihm zur Ausführung gebt. Er ist in der Lage, Probleme zu analysieren und Lösungsansätze zur Verfügung zu stellen. Dieses Material solltet ihr selbst dann mit der Weisheit eures Herzens auswerten und in die Nutzung bringen.

Stattdessen habt ihr euch angewöhnt, Wiederholungsschleifen in euren Computer einzubauen. Immer wenn er euch seine Lösungsansätze präsentiert, startet er sein Analyseprogramm zu derselben Frage erneut. Daher habt ihr manchmal das Gefühl, auf der Stelle zu treten. Tatsächlich könntet ihr effektiver vorgehen, wenn ihr das möchtet. Alle weisen Meister und Lehrer eurer Geschichte leiten euch darin an, Sorgen, Grübeleien und Zweifel loszulassen. Sie ermutigen euch dazu, spontan und ursprünglich (eurem Ursprung gemäß!) zu handeln. Sie laden euch ein, der Leichtigkeit eures Herzens zu folgen.

Lasst uns noch ein wenig über die Sternensaat sprechen. Kennt ihr die Eigenschaften eines Hologramms? Der kleinste Teil des Ganzen enthält das gesamte Muster der großen Form. Das bedeutet, dass du aus jeder einzelnen Zelle den gesamten Organismus neu erschaffen kannst. Tatsächlich entsteht euer irdischer Körper ja aus der Verschmelzung zweier energetisch polarer (!) Zellen. Die eine neue Zelle besitzt den gesamten »Bausatz« der beiden ursprünglichen Zellen. Aus einer Zelle entfaltet sich euer gesamtes körperliches Sein! Ist das nicht wunderbar? Aus dieser einen Zelle könntet ihr zu jedem Zeitpunkt das gesamte Schöpfungspotenzial dieses Wesens rekonstruieren. Die Gesamtheit entsteht aus einer überdimensionalen Illusion kohärenter Lichtfelder.

Könnt ihr das auch noch etwas einfacher ausdrücken?

Wir können dir zum besseren Verständnis ein Bild anbieten. Im Übrigen sind die Zusammenhänge einfach. Ihr habt euch nur angewöhnt, bestimmte Dinge für kompliziert zu halten. Bitte beginne damit, dir eine Zelle vorzustellen. Diese Zelle enthält zahlreiche Eiweißmoleküle, die sich nach geometrischen Gesetzen ordnen. Die Zusammensetzung und die Ordnung dieser Moleküle geben Auskunft über die Art der Schöpfung, mit der wir es zu tun haben.

Nun kommen die riesigen mehrdimensionalen Lichtfelder ins Spiel. Die Zelle mit ihren Molekülen entsteht durch stark verdichtete Energiefelder. Die weniger dichten Bereiche dieser Felder stehen untereinander in Verbindung. Die großen, kraftvollen Energiefelder jeder Zelle sind kohärent (aus Lichtwellen von gleicher Frequenz und Länge) ausgerichtet. Erinnert dich das an etwas? Hier gibt es einen Zusammenhang zu eurem schöpferischen Bewusstsein. Die gleichermaßen ausgerichteten Lichtfelder erzeugen eine Illusion. Eine vergrößerte interdimensionale Form des kleinsten Zellbausteins entsteht.

Ihr alle kennt das Phänomen aus euren Kinofilmen der letzten Jahre. Futuristische Filme erzählen gerne von einer Technologie, die eine aus Lichtfeldern erschaffene Form im Raum erscheinen lässt. Die Form selbst ist Illusion und doch erscheint sie euch real, solange ihr nicht versucht, sie mit euren Händen zu berühren. Nun stelle dir bitte Milliarden von Zellen vor, die gemeinsam eine Form der lebendigen Schöpfung erschaffen. Ein Tier, ein Baum, ein Mensch... jede kleinste Zelle dieser Schöpfungsform enthält den gesamten Bausatz ihrer Art. Über die erweiterten interdimensionalen Lichtfelder steht die Zelle mit der gesamten Schöpfung in Verbindung. Interdimensionales Licht ermöglicht einen Switch zwischen allen Ebenen des Universums. Jede Zelle besitzt Membranen, die die Tore für den Switch bereitstellen.

Klingt wirklich sehr schlau. Aber besser verständlich finde ich es immer noch nicht...

Dann empfehlen wir dir, die Dinge für eine Weile ruhen zu lassen. Vielleicht magst du die besprochenen Bilder in deine Meditation mitnehmen? Über die kraftvollen, kohärenten Lichtfelder bildest auch du mit jeder deiner Körperzellen eine Verbindung zu allem, was ist. Deine Kommunikationswege sind offen. Sowie du dein Bewusstsein ausdehnst, weißt du genau, worüber wir gesprochen haben.

Und wo finde ich jetzt in der ganzen Debatte die Sternensaat?

Wir möchten dir die Antwort zweimal geben. Zunächst in den dreidimensionalen Verständigungsebenen, die dir vertraut sind. Diesen Teil der Antwort kennst du möglicherweise aus unterschiedlichen esoterischen Berichten. Danach erzählen wir dir die Geschichte aus dem mehrdimensionalen Verständnis eures erweiterten Bewusstseins. Den Teil solltest du unbedingt auch mit deinem Herzensraum erlauschen…

Eure Erde ist ein wundervoller Planet, der unzählige verschiedene Lebensformen beheimatet. Eine von ihnen entwickelte vor langer Zeit Dominanz über die anderen: der Mensch. Unterschiedliche Sternenvölker im Universum beobachteten dieses Geschehen. Wegen der besonderen Eigenschaften eures Planeten sahen sie eine wertvolle Chance darin. In dieser Artenvielfalt könnte man ganz spezielle Erfahrungen sammeln, so dachten sie. Die Begegnungen vieler unterschiedlicher Arten würden neue Energiefelder erschaffen, die dem gesamten Universum zugutekommen könnten.

Deshalb landeten sie hier auf eurem Planeten und befruchteten eure frühen Vorfahren. Sie schenkten ihnen nicht nur ihren Samen (mit dem gesamten Bausatz einer anderen Gattung!). Sie brachten auch ihre weit entwickelten Technologien mit. Sie wurden eure Lehrer und zeigten euch neue Möglichkeiten bewussten Lebens. Sie erwärmten und segneten euch mit ihrer hoch vibrierenden Lebensenergie. Eure Mythologien erzählen von ihnen als von »den Göttern, die aus dem Himmel herabstiegen«. Gerade in den letzten Jahrzehnten haben eure Forscher uralte wertvolle Dokumente zu diesem Thema entdeckt.

Wenn ich euch unterbrechen darf...

Wie könntest du etwas Gemeinsames teilen?

Danke. Ich kenne den Begriff der Sternensaat noch aus einem anderen Zusammenhang. Manche Leute behaupten, dass seit dem letzten Jahrhundert besonders viele hoch entwickelte Seelen hier inkarnieren würden. Sie sprechen von den Meistern in Menschengestalt, die uns bei unserer Transformation zu Hilfe kommen.

Das stimmt. Wenn du den zweiten Teil unserer Geschichte hörst, wirst du das ganze Bild erkennen. Hier kommt unser Bericht aus multidimensionaler Sicht. Bitte lausche uns mit deinem erweiterten Bewusstsein. Für diesen Teil bitten wir dich darum, dich mit deinem Bewusstsein außerhalb von Raum und Zeit zu begeben.

Und wie soll das gehen?

Du kennst diesen Zustand. Wir haben schon öfter darüber gesprochen: Raum und Zeit bilden lediglich ordnende Achsen deines Verstands. Wenn du meditierst oder träumst, findest du sie nicht mehr. Sie sind aufgelöst. Man könnte auch sagen, dass du dich mit deinem Bewusstsein über diese Grenzen hinaus erweiterst. Und genau darum geht es jetzt.

Bitte erinnere dich noch einmal an das Bild der Zelle. Sie besteht aus verdichteter Energie und trägt in sich alle Informationen ihrer Gattung. Holografisch steht sie mit der gesamten

Schöpfung in Verbindung. Ihre kohärenten Lichtfelder tragen in sich die Informationen von jedem Geschehen an allen Orten und zu jeder Zeit. Hier findest du die eigentliche Bedeutung des Satzes »Alles ist eins, hier, jetzt!«. Nun betrachte eure gesamte Geschichte in diesem einen augenblicklichen Energiefeld.

Sieh, wie die Begegnung der Sternenvölker hier und jetzt stattfindet. Erkenne Austausch, Wachstum und Entfaltung in einem immerwährenden Prozess. Nun verstehst du, dass ihr zu jedem Zeitpunkt das gesamte Potenzial der Möglichkeiten in euch tragt. Dies gilt für uns ebenso wie für euch. Ihr braucht nicht erst auf irgendwelche Sternensaaten zu warten, damit ihr euch entwickeln könnt. Sie sind bereits hier, mitten unter euch und in euch! Ihr könnt euch auch von den sehnsüchtigen Gedanken lösen, ob ihr nun dazugehört oder nicht. Ihr alle gehört dazu! Wir alle gehören dazu! Unser Werk ist ein interdimensionales, gemeinsames!

Wow – jetzt bin ich sprachlos!

Welch schöner Zustand… jenseits der Sprache beginnt die Wirklichkeit!

Komisch, es heißt doch immer, dass gerade die Sprache uns Menschen als etwas Besonderes auszeichnet?

Und wer behauptet das? Schau genau hin! Aus welcher Absicht heraus behauptet jemand, dass ihr als Gattung so einzigartig wäret?

Na ja, wenn ich's mir recht überlege, dann hat das wohl wieder mit Hierarchien und Spaltungen zu tun?

Selbstverständlich. Ihr Menschen wisst noch sehr wenig über die anderen Gattungen der Schöpfung. Viele eurer Mitgeschöpfe sind euch in manchen ihrer Begabungen weit überlegen. Dass ihr sie beherrscht und unterdrückt, bedeutet noch lange nicht, dass ihr besser, klüger oder weiter entwickelt wäret. Viele Tierarten besitzen hoch differenzierte Formen der Sprache und Kommunikation. Denkt an die großen Meeressäuger, die sich über riesige Entfernungen hinweg verständigen. In Liebe gestalten sie ihre Gemeinschaft. Das gelingt ihnen weit besser als euch.

Euer Verstand ist es, der euch von ihnen unterscheidet. Der Verstand bildet ein strategisches Instrument, mit dem ihr euch scheinbar aus der Gesamtheit der Schöpfung lösen könnt. Genau dies ist euer »Experiment Dualität«. Euer Verstand ermöglicht es euch. Ohne ihn könntet ihr nicht auf die Illusion der Trennung hereinfallen. Die Sprache wohnt bei den meisten von euch in der linken Gehirnhälfte. Auf der rechten Seite verarbeitet ihr Bildeindrücke und vollständige Muster. Erst wenn ihr euren beiden Hirnhälften gestattet, gleichberechtigt miteinander zu wirken, werdet ihr zum vollkommenen Menschen. In den letzten Jahrtausenden habt ihr eure Sprachfähigkeiten einseitig betont. Deshalb lieben wir dich sprachlos! Auf diese Weise erschaffst du Ausgleich.

Na gut, von mir aus... ich mag diesen Zustand auch. Es ist so schön entspannend...

Du sagst es. Spannung entsteht aus der Dualität. Entspannung entsteht in der Einheit allen Seins.

Liebe Sirianer, könnt ihr uns sagen, was ein Sternentor ist?

Bitte erinnere dich ein weiteres Mal an das holografische Bild der untereinander vernetzten Schöpfungsebenen. Als Sternentor bezeichnen wir eine Art interdimensionale Kreuzung. So, wie die Straßen an euren großen Straßenkreuzungen, begegnen sich hier die Strahlungsbahnen verschiedener Dimensionen. Wo ein Sternentor ist, könnt ihr die Dimension wechseln.

Habt ihr nicht mal gesagt, dass unsere Körperzellen dieses interdimensionale Potenzial besitzen?

Kompliment! Du hast gut aufgepasst. Jede DNA in euren Zellen bildet ein winziges Sternentor. Man könnte eure Körperzellen auch als Dimensionsschlüssel bezeichnen. Ihr seid interdimensionale Wesenheiten. Als solche besitzt ihr in jeder eurer Zellen Wegkreuzungen, die euch in alle Richtungen des Universums führen. Ihr besitzt den Zugang zu allem, was ist.

Wunder über Wunder...

In der Tat! Wir laden euch immer wieder sehr gerne dazu ein, diese Wunder bewusst zu genießen. Stärkt euer Selbst-Bewusst-Sein, indem ihr sie erkennt!

Liebe Sirianer, das Jahr 2007 enthält eine numerologische Neun (2 + 7 = 9). Diese Zahl wird mit dem Begriff »Vollendung« in Zusammenhang gebracht. Könnt ihr uns dazu etwas Genaueres sagen?

Von »Vollendung« zu sprechen ist nur sinnvoll, wenn ihr in den Dimensionen der linearen Zeit denkt. Nur hier gibt es Anfang, Ende und Vollendung. Was sollte sich denn in diesem Jahr vollenden? Was wünscht ihr euch?

Es wäre zum Beispiel schön, wenn die aktuellen Kriege zu Ende gehen könnten. Auch die starren, alten Strukturen vieler Bereiche dürften von mir aus gerne neuen Formen Platz machen. Unsere Kinder leiden so sehr unter dem herrschenden Schulsystem. Viele von uns sehnen sich sehr nach mehr Leichtigkeit und Fülle in ihrem Leben.

Wir erkennen das Potenzial zur Erfüllung dieser Wünsche. Aus unserem mehrdimensionalen Blickwinkel heraus ist all das bereits geschehen. Die Kräfte der Erneuerung sind stark und täglich werden sie stärker.

Immer wieder sagt ihr uns, dass das Potenzial bereits besteht. Aber wie kommen wir in die Realisation? Wann dürfen wir diese »Vollendung« genießen?

Vielleicht magst du dich noch einmal daran erinnern, was wir dir zum Thema Manifestation sagten. Unsere wichtigste Empfehlung ist diese: Lebe in dem Gefühl der Wunscherfüllung! Erschaffe in dir die Vision der manifestierten Potenziale. Denke nicht mehr darüber nach, was alles anders sein sollte. Richte deine Aufmerksamkeit vollständig auf das Ergebnis deiner Suche. Je mehr Menschen dies tun, umso schneller werdet ihr genießen, was ihr euch ersehnt.

Alle euch aus den alten Kulturen vertrauten Methoden der Vorhersage verlieren in dieser Zeit ihre Bedeutung. Astrologie, Numerologie, hellsichtige Prognosen – sie alle basieren auf dem Modell getrennter Welten und linearer Zeitabläufe. Je mehr ihr euch mit eurem Bewusstsein in der Einheit verankert, umso mehr erfahrt ihr die Gleichzeitigkeit allen Seins. Entscheidet euch für die Vollendung und erlebt sie jetzt!

Habe ich euch da vielleicht gerade bei einem Widerspruch erwischt?

Falls dir das Spaß macht, gönnen wir es dir von Herzen. Die Widersprüche können nur in dir selbst entstehen. Wir sprechen immer aus dem Moment der Einheit. Wir können gar nicht anders. Und worauf wolltest du uns gerade aufmerksam machen?

Ihr habt betont, dass wir alles im selben Moment realisieren können, wenn wir uns klar dafür entscheiden. Warum fordert ihr uns dann immer wieder zur Geduld auf? Warum müssen wir immer noch auf die erhofften Veränderungen warten?

Liebste Schwester – dein Bemühen rührt uns. Wir sehen und achten deine Ungeduld. Wir verstehen sie als Folge deiner Sehnsucht. Bitte bedenke die großen Unterschiede, die ihr innerhalb eurer Menschengemeinschaft aktuell lebt. Eure Träume realisieren sich in Abhängigkeit von eurer konzentrierten Ausrichtung auf sie. Bitte denke nur einen Moment lang an die Milliarden von Menschen, die sich aufgrund von Mangel und Not mit ihrem ganzen Bewusstsein ausschließlich um ihre Existenzsicherung kümmern. Denke an all jene, die sich bisher nie für ihr persönliches Wachstum und ihre Spiritualität interessiert haben. Erkenne die Vielfalt unterschiedlichster Bewusstseinszustände in eurem Kollektiv.

Täglich wächst die Gruppe derer, die nachzudenken beginnen. Aus den unterschiedlichsten Bereichen kommen Impulse der Anregung. Viele Unternehmen haben ihre Mitarbeiter in den letzten Jahren dazu angeregt, ihr Leben bewusster zu gestalten. Zahlreiche psychologische Therapiemethoden unterstützen die Menschen bei Selbstreflexion und Innenschau. Millionen von Lichtarbeitern arbeiten weltweit an der Verbreitung eines erweiterten Bewusstseins. Eure Kinder und Jugendlichen leisten ihren eigenen Beitrag auf stille, telepathische Art. Ihr kommt voran, ihr Lieben! Aber ihr habt beschlossen, dass ihr als Gemeinschaft den Weg in höhere Dimensionen gehen wollt. Wie bei einer Bergtour müssen sich jetzt die Schnelleren unter euch nach den Langsameren richten.

Und nun zur anderen Seite unseres vermeintlichen Widerspruchs: Alles, was ihr euch wünscht, ist tatsächlich bereits im selben Augenblick realisiert. Wenn ihr alle plötzlich mit einem einzigen Gongschlag in euer erweitertes Bewusstsein hinein »erwachen« würdet, wäre es euch eine Leichtigkeit, sofort die von euch gewünschten Lebensbedingungen zu erschaffen. Die Potenziale dafür existieren in euch und zwischen euch in jedem Augenblick. Im Zustand eures erweiterten Bewusstseins wäret ihr euch auch über die zu verwirklichenden Ziele einig. Aber schaut einmal um euch herum. Wie viele von euch wünschen sich zum Beispiel tatsächlich politischen Frieden? Wie viele würden stattdessen lieber noch einen Krieg führen, um ihn zu gewinnen und mit ihren Meinungen scheinbar Recht zu behalten?

Ihr alle – mehr als sechs Milliarden Menschen unterschiedlichster Herkunft – erschafft gemeinsam eure Welt. Ihr alle gestaltet mit, was eure Wirklichkeit ausmacht. Euer unterschiedlich eingeschränktes Bewusstsein erschafft die Hunderttausend unterschiedlichen Wünsche eurer Menschenfamilie. Erst wenn ihr euch einander in euren Prioritäten angenähert haben werdet, könnt ihr eure Potenziale zur Erschaffung einer neuen Welt nutzen. Und dies ist gar nicht schwierig, ihr Lieben! Eure Kinder und jungen Erwachsenen werden euch dabei helfen. Sie wissen, weshalb sie hier sind. Sie haben eine klare Priorität. Sie wollen glücklich leben und sich entfalten. Dies ist ihnen bei Weitem wichtiger als alle Theorien und Überzeugungen.

Sie werden euch daran erinnern, was eure eigentliche Natur ist. Sie werden euch einladen und wenn nötig auffordern, das Leben zu respektieren. Sie haben es satt, Tod und Zerstörung mitzuerleben. Sie erkennen den Mangel an Würde, der darin liegt. Sie sind es, die mit den Aufräumarbeiten beginnen werden. Dann entsteht ein Sog der Veränderung, dem sich niemand von euch auf Dauer entziehen kann. Schon in wenigen Jahren werdet ihr staunen, wie sehr sich euer Leben verändert hat!

Vielen Dank, liebe Geschwister! Ich habe schon einen Weg gefunden, geduldiger zu sein: Immer wenn ich mich ausschließlich auf den aktuellen Moment konzentriere, bin ich wunderbar entspannt.

Das einfache Sein im Hier und Jetzt! Das ist es, was euch glücklich macht. Nicht zufällig haben fast alle Weisen eurer Welt diese Übung betont.

Liebe Sirianer, wir werden immer wieder gebeten, euch nach den Hintergründen menschlicher Erkrankungen zu fragen. Könnt ihr uns vielleicht etwas über die Krebskrankheit erzählen?

Das machen wir natürlich gerne. Zunächst einmal möchten wir euch daran erinnern, dass jede einzelne Erkrankung so einmalig und speziell ist, wie ihr alle es seid. So, wie es denselben Menschen kein zweites Mal gibt, sind auch eure Erkrankungen einzigartig. Medizinische Fachleute versuchen zwar fleißig, die Gemeinsamkeiten eines Krankheitsbilds zu erkennen. Das gelingt ihnen aber nicht. Ihr selbst kennt die vielen fehlerhaften Aussagen oder Vor-Aussagen aus berufenem Munde. Wir möchten euch jetzt einige grundsätzlich interessante Informationen geben. Anschließend liegt es an euch, die persönlichen Besonderheiten für einen bestimmten erkrankten Menschen zu erkennen.

Schaut euch die Krebserkrankung einen Moment lang an und betrachtet, was geschieht. Eure Körperzellen besitzen ein Duplizierungsprogramm. Normalerweise stoppt dieses Programm seine Tätigkeit, wenn in einem Körperbereich keine neuen Zellen benötigt werden. Versagt dieser Prozess, arbeitet das Programm weiter. Es erschafft neue Zellen ohne Ende. Es produziert nicht gebrauchten Überschuss. Anders als eure Wirtschaftsunternehmen veranstalten eure Körperzellen nämlich keinen zweimal jährlich stattfindenden »Ausverkauf«. Deshalb vermehren sich die Ansammlungen aus überschüssigem Körpergewebe in dem erkrankten Menschen. Das Krebsgewebe beansprucht den Raum, der für andere, gesunde Körperfunktionen gebraucht werden würde.

Die spannende Frage aber ist: Warum versagt der Zellvermehrungsstopp im Falle der Krebserkrankung? Welches Signal stoppt das Vermehrungsprogramm der Körperzellen im gesunden Organismus präzise dann, wenn es nötig ist? Die Antwort auf diese Frage heißt Licht! Überrascht euch das, ihr Lieben? Eure Körperzellen senden Lichtwellen aus. Jede Lichtwelle dient als Informationsträger. Sie bildet den »Postboten« der interzellulären Kommunikation. Eure Körperzellen unterhalten sich miteinander. Sie informieren sich gegenseitig über wichtige Entwicklungsprozesse. Sie teilen einander mit, wann es genug Zellen von einer Sorte gibt. Wie eine gut funktionierende Gemeinschaft stehen sie in Austausch und Kontakt. Sie berücksichtigen sich untereinander in ihren verschiedenen Bedürfnissen.

Krebs entsteht, wenn die einzelnen Körperzellen nicht mehr miteinander kommunizieren. Stellt euch eine nachbarschaftliche Gemeinschaft vor, die keinen Austausch untereinander pflegt. Ihre Aufgabe wäre es, gemeinsam ein Stück Garten zu bewirtschaften. Da sich ihre Mitglieder aber nicht miteinander unterhalten, entsteht Unordnung. Ein Nachbar legt zum Beispiel ein Blumenbeet an. Der Nächste reißt die gepflanzten Zwiebeln wieder heraus und gräbt alles neu um. Ein weiterer breitet sich auf so viel Raum aus, dass andere, wichtige Pflanzen eingehen. Was könnte in dieser Situation helfen?

Die berühmte »Eigentümerversammlung«?

Wir wissen nicht, ob dies ein geeignetes Gremium wäre. Auf jeden Fall würde eine Neuordnung helfen, die so klug ist, dass alle Beteiligten sie bereitwillig akzeptieren. Eine übergeordnete Instanz müsste Anleitungen und Richtlinien erarbeiten, die der Gesamtheit dienen. Wenn ihr gesund seid, übernimmt eure göttliche Seele diese Rolle. Alle eure Körperzellen richten sich nach ihren Impulsen und Signalen. Ebenso wie eure Körperzellen kommuniziert eure Seele mithilfe von multidimensionalem Licht. Eure Seele besteht aus Licht! Ihre Botschaften bestehen aus geordneten Lichtquantenmustern.

Eure Seele entscheidet darüber, wo und wie ihr euren göttlichen Lebensplan zu einem gegebenen Zeitpunkt am besten erfüllen könnt. Sie beobachtet euch in Liebe. Aus dem großen göttlichen Lichtfeld ihrer Gesamtexistenz heraus entwirft sie euren Weg. Sie beurteilt, ohne zu bewerten, wo gerade eure größten Entwicklungschancen liegen. Wenn sie sich für ein Leben jenseits des Schleiers entscheidet, zieht sie sich leise und vielleicht anfangs sogar unbemerkt aus ihren irdisch körperlichen Strukturen zurück. Das ist der Moment, in dem die »Nachbarn« beginnen können, ihre eigenen Blumenbeete auf Kosten der Gesamtheit zu beackern.

Heißt das, dass die Seele eines an Krebs erkrankten Menschen beschlossen hat, das Leben in einer anderen Ebene weiterzuführen? Wenn das stimmt, würde es aber keine Heilungen dieser Krankheit geben.

Nicht immer handelt es sich um eine eindeutige Entscheidung. Eure Seele ist multidimensional ausgerichtet, liebe Geschwister. Bitte erinnert euch an unser Gespräch über die Eigenschaften eines Hologramms. In ihrer multidimensionalen Gestalt steht jede Menschenseele ständig mit der gesamten Schöpfung in Verbindung. Ein Teil eurer Seele arbeitet vielleicht gerade in der Sternenregion des Sirius. Ein weiterer Teil beschäftigt sich mit den ihr verwandten Seelen in der Zwischenwelt jenseits des Schleiers. Ein kleinerer Anteil lebt währenddessen auf der Erde und geht seinen alltäglichen Verpflichtungen nach.

Ihr kennt eure Multidimensionalität in ihrer gesamten Größe, ihr Lieben. Denkt einen Moment lang an die vielen unterschiedlichen Gestalten und Wesenheiten, die während eurer Träume in euer Bewusstsein dringen. Woher, denkt ihr, kommen diese vielschichtigen Wahrnehmungen? Sie alle zeigen euch auf, wo ihr überall mit eurem Bewusstsein spazieren geht. Dehnt euch aus und ihr haltet in euch ein gesamtes Universum! Innerhalb dieses großen Spielraums wählt eure Seele diejenigen Orte und Zeiten, die eure Entwicklungschancen in einem gegebenen Moment aufs Beste unterstützen.

So ist es möglich, dass die Gesamtheit eurer »großen Seele« sich aus eurem irdischen Anteil zurückzieht. Eure Körperzellen fühlen sich nicht mehr mit ihr im Gleichklang. Sie vermissen ihre Anleitung und Ausrichtung. Ihnen fehlt das übergeordnete Gesamtkonzept. Und sie beginnen damit, ihre eigenen Projekte zu entwerfen. Dabei verlieren sie den Kontakt untereinander. Sie verlieren ihre Kohärenz (gemeinsame Ausrichtung auf ein Ziel). Nach wie vor senden sie ihre Lichtwellen aus. Diese bilden aber kein geordnetes Muster mehr. Um eine Metapher zu benutzen, könnte man sagen: »Jeder lebt vor sich hin, ohne sich um die Belange der Gemeinschaft zu kümmern.«

Das erinnert mich sehr an die Menschenansammlungen in unseren großen Städten...

Im Kleinen wie im Großen! Du weißt ja, dass du jedes Thema aus den unterschiedlichsten Positionen heraus betrachten kannst. Der weise Kern der Erkenntnis zeigt sich aus jedem Blickwinkel aufs Neue. Während wir über die Krebserkrankung sprechen, erzählen wir euch von sehr grundsätzlichen Prinzipien des Lebens. Natürlich findet ihr diese in eurer alltäglichen Welt auf vielfache Weise gespiegelt.

Ich habe einmal davon gehört, dass es im Himalajagebiet noch bis in die 70er-Jahre Kulturen gab, denen die meisten unserer Krankheiten unbekannt waren. Außer Knochenbrüchen und Wurmbefall gab es praktisch keine körperlichen Leiden. Nicht einmal die Blinddarmentzündung war bekannt. Lag das an der Geisteshaltung dieser Menschen?

Jede Erkrankung wurzelt in der Struktur des Bewusstseins. Wenn du deinen Gedanken und Gefühlen erlaubst, destruktive Muster zu entwickeln, wird sich dies auf deinem Lebensweg spiegeln.

Dann müssten alle bösartigen Menschen an Krebs erkranken... aus meiner Praxis kenne ich da aber viele Gegenbeispiele. Es kommt mir sogar so vor, als wären die Erkrankten häufig besonders liebenswürdige Persönlichkeiten mit einem sehr hohen sozialen Anspruch.

Hast du einmal daran gedacht, dass der sichtbare Teil eures Seins nur maximal 10 Prozent eurer Gesamtpersönlichkeit ausmacht? Die besonders liebenswürdigen, hilfsbereiten Menschen sind sich ihrer wütenden, zerstörerischen Impulse meist gar nicht bewusst. Eure Psychologen sprechen von »Verdrängung«. Aber wohin »drängen« diese Menschen denn ihre ungeliebten Anteile? Wo findet sich ein Platz für das, was sie nicht haben wollen? Irgendwo in ihrem energetischen Gesamtsystem muss diese zerstörerische Energie ja bleiben. Ihr könnt nicht einfach irgendeinen Teil von euch abschneiden oder ausklammern. Falls ihr es dennoch versucht, zeigt euch das Leben euren Irrtum. Es liefert euch Chancen der Erkenntnis.

Viele krebskranke Menschen haben einen riesigen Berg von Zorn verschluckt. Sie verhalten sich angepasst. Meistens haben sie schon sehr früh gelernt, nur für ein ganz bestimmtes Verhalten Liebe erwarten zu dürfen. Hierin liegt natürlich ein Hauptirrtum. Ihr alle seid göttliche Wesenheiten. Die schöpferische Quelle liebt euch für euer Sein! Die Quelle selbst besteht aus reinster, ausschließlicher Liebe. Sie kann gar nicht einen Teil von euch lieben und einen anderen ablehnen. Bitte versteht, dass so eine Spaltung nicht zu ihren Möglichkeiten gehört!

Ihr selbst habt die Kategorien erschaffen, nach denen ihr Liebe verteilt oder verweigert. Als Kinder lernt ihr von den Erwachsenen, welches Verhalten ihnen gefällt. Ihr möchtet es ihnen »recht machen«. Ihr möchtet sie glücklich sehen. Kinder entstehen aus der ungeteilten göttlichen Liebesenergie. Sie möchten Freude schenken und Liebe empfangen. Auf eurem Weg als Kinder erfahrt ihr dann meistens, dass ihr nur für bestimmte Anteile eures Selbst Liebe erwarten könnt. Ihr bemüht euch darum, die ungeliebten Anteile eurer Natur zu unterdrücken oder zu verstecken. Ihr wendet unendlich viel Kraft dafür auf, euch »wohlgefällig« zu verhalten. Euer natürlicher Hunger nach Liebe und Anerkennung lässt euch bereitwillig verleugnen, wer ihr wirklich seid.

Wenn ihr erwachsen geworden seid, habt ihr den größten Teil dieses Trainings bereits vergessen. Die Regeln des angeblich guten Benehmens leben in euch, ohne dass ihr sie hinterfragt.

Mehr oder weniger kritisch gebt ihr sie an eure Kinder weiter. Eure Wunden der Trennung leben im Verborgenen in euch. Die scheinbar ungeliebten Anteile eures Seins finden keinen Platz in eurem Bewusstsein. Was euch während eurer eigenen Kindheit besonders unangenehm war, möchtet ihr vermeiden. Um es euren Kindern zu ersparen, gebt ihr ihnen das Gegenteil. Und immer noch handelt ihr aus dem Irrtum der Dualität…

Seit Kurzem lebt ihr nun im Zeitalter der Synthese. Euer »Projekt Dualität« geht zu Ende. Ihr seid müde und überdrüssig geworden und sehnt euch nach dem Frieden der göttlichen Einheit. Ihr habt ihn euch verdient, liebste Geschwister! Wir alle freuen uns mit euch! Täglich strömt jetzt die sanfte Energie der Liebe mehr und mehr in eure Herzen. Ihr erkennt eure Irrtümer. Ihr erkennt, wer ihr wirklich seid. Die neue Energie der Liebe bringt alle dualistischen Wunden eurer Vergangenheit jetzt ins Licht. Nichts kann mehr unterdrückt oder verborgen bleiben. Verdrängte Gefühle und Erinnerungen melden sich in euren Träumen. Längst vergessen geglaubte Ereignisse möchten im Licht der Liebe Erlösung finden.

Eure »große Seele« geleitet euch sanft auf diesem Weg. Sie wählt den jeweils besten Ort und die beste Zeit für euch. Wenn sie ein Erlebnisfeld jenseits des Schleiers für euch wählt, löst sie sich behutsam aus eurer irdischen, körperlichen Struktur. Ihr selbst fühlt euch gleichzeitig vielleicht entsetzt bei dem Gedanken, die Erde zu verlassen. Euer irdischer Teil würde gerne noch länger hier verweilen. Unbewusst verhandelt ihr mit der Gesamtheit eures göttlichen Seelenpotenzials. Vielleicht bittet ihr eure »große Seele« um eine erweiterte Erdenzeit. Vielleicht werdet ihr euch all der Pläne bewusst, die ihr gerne noch hier umsetzen würdet…

Auf der bewussten Ebene entscheidet ihr euch für euer hiesiges Leben und kämpft darum. Damit übernehmt ihr Verantwortung für euch und euren Weg. Jeder Mensch, der eine so schwere Krankheit überwunden hat, findet sich auf neue Art gereift. Jede Heilung geht mit einer Erneuerung und Ausdehnung des Bewusstseins einher. Der Übergang, den ihr »Tod« nennt, kann nur stattfinden, wenn ihr euch mit eurem gesamten Seelenpotenzial dafür entscheidet. Im Moment der Erkrankung liegt die Chance der Neuwerdung. Ihr seid aufgefordert, herauszufinden, wo euer Weg weitergehen soll.

Verbindet euer Bewusstsein mit eurer großen göttlichen Seele und erkennt den besten Platz, den sie für euch ausgesucht hat. Erkennt auch die große Vielfalt der Möglichkeiten, die jenseits dieses besten Platzes existiert. Viele »beste Plätze« warten auf eure Entdeckung, ihr Lieben! Beteiligt euch bewusst an der Wahl eurer Seele. Erlauscht ihre Ziele und Prioritäten. Entwickelt mit ihr gemeinsam den Lebensplan, der euch wirklich glücklich macht! Indem ihr euer Bewusstsein ausdehnt, gebt ihr eurer göttlichen Seele neuen Raum. Gerne wird sie ihn bewohnen und ausfüllen!

Eure große Seele zieht sich nur dann teilweise aus dem Körper zurück, wenn sie keinen Entfaltungsspielraum mehr darin findet. An euch liegt es, ihr diesen Spielraum anzubieten. Sprecht mit eurer innersten Weisheit. Verbindet und verbündet euch mit ihr! Fragt eure Seele, was sie brauchen würde, um sich erneut und erweitert in eurem irdischen Körper zu verankern. Und erfahrt so das Wunder eurer körperlichen Heilung!

Eure Körperzellen bilden die Form gewordene, lichtvolle Energie eures Seelenpotenzials. Indem ihr eurem Seelenpotenzial den angemessenen Raum in euch anbietet, wird es dafür sorgen, dass sich eure Zellen wieder heilsam miteinander verbinden. Eure Körperzellen wünschen sich die Ansprache und Anleitung eurer Seele. Sie lernen aus dieser schöpferischen Kraft. Bereitwillig hören sie auf die übergeordnete Instanz, die in dieser weisen Quelle lebt. Erfahrt das Wunder eurer Neuordnung, während eure Körperzellen ihre lichtvolle Kommunikation wieder aufnehmen. Erlaubt eurer Seele, euch zu geleiten. Und seht, wie ein einziger Lichtimpuls das zerstörerische Zellwachstum der Krebserkrankung beendet.

Das klingt fast zu schön, um wahr zu sein. Ehrlich gesagt, bin ich ziemlich skeptisch, ob es so einfach geht.

Jede Wahrheit ist einfach. Komplizierte Gedankengänge stören diese Einfachheit allerdings. Vielleicht magst du unsere Informationen in deine Meditation hineinnehmen und sie in der Stille jenseits der Worte betrachten? Wir wissen, wie schwer es euch fällt, von euren gewohnten Denkmustern Abstand zu nehmen. Bitte werde dir darüber bewusst, woher deine Skepsis kommt. Wenn du immer nur eine bestimmte »Wahrheit« gehört hast, schlägt sie tief in dir Wurzeln. Eines Tages bist du dann so sehr von ihrer Stimmigkeit überzeugt, dass andere, ebenso sinnvolle Konzepte keinen Platz mehr in deinem Bewusstsein finden.

Die Zeit eurer Meisterschaft ist angebrochen. Jetzt schon warten ungeahnte Möglichkeiten der Wunder auf euch. Täglich werden die dafür nötigen Energien freigeschaltet und zu eurer Nutzung bereitgestellt. Ihr bezeichnet als Wunder, was ihr euch nicht erklären könnt. Vor etwas mehr als hundert Jahren hielten die Menschen viele Dinge für unmöglich, die euch heute selbstverständlich erscheinen. Elektrizität, Automobile, Flugzeuge waren in den Augen eurer Vorfahren »Teufelswerk« oder die Ausgeburt eines verrückten Verstands. Erweitert euer Denken! Haltet das scheinbar Unmögliche für möglich. Erkennt eure wirkliche Größe und nehmt Wunder in Anspruch.

Schon nach wenigen Generationen wird es euch selbstverständlich erscheinen, euch ausschließlich mit der Kraft eures

Geistes zu heilen. Viele der heute noch üblichen Krankheitsbilder gehören dann vollständig der Vergangenheit an. Mit eurem erwachten erweiterten Bewusstsein werdet ihr euch darin üben, euch körperlich, seelisch und mental in Balance zu halten. Euer Kontakt zu eurer Seele wird eng und innig sein. Hingebungsvoll werdet ihr die Pläne und Ziele eurer großen Seele annehmen und in euer Leben integrieren. Eure große Seele wird euch für diese innige Verbindung danken. Sie wird gerne Raum in euch nehmen. Sie wird eure Körper darin anleiten, euch gesund und energievoll zu dienen. Dann besitzt auch ihr das Geheimnis eines unendlichen Lebens.

Jetzt habt ihr mich wirklich nachdenklich gemacht. Was ihr sagt, fühlt sich richtig an. Ich will diese Gedanken gerne in mir Wurzeln schlagen lassen... Ich frage mich allerdings noch, wie die vielen angeblich Krebs verursachenden Faktoren in euren Blickwinkel hineinpassen. Was hat es auf sich mit den Umweltgiften, den Parasitenbelastungen, dem Elektrosmog und all den anderen für unsere Biologie schädlichen Dingen?

Euer Bewusstsein ist Wurzel und Ursache aller Erscheinungen. Natürlich spielen die schädigenden Faktoren eurer unbedachten Lebensgewohnheiten eine Rolle bei der Krebserkrankung. Viele Krankheiten sind dadurch teilweise oder wesentlich mit verursacht. Wenn diese Dinge allerdings ausschlaggebend wären, müsstet ihr alle auf dieselbe Weise erkranken. Wir bleiben bei unserer grundsätzlichen Aussage: Eure große, multidimensionale Seele bestimmt darüber, auf welchem Spielplan euer Leben sich entfaltet.

Also besteht der beste Schutz vor Krankheiten darin, engen Kontakt mit der eigenen Seele zu halten?

Wir danken dir. Das ist eine wirklich gute Zusammenfassung.

Dann möchte ich euch gleich noch gerne fragen, ob ihr uns etwas über die neurologischen Krankheiten erzählen könnt. In den letzten Jahren treten immer wieder neue, ungeklärte Krankheitsbilder auf. Man weiß zwar, dass sie irgendwie mit dem Nervensystem zu tun haben. Aber verstehen oder behandeln kann man sie nicht. Habt ihr dafür irgendeinen Rat?

Natürlich könnten wir euch jetzt erzählen, durch welche Faktoren diese Krankheiten auf der körperlichen Ebene entstehen. Die entsprechenden Informationen besitzt ihr allerdings längst. Eure medizinischen Wissenschaftler möchten euch glauben lassen, dass sie bestimmte Dinge noch nicht erforscht hätten. Dabei vernachlässigen sie zahlreiche wichtige Erkenntnisse, die ihnen zur Verfügung stehen und weiterhelfen könnten. Die Wahrheit über diese Dinge wird euch vorenthalten. Öffnet eure Augen, sucht euch die veröffentlichten Informationen zusammen und lasst euch von eurem Herzen sagen, was davon stimmt. Es ist höchste Zeit, dass ihr die Verantwortung für eure Heilungsprozesse selbst in die Hand nehmt.

Im Übrigen wiederholen wir gerne noch einmal unseren grundsätzlichen Betrachtungsansatz. Euer Bewusstsein dirigiert und bestimmt die Prozesse, die ihr in eurer äußeren Welt beobachten könnt. Neurologische Erkrankungen können nur dann entstehen, wenn sich eure Seele zumindest teilweise aus eurem irdischen Lebensfeld zurückzieht. Gestaltet euer Leben so attraktiv, dass eure Seele sich vollständig bei euch einfindet. Fragt eure innerste Weisheit, was sie sich von euch wünscht, und handelt entsprechend. Hierbei geht es ausschließlich um euer Glück! Eure Seele möchte euch glücklich sehen. Nur wenn euer Herzensglück nicht mehr sichergestellt ist, zieht sie sich aus eurem Leben zurück.

Danke, liebe Sternengeschwister. Das ist tatsächlich Stoff zum Nachdenken.

Wenn wir dir etwas empfehlen dürfen, dann lass deine Gedanken zur Ruhe kommen. Öffne dein Herz und erlaube seiner Kraft, dein Leben zu gestalten. Diese einfache Übung reicht vollständig aus, um euer Glück zu erschaffen.

Liebe Sirianer, hier ist eine ganz andere Frage. Manche behaupten, dass es unter uns »Fremde« gäbe, Wesen aus anderen Sternenregionen. Könnt ihr uns dazu etwas sagen?

Du schaffst es immer wieder, uns zu amüsieren. Wir danken dir dafür! Natürlich gibt es Wesenheiten aus anderen Sternenregionen unter euch. Mit wem sprichst du denn hier die ganze Zeit über?

Na ja, aber ich höre euch ja eher innerlich. Ich weiß nicht, ob ihr wirklich körperlich hier auf der Erde seid. Könnte es denn sein, dass ich einem von euch begegne, ohne es zu merken?

Das ist nicht sehr wahrscheinlich. Du spürst und erkennst unsere Energie sicher, wenn du uns begegnest. Aber es könnte sein, dass wir für dein Verständnis wie ein normaler Mensch aussehen. Nur unsere Ausstrahlung würde dich im Herzen an unsere gemeinsamen Begegnungen erinnern. Inzwischen sind schon viele von uns direkt unter euch. Wir leben mit euch und nehmen für diese Momente einen irdischen Körper an.

Stimmt es, dass manche Außerirdischen sich den Körper eines Verstorbenen nehmen? Gibt es die sogenannten Walk-ins?

Solche Lebensformen gibt es tatsächlich. Allerdings bevorzugen wir selbst meist eine andere Form der Verstofflichung. Wir sind schon sehr lange damit vertraut, unsere energetische Dichte so zu gestalten, wie es uns für den jeweiligen Moment passend oder notwendig erscheint. Diesbezüglich haben wir im Laufe der Zeit eine sehr hohe Flexibilität entwickelt.

Und was verbirgt sich dann in den Walk-ins?

Wir möchten an dieser Stelle nicht weiter ins Detail gehen. Unsere Informationen erzeugen Bilder und Gedankenformen in eurem Energiefeld. Wenn wir euch diese Frage genauer beantworten, würdet ihr euren Mitmenschen möglicherweise nicht mehr unvoreingenommen begegnen. Damit hätten wir euch dann keinen guten Dienst erwiesen. Es ist auch nicht wirklich wichtig für euch, die unterschiedlichen Seinsformen des Universums im Detail zu kennen. Wir empfehlen euch stattdessen, eure Wahrnehmung für unterschiedliche Energiequalitäten zu trainieren.

Nutzt euer Herz, um die Momente seelischer Resonanz zu erkennen. Wählt euch diejenigen zu Freunden, die euch auf eurem Weg unterstützen. Achtet alle Lebewesen, die euch begegnen, gleichermaßen. Lernt von allen und lasst nur diejenigen nah an euch heran, mit denen ihr euch entspannen und wohlfühlen könnt.

Da bleiben mir gleich ein paar weitere neugierige Fragen zu diesem Thema im Hals stecken...

Dann waren sie vielleicht wirklich nicht so wichtig?

Vermutlich. Gibt es denn aus eurer Sicht überhaupt wichtige Fragen?

Auf jeden Fall! Alle Fragen, die eure wahre Natur betreffen, finden wir wichtig. Alle Fragen, die euer Selbst-Bewusst-Sein stärken, dienen eurer Entfaltung und sind damit von Bedeutung. Aus unserer Sicht lauten die wichtigsten Fragen:

- Wer bin ich?
- Woher komme ich?

- Wohin gehe ich?
- Was ist der Plan meiner multidimensionalen Seele?

Interessant! Die Frage nach unserer Herkunft wolltet ihr uns aber nicht gerne beantworten?!

Wir sprachen von wichtigen Fragen, nicht von den Antworten darauf. Überhaupt liegt der größte Erkenntnisgewinn in einer gut gestellten Frage. Jede Antwort präsentiert immer nur einen Teil der Wirklichkeit. Sie gilt ausschnitthaft, in Abhängigkeit von Raum und Zeit. Eine gut gestellte Frage jedoch dient als Stimulans. Sie bringt Bewegung in euren Geist und sie regt euch zur Kommunikation untereinander an. Sie macht euch unruhig und schickt euch auf die Suche. So erweitert ihr euren Horizont.

Jetzt bin ich aber verblüfft. Wenn ihr so über das Antworten denkt, warum beantwortet ihr dann immer geduldig alle unsere Fragen?

Jede Antwort führt zu einer neuen Frage.

Wollt ihr damit etwa sagen, dass ihr uns unsere Fragen beantwortet, damit wir weitere Fragen entwickeln?

Das ist auf jeden Fall ein wichtiger Teil unseres Vergnügens mit euch. Natürlich haben unsere Gespräche noch viele weitere nützliche Aspekte. Ein sehr wichtiges Moment liegt in unserer Begegnung an sich. Durch unsere Gespräche entwickelt ihr Vertrauen in die Möglichkeit einer friedlichen Kommunikation mit Vertretern anderer Sternenregionen. Als Menschheitskollektiv werdet ihr in dem jetzt beginnenden neuen Zeitalter völlig neue Aufgaben übernehmen. Der diplomatische Austausch mit den Bewohnern anderer Welten wird einen wesentlichen Teil davon ausmachen. Hierauf bereiten wir euch gerade sehr sanft vor. Der Inhalt unserer Antworten zu euren Fragen ist tatsächlich von geringer Bedeutung im Vergleich zu diesen Aspekten.

Meine Güte... Immer wieder scheint es mir, als würde euer Blickwinkel genau das Gegenteil von unserem beleuchten... Ich erinnere mich an den Spruch »Nichts ist, wie es scheint«.

Wir ergänzen gerne, was aus eurer Sicht fehlt. Wir erschaffen Balance, denn Ausgleich ist das Tor zur Meisterschaft. Methodisch gesehen nehmen wir eher, als dass wir geben. Wir verunsichern euch in euren scheinbar eindeutigen Standpunkten. Unsere Antworten stimulieren euch darin, euch größere Freiheiten zu gestatten, um aus eurer eigenen Quelle zu schöpfen.

Wie konnte es eigentlich dazu kommen, dass wir manipulierbar wurden? Warum ließen wir überhaupt zu, dass einige von uns über die anderen bestimmen konnten? Warum haben wir uns so weit von unserer natürlichen Urteilskraft entfernt?

Das ist eine lange Geschichte. Um genau zu sein, eine Geschichte der letzten 30 000 Jahre. Etwa in der Zeit erschuft ihr das »Experiment Dualität«. Wir sprachen schon öfter darüber. Um eure damalige Entscheidung zu verstehen, müsst ihr euch mit eurem Bewusstsein in sehr weit übergeordnete Sphären begeben. Bitte folgt uns für einen Augenblick gedanklich und mit der Kraft eures Herzens in die Regionen des einen Seins. Verweilt dort einige Momente und entspannt euch. Dann folgt uns und betrachtet dieses Bild: Wie Sportler wolltet ihr einmal herausfinden, wie sehr ihr euch in eurer göttlichen Natur ausdehnen könntet. Ihr strecktet und recktet euch, so weit ihr nur konntet.

Stellt euch einen Menschen vor, der auf den Zehenspitzen steht und sich so weit hinaufreckt, wie es nur geht. Sein gesamtes Bewusstsein versammelt er in den Fingerspitzen. Er »denkt« über sie hinaus und richtet seine Aufmerksamkeit in die Ferne. Seine Körperzellen folgen den Impulsen seiner Aufmerksamkeit. Sie tun dies in vollkommener Hingabe und Harmonie. Dabei »vergessen« sie, dass sie Teil eines großen Körpers sind. Sie konzentrieren sich ausschließlich auf die Ferne. Sie verlieren die Kommunikation mit den Zehen, den Beinen, dem Bauch, dem Herzen und den Organen des Gesamtkörpers. Sie kümmern sich nur noch um eines: um ihre Sehnsucht nach Entdeckungen in der Unendlichkeit.

Irgendwann beginnen die Zehen zu schmerzen. Sie möchten sich erholen und ihre unbequeme Position verändern. Sie nörgeln und machen auf sich aufmerksam. Die Fingerspitzen aber haben noch nicht genug von ihrer Sehnsucht nach Entdeckungen. So überlegen sie, wie sie den übrigen Körper und ganz besonders die Zehen und Füße einschüchtern und ruhigstellen können. Sie verwirren die Zehen und erzählen ihnen irgendwelche unsinnigen Geschichten.

Sie erfinden zum Beispiel ein Heldenmärchen. Darin werden zwei Füße mit ihren Zehen belohnt, weil sie ganz fürchterlich anstrengende Übungen durchstehen. Nach und nach werden immer mehr Körperregionen ungeduldig. Sie wollen endlich wieder wie ein gesunder, zusammenhängender Körper leben. Sie wünschen sich einen harmonischen Energiefluss untereinander. Sie möchten sich miteinander unterhalten. Deshalb rebellieren sie gegen die entdeckungshungrigen Fingerspitzen. Sie wollen nicht mehr mitmachen bei dem Spiel. Der Stress soll ein Ende haben. Einige von ihnen planen einen Krieg gegen die Fingerspitzen. Und diese schlagen natürlich zurück. So leicht lassen sie sich ihre Führungsposition nicht nehmen… Dabei vergessen sie, dass sie von derselben Art sind wie ihre scheinbaren Widersacher.

Liebe Geschwister, bitte versteht, dass ihr alle gemeinsam das jetzt zu Ende gehende Abenteuer geplant und durchgeführt habt. Erinnert euch an die tiefe Verbindung, die ihr miteinander teilt. Erkennt den Irrtum der Trennung! Wir empfehlen euch, euren kritischen Verstand und euer weises Herz gleichermaßen zu befragen, wenn ihr die Wahrheit in den Dingen erkennen wollt. Eure Manipulateure handeln aus dem Gefühl der Berechtigung. Nur wenige sind sich des gesamten Spiels bewusst. Bitte löst euch aus den Gedanken von Schuldzuweisungen. Überwindet die in euch installierten Trennungsmuster bewusst.

Euer bisheriges System ist ausgefeilt. Die meisten eurer Wissenschaftler stützen mit ihrer Forschung das Theater der Verwirrungen. Auch sie handeln aus dem guten Glauben, im Recht zu sein. Eure Lehrer und Professoren unterrichten die Jugend im Weltbild der Trennungen. Sie selbst wurden so erzogen und ausgebildet. Dieselben Inhalte, die sie einst lernen mussten, geben sie an die Jüngeren weiter. Eure widersetzlichen Jugendlichen werden diesen endlosen Kreislauf durchbrechen. Sie öffnen das Tor zu eurer Befreiung.

Danke, ihr Lieben! Jetzt habe ich wieder einige Fragen aus dem Publikum für euch. Einverstanden?

Natürlich gerne!

Gibt es eigentlich Werthaltungen, die für alle MENSCHEN gültig sein sollten?

Selbstverständlich gibt es die! Weltweit sind sich die Menschen darin einig, dass die Befriedigung einiger wesentlicher Grundbedürfnisse in ihrem Leben Priorität hat:

- ausreichend gesunde Nahrung

- ein Dach über dem Kopf und ein Stückchen Erde zum Spaziergehen und Genießen

- die Gelegenheit, gut für die eigene Gesundheit zu sorgen

- die Möglichkeit, zu lernen, sich auszubilden und sich zu entwickeln

- die Möglichkeit, friedliche, liebevolle Bindungen zu genießen

- die Möglichkeit, seine eigene Kreativität zu entfalten

- die Möglichkeit, Nachkommen zu haben und ihnen ein lebenswertes Leben zu schenken

Die Sehnsucht nach Frieden, Liebe und Anerkennung motiviert fast euer gesamtes Handeln. Lauscht in euer Herz: Was wünscht ihr euch am dringendsten? Wenn ihr euch ausschließlich auf die Verwirklichung eurer innersten Ziele konzentriert, werdet ihr sie nun bald erreichen. Vergesst die dualistischen Auseinandersetzungen vergangener Zeiten! Baut eine Brücke zwischen eurem Herzen und eurem Verstand. Baut Brücken untereinander. Überbrückt die Gräben der scheinbaren Andersartigkeit und überwindet Trennungen. Besinnt euch stattdessen auf eure Gemeinsamkeiten und erschafft euer Leben in paradiesischer Erfüllung.

Kann es denn überhaupt einen Weltfrieden geben? Ist Frieden möglich?

Natürlich ist er das! Auch wenn Zweifel, Pessimismus und negative Glaubenssysteme euch etwas anderes erzählen, habt ihr Menschen in jedem Augenblick die Gelegenheit, euch für den Frieden zu entscheiden und entsprechend zu handeln.

Frieden beginnt im eigenen Herzen. Und folgende Schritte können ein Fundament für den Weltfrieden schaffen:

- Alle Menschen sollten Zugang zur Deckung ihrer Grundbedürfnisse haben.

- Jeder Mensch sollte die Gelegenheit haben, die Kostbarkeit seines Seins zu erkennen. Selbst-Bewusst-Sein führt zum Schutz des Lebendigen. Respekt und Achtung sich selbst und dem Leben gegenüber sind die Basis eines glücklichen Lebens.

- Wenn alle Menschen sich über ihre Gemeinsamkeiten klar werden, enden Kampf und Krieg im selben Augenblick. Eure bisherige Tradition betont kulturelle, religiöse und sonstige Unterschiede zwischen den Völkern. Wie wäre es, wenn ihr euch stattdessen eurer Ähnlichkeiten bewusst werdet?

Ist der Mensch ursprünglich gut oder böse?

Menschen sind weder gut noch böse. Der Mensch ist! Und als göttliche Wesen besitzt ihr sämtliche Möglichkeiten der Schöpfung. Ihr alle tragt die Fähigkeit zur Zerstörung in euch. Und ihr alle besitzt die Gabe zu lieben, das Leben zu behüten und euch gegenseitig zu unterstützen. Eure Lebensbedingungen helfen euch bei der Entscheidung darüber, wohin ihr eure Energie richten möchtet. Große Katastrophen (z. B. der Tsunami) zeigen sofort die immense Bereitschaft zu gegenseitiger Liebe, Anteilnahme und Unterstützung, die eurer innersten Natur entspricht. Dogmen, Ideologien und angeblich allgemeingültige »Wahrheiten« bereiten dagegen den Boden für zerstörerischen Irrtum.

Ihr selbst habt die Wahl, liebe Geschwister. Welches Leben erscheint euch lebenswert? Wie möchtet ihr die kostbare Gabe eurer Existenz nutzen? Räumt den einzigartigen Wundern der Schöpfung erste Priorität ein und handelt entsprechend! So erschafft ihr euch euer Paradies. Eure Zeit ist jetzt gekommen. Die neue Energie der Liebe hilft euch bei eurem Werk!

Wird Europa untergehen?

Europa wird ganz gewiss bestehen bleiben! Das europäische Klima wird sich weiter verändern. Einige Jahre der heftigen Schwankungen liegen vor euch. Nichts wird mehr so sein, wie ihr es gewöhnt seid. Diese permanenten Veränderungen helfen euch dabei, euch wirklich neu auszurichten. Sie schulen euch darin, im Augenblick zu leben und spontane Entscheidungen zu treffen. Plötzlich eintretende Unwetter fordern euch dazu auf, gemeinschaftlich neue Wege zu finden. Durch heftige Schwankungen transformiert sich euer Planet in eine neue Vibrationsebene hinein. Euch helfen diese Dynamiken dabei, euren Geist aus den Einbahnstraßen gewohnter, scheinbar unumgänglicher Muster zu befreien.

Eure Wirtschafts- und Verwaltungsstrukturen werden bald vollständige Neuordnungen erfahren. Schon bald werdet ihr neue Formen des Managements und der Unternehmensführung entwickeln. Während ihr euch geistig befreit, entdeckt ihr ein neues Selbst-Bewusst-Sein. Aus der vollen Kraft eurer schöpferischen Möglichkeiten heraus seid ihr nicht mehr beherrschbar oder manipulierbar. In euren neuen beruflichen Strukturen werdet ihr Achtung und Anerkennung für euer Sein verlangen. Auf dem Hintergrund angemessener Wertschätzung stellt ihr der Gemeinschaft dann gerne eure kreativen und intelligenten Potenziale zur Verfügung.

In euren kollektiven Mustern befinden sich augenblicklich noch riesige Informationsspeicher des Leidens. Mehrere Jahrhunderte der wiederholten, flächendeckenden Kriege hinterließen ihre Spuren. Der Schrecken durchlebter Zerstörungen hat euch ängstlich gemacht. Ihr denkt nicht mehr an eure in Wirklichkeit riesigen Potenziale. Stattdessen grämt und sorgt ihr euch über eure Zukunft, die ihr selbst auf glückliche Art erschaffen könnt. Beendet die Zweifel, liebe Geschwister! Erschafft in euch die Vision einer friedlichen, gut behüteten Welt und genießt den Beginn dieser neuen Zeit!

Immer mehr Menschen entwickeln jetzt die Bereitschaft, das Leben in seiner Kostbarkeit anzuerkennen und zu behüten. Es ist nicht mehr ganz so einfach, euch in den Krieg zu schicken. Viel Veränderung und Erneuerung warten noch auf euch. Aber eure Bereitschaft wächst, für ein friedliches, erfüllendes Miteinander zu arbeiten. Schon bald werdet ihr eure im Leid gewonnenen Erkenntnisse anderen Völkern zur Verfügung stellen. Europäer könnten dann wie »ältere Geschwister« den Jüngeren freundschaftlich und unterstützend zur Seite stehen. Ihr werdet diese neuen Aufgaben genießen, ihr Lieben. Gleichzeitig erschafft ihr heilsamen Ausgleich für eure in der Vergangenheit zu verantwortende Schuld.

Können wir die Energiekrise überwinden? Womit könnte man zum Beispiel Öl ersetzen?

Seit mehreren Jahrzehnten steht bereits alles Wissen zur Verfügung, das man zur Beantwortung dieser Frage benötigt. Auch Regierungen und Industriekonzerne besitzen es. Fragt eure Führungskräfte aus Politik und Wirtschaft. Nehmt Einfluss und gestattet ihnen nicht mehr, euch diese lebensnotwendigen Dinge vorzuenthalten. Die wichtigste Energiequelle, deren Nutzung sofort alle Notstände auflösen kann, heißt »freie Energie des Universums«. Schon in den 30er-Jahren wurden

Fahrzeuge entwickelt, die ohne Benzin oder andere Energieträger liefen. Alle ökologisch sauberen Energiequellen wie Wind, Sonne, Gezeitenkraft (Tidenhub) sind bereits bekannt und in Benutzung.

Und warum hat dies noch nicht zu grundsätzlichen Veränderungen eures Lebens geführt? Nun ja – viele von euch sind tatsächlich naiv oder träge genug, um den allgemein verbreiteten Informationen ungeprüft zu folgen. Die Nutzung von allgemein zugänglicher, fast kostenloser Energie würde sofort alle Strukturen verändern, die die Menschheit bisher für unumstößlich hält. Manche von euch fürchten sich vor der Veränderung. Sie haben die großen Chancen noch nicht erkannt, die darin liegen.

Welches sind die zehn wichtigsten Probleme auf der Welt, die wir anpacken müssen?

❶ Schutz des Planeten und allen Lebens!
❷ Schutz des Planeten und allen Lebens!
❸ Schutz des Planeten und allen Lebens!
❹ Schutz des Planeten und allen Lebens!
❺ Schutz des Planeten und allen Lebens!
❻ Schutz des Planeten und allen Lebens!
❼ Schutz des Planeten und allen Lebens!
❽ Schutz des Planeten und allen Lebens!
❾ Schutz des Planeten und allen Lebens!
❿ Schutz des Planeten und allen Lebens!

(Alles Weitere folgt konsequenterweise hieraus …)

Warum lernen wir scheinbar nicht aus unseren Fehlern?

In der Tat – hierin unterscheidet ihr euch von den Tieren! Aber das gilt nur für erwachsene Menschen. Kinder lernen in unendlicher Hingabe und mit unendlichem Fleiß. Sie überwinden ihre Fehler und Irrtümer, stehen wieder auf und gehen weiter. Ihr alle wart einmal diese Kinder. Ihr alle wart bereit, aus euren Fehlern zu lernen. Ihr alle wart hingebungsvoll und entwicklungshungrig genug, um zu lernen. Wer und was hat euch dann diese Lernbereitschaft abtrainiert? Was hat euch so sehr frustriert, dass ihr starr wurdet? Und vielleicht die wichtigste Frage: Wie könnt ihr eure kindliche Haltung dem Leben und dem Lernen gegenüber wieder aktivieren? Am Ende aller Antworten stehen neue, wesentliche Fragen!

Immer wieder wird behauptet, dass Rituale eine wichtige Bedeutung für unser Leben haben. Was könnten Rituale der neuen Zeit sein?

Eine interessante Frage! Rituale erinnern euch an die Rhythmen des Universums. In den multidimensionalen Welten der Schöpfung besitzt Zeit eine qualitative, rhythmische Struktur. Wellen breiten sich in rhythmischen Mustern aus. Göttliche Energie verdichtet sich und nimmt Form an. Diese Form erhält ihre Ordnung durch rhythmische Abläufe in der Zeit. Ihr kennt die wunderschönen Muster der sich wiederholenden Spiralen. Alle Planeten, Sonnensysteme und Galaxien bewegen sich in wohlgeordneten Bahnen.

Indem ihr Rituale vollzieht, ordnet ihr euch dem Rhythmus eines größeren Geschehens unter. Damit geht ihr bewusst in Resonanz mit allem, was ist. Noch heute ist euer Alltag angefüllt mit Ritualen. Häufig nehmt ihr sie gar nicht mehr als solche wahr. Wenn ihr mögt, protokolliert einmal eine Woche lang alle Tätigkeiten, die ihr mit »schöner Regelmäßigkeit« ausführt. Werdet euch der Wiederholungen in euren Handlungsabläufen bewusst.

Nicht nur die absichtlich gewählten Rhythmen wirken rituell. Auch die Wiederholungen bestimmter scheinbar zufälliger Ereignisse erschafft ihr unbewusst als Rituale. Damit bindet ihr euch in noch ungelöste Problemstrukturen ein. Die Struktur erinnert euch an Verborgenes. Kennt ihr diese Situation? Eine Frau verliebt sich immer wieder in einen bestimmten Typ von Mann. Jedes Mal scheitert diese Verbindung unter ähnlichen Umständen. Wie kann das sein? Wie kann das Leben ihr derartig präzise Ähnlichkeitsmuster anbieten?

In Wirklichkeit ist sie es selbst, die intuitiv immer wieder ähnliche Situationen erschafft. Bis sie eines Tages vielleicht das verborgene Geheimnis der Situation erkennt. Dann ist sie frei für eine neue Wahl. Ihr sprecht von Wiederholungsschleifen, wenn ihr solche Muster beobachtet. Und tatsächlich wiederholen sich die ähnlichen Abläufe eurer Welt (nicht dieselben!) mit schöner Regelmäßigkeit. Hohe Ordnung geht mit einem großen Lichtpotenzial einher. Ihr erschafft Ordnungsmuster, um eure Erkenntnisprozesse ins Licht zu tauchen.

Ich finde, das hört sich ziemlich mysteriös an... Ich verstehe nicht wirklich, worauf ihr hinauswollt...

Der Charakter von Ritualen hat viel mit Geheimnissen und mit Mysterien zu tun. Das Verborgene wiederholt sich und wird damit offensichtlich. Hinter diesen Beobachtungen wirken Gesetze, die eure modernsten Physiker beschrieben haben. Das eigentliche Geschehen entzieht sich der Sprache. Sprache ist zu eng, um die Großartigkeit dieser Zusammenhänge zu fassen.

Na schön, aber brauchen wir nun Rituale oder nicht? Und wenn ja: welche?

Aus unseren Informationen kannst du den Sinn und Nutzen von Ritualen erkennen. Braucht ihr eine Auseinandersetzung mit dem Verborgenen? Braucht ihr Wiederholungsschleifen, um euch in übergeordnete Prozesse einzubinden? Hilft euch die Qualität der Zeit, um euren Weg zu gestalten? Stellt euch einfach einmal vor, ihr wäret ohne Zeitmuster und Wiederholungsstrukturen. Alles wäre in jedem Augenblick neu.

Dann müssten wir auch alles immer wieder aufs Neue lernen.

Nicht unbedingt. Ihr könntet auch aus dem allwissenden Potenzial der Meisterschaft heraus agieren. Alles wäre euch dann in jedem Moment vollständig bewusst.

Ich beginne zu verstehen... Wollt ihr damit sagen, dass Rituale uns eine Entwicklungs- und Lernhilfe bieten?

Genau! Die gegebenen Ordnungsmuster helfen euch dabei, euch in dieser Welt zu orientieren. Nun stellt euch vor, ihr wäret bereits in eurer neuen, transformierten Welt angekommen. Euer Bewusstsein ist unendlich weit ausgedehnt. Ihr seid euch eurer Göttlichkeit bewusst. Ihr lebt in Frieden und übernehmt Aufgaben als Hüter des Lebens. Wobei könnten euch jetzt neue Rituale unterstützen?

Vielleicht sollten wir das neue Leben feiern. Vielleicht sollten wir uns mit festlichen Ritualen daran erinnern, wer wir sind und welchen Dienst wir hier übernehmen?

Eine schöne Idee. Ähnlich habt ihr euer Leben auch in den alten Kulturen gefeiert. Damit erinnert ihr euch an die großen Rhythmen der Schöpfung und genießt es, dazuzugehören.

Inzwischen gibt es ja schon viele Gruppen auf der Erde, die regelmäßig für den Frieden und den Schutz des Lebens meditieren. Manche von ihnen nutzen den alten Kalender der Mayas. Andere kennen einen galaktischen Kalender. Und wieder andere haben eigene Modelle der Zeit entwickelt. Sind das die Vorboten für unsere neuen Rituale?

Kennst du die Gemeinsamkeiten dieser Ansätze? Alle beschäftigen sich mit den qualitativen Aspekten der Zeit. Alle arbeiten mit Zeichen und Symbolen, die euch bei ihrer Benutzung mit einem bestimmten Lebensthema in Kontakt bringen. Rhythmisch wiederholen sich die bedeutsamen Prinzipien des Lebens. Ihr werdet eingebunden, geschult und daran erinnert, um welchen schöpferischen Mittelpunkt ihr alle kreist. Ihr begegnet der Essenz des Lebens selbst.

Ich bekomme direkt Lust dazu, mir ein paar wundervolle neue Feste auszudenken. Es wird Spaß machen, so zu feiern...

Und genau darum geht es. Macht euer Leben zu einem einzigen Festakt! Genießt die Kostbarkeit eures Seins. Feiert euer göttliches Erbe und freut euch aneinander!

Danke, ihr lieben Geschwister! Damit habt ihr wirklich eine verlockende Vision entfaltet...

... die ihr ins Leben rufen dürft! Ist das nicht eine erfreuliche Aufgabe?

Auf jeden Fall viel schöner als die meisten Beschäftigungen, denen wir aktuell nachgehen... Jetzt haben wir noch ein paar Fragen über euch selbst. Sirius wird als Stern der Liebe bezeichnet. Könnt ihr uns mehr darüber erzählen?

Eure alten Kulturen kannten die besondere Qualität dieses Sternsystems. Sie verehrten die extrem rasch vibrierenden Frequenzen der Liebesenergie, die unsere zwei Doppelsterne aussenden. Bitte erinnert euch daran, was wir euch am Anfang dieser Gespräche über die Liebe sagten. Eine extrem hohe, multidimensional eingebundene Energie strömt in kurzen Lichtwellen zu euch. Sie erfüllt euer Sein mit Freude, Zuversicht und Entspannung.

Das Siriussystem ist älter als euer Sonnensystem. Bereits vor langer Zeit durchlebten wir unsere Transformation in höhere Dimensionen. Fein und durchlässig ist die materielle Struktur unserer Welt. Die hochfrequenten, rasch vibrierenden Liebeswellen durchdringen uns leicht. Unsere Materie setzt ihnen weniger Widerstand entgegen, als es in eurer Welt noch der Fall ist. Die alten Völker eures Planeten kannten unsere Energie. Sie nahmen sie in Dankbarkeit entgegen.

Zu der Zeit waren wir häufiger zu Gast auf eurer schönen Erde. Wir pflegten einen regen Austausch mit den Bewohnern eures Planeten. Wir brachten euch unsere Kenntnisse und Technologien. Manche von uns lebten als Lehrer hier, um euch auf eurem Entwicklungsweg zu helfen. Manche eurer alten Kulturen legten Zeugnis ab von dieser Zeit. Sie beschrieben uns als Götter und erzählten von unserer großen Liebeskraft. Schon damals zeigten wir ihnen, dass diese Kraft auch in euch wohnt, ihr Lieben.

Stimmt es, dass ihr einst als Amphibienwesen zur Erde kamt?

Vermutlich sprichst du von den Darstellungen, die im letzten Jahrhundert in Westafrika entdeckt wurden? Tatsächlich hat dieser Volksstamm ein sehr altes Wissen bewahrt. Die Berichte dieser Menschen stammen aus echten Begebenheiten. Wir sind dort gelandet und haben mit den Vorfahren dieses Volks Handel und Austausch gepflegt. Allerdings waren wir damals keine Amphibienwesen. Die Menschen haben uns so dargestellt, weil sie unser Verhalten nicht ganz verstehen konnten. Außerdem gab es damals auch noch Kontakte zu anderen Sternenvölkern. Sie alle lebten aus Sicht der Erdenmenschen sehr ungewöhnlich.

Wir haben euch bereits davon berichtet, dass wir den Dichtegrad unserer materiellen Ausrüstung selbst bestimmen können.

Wenn wir damals in das Gravitationsfeld eures noch enorm dichten Planeten eintauchten, waren wir einem großen Druck ausgesetzt. Wasser half uns dabei, den Übergang leichter zu vollziehen. Es war sehr angenehm für unseren Körper. Gerne hielten wir uns darin auf, um uns zu entspannen. Eure Vorfahren beobachteten dies und konnten es sich nicht erklären. Schließlich kannten sie bis zu dem Zeitpunkt nur bestimmte Tierarten, die im Wasser lebten.

Wenn wir euch heute besuchen, ist unsere Situation grundsätzlich verändert. Auch wir durchliefen in den vergangenen Jahrtausenden eine Entwicklung, die uns neue Möglichkeiten des Seins eröffnete. Inzwischen besitzen wir die vollständige Kontrolle über unser Energiefeld. Ihr würdet vielleicht sagen, dass wir unsere Frequenz »stufenlos« anpassen können. Meistens kommunizieren wir nun mental mit euch. Viele von euch gaben uns dafür auf ihrer Seelenebene ihr Einverständnis. Viele von euch kennen uns in ihrem Herzen aus alter Zeit. Leise geleiten wir euch, wenn ihr uns die Erlaubnis dazu erteilt. Eure göttliche Seele besteht aus derselben Energie, die wir euch anbieten. Dadurch verläuft unsere Kommunikation sehr einfach.

Seid ihr denn dann so etwas wie die Schutzengel?

Wenn ihr uns dazu einladet, übernehmen wir beschützende Aufgaben für euch. Eure Schutzengel entstammen aber einem anderen Energiefeld als wir. Die Hierarchie der Engel hat entschieden, nur einen bestimmten Anteil der göttlichen Schöpfungsfrequenzen mit ihrem Geist zu beleben. Man kann sagen, dass sie eine speziell ausgewählte Oktave der gesamten Tonfolge spielen. Als Menschen spielt ihr die vollständige Bandbreite schöpferischer Möglichkeiten aus. An diesem Punkt sind wir einander ähnlich. Auch wir lieben das »große Orchester«.

Danke für diese schöne Beschreibung. Mögt ihr uns noch etwas über die Engel erzählen?

Fragt sie doch selbst…

Was mich angeht, so tue ich das, seitdem ich denken kann, mit großem Vergnügen. Immer fand ich Trost und Hilfe ohne Ende bei diesen Himmlischen. Kann ich euch eigentlich auch so herbeibitten?

Was tun wir denn hier gerade?

Na ja, ihr habt ja recht. Manchmal kommt mir die ganze Unterscheidung verschiedener Wesenheiten komisch vor.

Stimmt! Du kennst ja unseren Spruch: Im Grunde ist alles eins!

Aber seid ihr nicht doch etwas anderes als die Engel? Gerade habt ihr von den unterschiedlichen Frequenzen gesprochen.

Erinnerst du dich an deinen Mathematikunterricht?

Na ja, so ein bisschen…

Da gibt es den Begriff des kleinsten gemeinsamen Vielfachen. Im Bereich der schöpferischen Frequenzen existiert ein Abschnitt, der sich in jeder Wesenheit des Universums repräsentiert. Ein gemeinsamer »range«, ein gemeinsames Vielfaches. Darüber stehen wir alle miteinander in Verbindung. Auf dieser Wellenlänge kommunizieren wir ständig mit allem, was ist. Das ist der gemeinsame, gleiche Teil von uns allen.

Außerhalb dieses gleich klingenden Felds haben sich die verschiedenen Schöpfungsformen unterschiedliche »Zusätze« gewählt. Damit definieren und erschaffen wir unsere Eigenheiten.

In diesem Bereich sind wir Sirianer von den Engeln und auch von euch Menschen verschieden. Wenn du magst, schau über den Kernbereich des Gleichklangs hinaus und entdecke ein weiteres Gesetz: Auch im Bereich der »Eigenheiten«, die die unterschiedlichen Wesenheiten für sich wählen, gibt es bestimmte Gruppen, die sich ähnlicher sind als andere. So haben wir zum Beispiel einen größeren gemeinsamen Frequenzbereich mit euch als mit den Engeln.

Das ist ja spannend. Das hilft mir wirklich, manche Dinge klarer zu verstehen. Darf ich das noch mal wiederholen?

Nur zu!

Es gibt ein Energiefeld, an dem alle existierenden Schöpfungsformen und Lebewesen angeschlossen sind. Darüber hinaus hat jede Daseinsform auch noch eigene, andere Energiefelder. Ähnliche Wesenheiten sind zusätzlich auch über diese Felder miteinander verbunden. Stimmt es so?

Das ist völlig richtig. Bitte stell dir vor, dass alle existierenden Energiefelder ineinander verschwimmen und untereinander in Verbindung stehen. Nur die jeweiligen Qualitäten (die Frequenzen) unterscheiden sich voneinander.

Mögt ihr uns denn nun etwas über die Engel erzählen?

Was möchtet ihr denn wissen?

Hm, eine genaue Frage habe ich gerade gar nicht.

Eine gute Frage ist der Anfang aller Geschichten. Was denkst du, was fragte sich die schöpferische Quelle, bevor sie mit der Schöpfung begann?

In meinem Herzen erschien sofort die Antwort »Wer bin ich?«. Aber ist es nicht vermessen, die göttliche Quelle interpretieren zu wollen?

Was du gerade getan hast, ist keine Interpretation. Du hast dem Impuls deines Herzens gelauscht. Wie sollte Vermessenheit darin liegen? In deinem Herzen liegt das Energiefeld, das direkten Kontakt zur Quelle besitzt.

Kann ich denn immer sicher sein, dass meine inneren Antworten aus dieser Quelle stammen?

Du kennst die Eigenschaften der Quelle. Wie erkennst du sie dann?

Ihre Energie fühlt sich weich und liebevoll an. Wenn ich mit ihr in Kontakt bin, ist alles einfach und heiter. Ihre Antworten sind schneller da als meine Fragen.

Genau! Der letzte Punkt bringt euch vielleicht die wichtigste Hilfe. Wenn ihr für eine Erkenntnis länger als zwei Sekunden braucht, ist die Antwort meist schon mit anderen Frequenzen überlagert. Die Quelle ist immer sofort hörbar. Was du später als »sofort« erfährst, stammt vermutlich nicht von ihr.

WER BIN ICH?, fragte die Quelle. Und um sich selbst zu begegnen, erschuf sie die vielfältigen Erscheinungen der Welt.

Ein wundervoller Satz. Könnt ihr uns denn etwas darüber erzählen, warum die Engel erschaffen wurden?

Aus demselben Grund!

Moment mal... heißt das, die Quelle begegnet sich in den Engeln als Engel, in den Menschen als Mensch, in den Tieren als Tier, in euch Sternengeschwistern als die, die ihr seid...?

Wie könnte es anders sein?

Puh – das ist Denkstoff für ein ganzes Jahr...

In Gedanken könnt ihr euch wirklich unendlich lange mit einem Thema beschäftigen. Keine Zeit der Welt würde dafür ausreichen. Aber wozu diese Anstrengung? Vielleicht mögt ihr einmal überlegen, wofür ihr eure kostbaren göttlichen Energien einsetzt? Euer Denken kostet euch so viel Kraft, ihr Lieben! Intuitiv orientiert ihr euch mit der Leichtigkeit eines Wimpernschlags im Leben. Nutzt diese Schätze in euch! Vertraut euch. Entwickelt Selbst-Vertrauen!

Und wie geht das am besten?

Dafür geben wir euch im Grunde dauernd nützliche Anregungen. Die vielleicht wichtigste unter ihnen ist diese:

❍ Erkennt euch in eurer Göttlichkeit!

Unsere zweitwichtigste Anregung lautet:

❍ Beendet eure Zweifel und Grübeleien!

Wenn ihr sehen könntet, wie viel Energie ihr laufend durch eure wiederholten Hinterfragungen verbraucht, würdet ihr wirklich neue Wege einschlagen. Jeder Moment des Zweifels verdunkelt euer Energiefeld. Jeder Gedanke der Nichtachtung stört eure Lebendigkeit. Bitte geht sorgsam mit euch um. Schenkt euch Anerkennung und Güte. Übt euch darin, liebevoll zu sein!

Danke! Dieser Teil ist vermutlich sehr tief in uns verwurzelt. Wir werden Zeit und Übung brauchen, um uns neu auszurichten.

Irrtum! Eure Entscheidung reicht aus, um euch in einem einzigen Augenblick mit neuen Mustern zu füllen. Seid einfach konsequent und handelt absichtsvoll!

Ich werde es beherzigen... Übrigens: Wissen eigentlich die Regierungen von eurer Existenz? In den letzten Monaten finden sich immer wieder Berichte über UFOs in den Medien. Manche Regierungsvertreter veröffentlichen jetzt die bisher geheimen Unterlagen. Es heißt, dass verschiedene Sternenvölker Kontakte zu unseren Regierungen pflegen. Stimmt das?

Selbstverständlich sind wir in Kontakt mit Vertretern aus Regierung und Öffentlichkeit. Alle einflussreichen Persönlichkeiten des öffentlichen Lebens erhalten die Gelegenheit zum Austausch mit uns. Mehr als 7000 unserer bestgeschulten Mitarbeiter befinden sich direkt im Gespräch mit diesen Schlüsselfiguren. Insgesamt etwa 300 000 weitere verteilen sich in der Menschheit. Sie unterstützen und inspirieren euch auf eurem Weg. Eure Regierungsvertreter kennen uns sehr genau. Manche von ihnen nutzen unsere Hinweise. In einigen Abteilungen konnten wir bereits eine gute Zusammenarbeit aufbauen. In wenigen Jahren werden sich unsere Teams gemeinsam der Öffentlichkeit präsentieren. Dann ist euer Rätselraten beendet. Ihr werdet euch an unsere Worte erinnern.

Es gibt allerdings auch noch sehr viele Persönlichkeiten, die sich vollständig von unseren Frequenzen abschotten. Ein fest installiertes Konzept aus Überzeugungen umschließt ihren Körper. Mit ihren ablehnenden Gedanken haben sie eine Art undurchdringlichen Panzer erschaffen. Mit ihnen und für sie können wir nichts tun. Sie verschließen sich auch vor den hochfrequenten Vibrationen der neuen Energie. Diese selbst erschaffene Isolierung kann den raschen Vibrationsmustern der neuen Energie nicht auf Dauer standhalten. Eure Evolution entfaltet sich bereits in rascher Geschwindigkeit. Ihr habt euch für diesen neuen Schritt entschieden, liebe Geschwister! Nichts wird euch jetzt mehr aufhalten. Eure Führungskräfte reagieren unterschiedlich auf diese Situation. Ihr alle habt die Wahl: Möchtet ihr euch in eurem jetzigen Körper transformieren und die Neuwerdung auf diese Art erleben? Oder möchtet ihr euch für eine Weile in den Ebenen hinter dem Schleier ausruhen und dann erneuert auf dieser Erde erscheinen? Was immer ihr wählt, ist gut! Es bleibt euch überlassen.

Ich weiß schon, was ich will. Ich habe keine Lust auf die »Zwischenstation« in Windeln und Schule.

Wir freuen uns über deine klare Entscheidung. Tatsächlich werdet ihr alle jetzt sehr dringend gebraucht. Ihr seid hochkarätig ausgebildete, erfahrene Lichtarbeiter. Euer Beitrag für den jetzt stattfindenden Evolutionsprozess ist von unschätzbarem Wert. Wir bitten euch aber auch eindringlich, jede Entscheidung zu würdigen, die eure Menschengeschwister fällen. Löst euch von Bewertungen und Vergleichen. Ihr seid alle gleichermaßen wertvoll im Antlitz der Schöpfung. Eure Wahl ist Geschmacksache…

Also kennen unsere Regierungsvertreter euch.

Einige von ihnen.

Wissen sie denn auch von der Entwicklung und Transformation, die jetzt gerade stattfindet?

Natürlich wissen sie das. Auch hier unterscheidet sich die Gruppe der einflussreichen Persönlichkeiten wieder in diejenigen, die für diese Entwicklung ein offenes Ohr haben, und die anderen, die alles für Unsinn halten und den Ruf ihrer Seele zudecken. Sie alle werden ihre Erfahrungen machen in den kommenden Jahren…

Liebe Sirianer, hier ist noch eine andere Frage. Gibt es wirklich Völker, die in der Erde leben?

Diese Information ist richtig. Eure Erde ist nicht, was sie zu sein scheint. In Wirklichkeit besteht sie aus der verdichteten Ansammlung kosmischer Energien. Darin ist sie euch ähnlich. Ihr seid ihr ähnlich. Ihr heißer, flüssiger Kern bildet auf der ätherischen Ebene eine Art Tunnel. Das feinstoffliche Doppel eurer Erde ist innen hohl. Die elektrischen Ströme ihres Energiefelds fließen zwischen Süd- und Nordpol sowohl äußerlich als auch im Erdinneren. Eure Wissenschaftler haben längst erkannt, dass diese Ströme irgendwo »verschwinden«. In der Regel machen sie sich aber keine weiteren Gedanken darüber.

Die Völker der inneren Erde sind dorthin verschwunden, nachdem ihre eigene Entwicklung sie in den transformierten multidimensionalen Zustand gebracht hatte, den ihr jetzt gerade durchlebt. Mit ihrer durchlässigeren Dichtstufe konnten sie die fein strukturierten ätherischen Ebenen eures Planeten besiedeln. Während der wiederholten Zerstörung eurer alten Kulturen blieben diejenigen von euch zurück, die sich noch nicht ganz für ihre Meisterschaft entschieden hatten. Alle, die weiterhin an dem »Experiment Dualität« teilnehmen wollten, lebten auf der äußeren Seite des Planeten weiter.

Werden wir diesen Menschen denn irgendwann auch persönlich begegnen?

In euren Träumen seid ihr jetzt schon kontinuierlich mit ihnen in Kontakt. Wenn der Zeitpunkt eurer eigenen Transformation gekommen ist, werden die weniger dichten Daseinsformen auch euch zur Verfügung stehen. Eure Körper werden schon jetzt täglich durchlässiger und leichter. Bald seid ihr in der Lage, in der Leichtigkeit dichterer Energiestufen durchs Universum zu reisen. Manche von euch tun dies schon jetzt. Dann ist der Zeitpunkt gekommen, wo ihr eure Kontakte mit anderen Lebewesen genießen dürft. Die Menschen der inneren Erde gehören ebenso dazu wie die Sternenvölker aus den weiter entfernten Regionen des Universums.

Na, das wird ja spannend...

Ihr werdet es mit Sicherheit genießen! Allerdings macht es Sinn, dass dieser Schritt erst dann stattfindet, wenn Ihr Formen der ausschließlich friedlichen Kommunikation erlernt habt. Die Angehörigen entwickelter Kulturen können nicht auf der Ebene dualistischer Gedanken und Gefühle agieren. Ihr würdet euch unnötigerweise in Missverständnisse verstricken.

Das leuchtet mir ein. Es ist ja hier schon schwierig genug... Wir haben noch eine weitere Frage: In den 80er-Jahren gab es sehr viele Vorhersagen, die den Weltuntergang ankündigten. Atomkriege wurden vorhergesagt. Außerdem soll es einen geheimnisvollen Extraplaneten geben, der sich unserer Erde plötzlich und unerwartet auf gefährliche Weise nähert. Das könnte dann zu riesigen Überschwemmungen und Erdbebenaktivitäten führen. Was sagt ihr dazu?

Wir haben uns ja schon mehrfach über den Charakter von Vorhersagen unterhalten. Was, denkst du, liegt in eurer Zukunft?

Na, das wüsste ich eben auch gerne.

Alles, was ihr dort hineinlegt! Ihr unterschätzt die Kraft eures Geistes bei Weitem, ihr Lieben. Wir möchten noch einmal wiederholen, was wir euch schon öfter sagten: Ihr selbst erschafft eure Welt durch die Aktivität eures Geistes!

An vielen Punkten sehe ich das ja ein. Aber wie funktioniert es, wenn ein Planet von weit draußen aus dem All zu uns kommt? Den muss es ja schon irgendwo geben. Und seine Umlaufbahn existiert doch auch? Haben wir denn auch darauf einen Einfluss?

Ihr beeinflusst alles, liebe Geschwister. Ihr dürft uns wirklich ernst nehmen, wenn wir euch sagen: Ihr erschafft alles, was zu eurer Welt gehört. Erinnert ihr euch daran, dass Ende der 90er-Jahre ein großer Meteorit auf die Erde zu stürzen drohte? Erinnert ihr euch, was geschah? Plötzlich entdeckten eure Wissenschaftler, dass es viele einzelne Teile dieses Materiebrockens gab. Und die versammelten sich im Asteroidengürtel des Jupiterplaneten. Euer Glücksplanet hatte sie »eingefangen«. Wie kann so etwas geschehen?

Das wüsste ich auch gerne. Vor allem wäre es interessant, wenn wir so einen Prozess gezielt steuern könnten.

Das tatet ihr, ihr Lieben. Allerdings war es euch nicht wirklich bewusst. In euren unbewussten Aktivitäten hattet ihr beschlossen, dass ihr euch mitsamt eurem Planeten Erde transformieren könntet. Ausreichend viele von euch (die berühmte »kritische Masse«) hatten sich entschieden, hier auf der Erde Frieden zu erschaffen und ihr göttliches Erbe in Anspruch zu nehmen.

So ein Entschluss verändert Materie, liebe Geschwister! Ihr selbst habt damit eure Frequenz angehoben. Auf diese Weise kamt ihr in Resonanz mit anderen, höher entwickelten Gruppen der Schöpfung. Die göttliche Quelle sandte euch Hilfen, die euch in eurer Absicht stärkten. Ihr selbst wurdet dadurch auf neue Art anziehend. Wo ihr früher »dicke Brocken« aus dem Weltall zu euch gezogen habt, zieht ihr jetzt lichtere, leichtere Strukturen an. Euer gesamtes Sonnensystem reagiert in Wechselwirkung mit eurer innersten Haltung. Auch alle erweiterten Strukturen der Schöpfung lassen sich beeinflussen durch euren Geist. So entschied sich das Jupiter-System zum Beispiel dafür, euch zu Hilfe zu eilen, und fing die für euch bedrohlichen Materiebrocken in seinem Orbit ein.

Fast unglaublich, diese großen Zusammenhänge...

Du könntest sehr viel Kraft einsparen, wenn du deine Zweifel beenden würdest!

Tut mir leid. Habt ihr denn noch einen Hinweis, wie wir diese Verknüpfungen gezielt nutzen können?

Zunächst einmal: Erkennt sie als Wahrheit an! Prüft mit eurem Herzen die Informationen, die wir euch geben. Nehmt nichts ungeprüft zu euch. Und bitte tut diesen Schritt! Viele weise Anregungen sortiert euer dualistisch trainierter Verstand sofort aus. Einfach weil ihr ihn einmal dafür geschult habt. Ihr möchtet ein neues Zeitalter betreten, liebe Sternengeschwister? Dann braucht eure Software ein Update! Wie wollt ihr euch in einer neuen Energie zurechtfinden, wenn eure inneren Programme aus der alten Zeit stammen? Ihr geht mit einer Landkarte durch die Welt, die nicht mehr aktuell ist.

Wir geben euch wieder mal eine kleine Zusammenfassung, damit ihr die Leichtigkeit unseres Ansatzes versteht:

- Beendet zunächst eure Zweifel und erlaubt der Weisheit eures Herzens, das Steuerruder eures Lebens zu übernehmen.
- Überprüft alle Informationen – egal aus welcher Quelle sie stammen! – mithilfe dieser Weisheit.

- Anerkennt eure göttliche Schöpferkraft und haltet alles für möglich!

- Nutzt die Gesetze der Kokreation, die wir euch wiederholt vermittelt haben.

- Erschafft eine beglückende Vision eures Lebens und verwirklicht sie Zug um Zug.

Worauf wartet ihr noch, liebste Geschwister? Ihr habt keine Zeit zu verlieren. Jedes Zögern kostet einen Tag eurer Freude. Verwirklicht eure Ziele jetzt!

Sind denn die düsteren Zukunftsprognosen außer Kraft gesetzt, einfach nur, weil wir es so wollen?

Wenn es viele von euch wollen: ja!

Und wie viele müssen das sein?

Wir können euch keine präzise Zahl nennen. Bei dieser Frage geht es um die Qualität einer Energie, mehr als um die Quantität von Menschen. Ihr kennt das Gleichnis, das euch eure Bibel berichtet: Wenn auch nur ein Gerechter in der Stadt ist, wird Gott sie verschonen. Dies ist eine Metapher, ihr Lieben. Ihr könntet auch sagen: Wenn ein klar ausgerichteter Mensch sich mit der ganzen Kraft seiner Absicht für den Frieden einsetzt, erzeugt er ein enorm starkes Energiefeld. Dieses Feld zieht andere Menschen an, die vielleicht bis dahin nur eine kleine Sehnsucht nach Frieden hatten. So vergrößert sich die Gruppe und das Feld der kraftvollen Absicht wächst.

Ein sehr wirksames Feld entsteht, wenn ihr an verschiedenen Orten eures Planeten Zentren der Friedensenergie bildet. Dafür reicht es aus, wenn mehrere Menschen sich in diesem

Geist zusammenfinden und gemeinsam in die Stille gehen. Eure gemeinsame Vision ist unendlich kraftvoll, ihr Lieben! Erinnert euch an das Wort des großen Christus: Wenn zwei oder drei in meinem Namen versammelt sind, so bin ich mitten unter ihnen. Ihr braucht keine neue Organisationsform. Ihr braucht auch niemanden, der euch unterrichtet oder anleitet. Eure Absicht genügt, um Welten zu bewegen.

Das ist sehr ermutigend, danke! In den letzten Monaten berichten uns viele Menschen, dass sie wieder mit ganz alten Lebensthemen in Kontakt kommen. Manche erleben das als Rückschritt. Viele sind sehr müde. Albträume treten auf. Verstrickungen zeigen sich. Könnt ihr uns dazu Genaueres sagen?

Dies ist die Zeit eurer Transformation! Ihr verändert euch, um heller, durchlässiger, dynamischer, selbst-bewusster zu werden. Schon oft haben wir euch davon erzählt, wie groß ihr wirklich seid. Dein tatsächliches Potenzial ist mindestens zehnmal so groß wie der Mensch, für den du dich hältst. Mindestens neun Zehntel deines Seins sind dir noch unbekannt! Du ahnst zwar, dass da noch mehr ist. Manchmal fühlst du dich auch merkwürdig vertraut mit einem Thema oder Gedanken. Oft bemerkst du aber auch Energien oder Strömungen in dir, die dir fremd erscheinen.

Alles, was zu dir gehört, will jetzt ins Licht eintauchen und sich erneuern. Auch deine nicht bewusst wahrgenommenen neun Zehntel wollen das! Deshalb melden sie sich in dieser Zeit vermehrt in deinem Bewusstsein. Du bemerkst es in deinen nächtlichen Träumen, in plötzlichen Erinnerungen oder inneren Bildern, in alltäglichen Begebenheiten, auf die du aufmerksam wirst. Wir empfehlen dir, alle deine Anteile zu dir zu rufen. Lade ein, was zu dir gehört. Erschaffe eine Art Versammlung deiner Energiepotenziale. Erlaube ihnen, dabei zu sein, wenn du lichter und durchlässiger wirst. Dies ist das

Zeitalter der Synthese. Die neue Energie erlaubt keine Abspaltungen mehr!

Schön! Dann passt meine nächste Frage vielleicht ganz gut dazu: Viele Menschen wünschen sich, hellsichtig zu sein oder zu channeln. Ich habe immer das Gefühl, dass diese Kräfte jedem offenstehen. Warum erkennen die Menschen sie dann manchmal nicht? Und wie können sie diese Dinge lernen?

Eure klare Absicht reicht aus, um diese zu euch gehörenden Fähigkeiten zu praktizieren. Allerdings sollten wir vielleicht noch einmal erklären, was wir mit der »klaren Absicht« meinen. Ihr seid von reiner Absicht, wenn ihr aus eurem vollständigen Bewusstsein handelt.

Das erscheint mir jetzt wie eine Zwickmühle. Um unser vollständiges Bewusstsein zu erlangen, müssten wir es mit reiner Absicht verlangen. Um diese Haltung zu üben, brauchen wir aber zunächst unser vollständiges Bewusstsein?

Prinzipiell stimmt es so. Ein meisterlich entwickelter Mensch richtet sein Licht gebündelt auf die Ziele seines Handelns. Seine Absicht erschafft so etwas wie einen Laserstrahl. Dieser Strahl erzeugt ein kraftvolles Energiefeld, in dem sich alle für das Ziel nötigen Ressourcen versammeln. Dieses Energiefeld zieht göttliche Schöpferkraft zu sich. Die versammelte reine Schöpfungskraft verdichtet sich anschließend und erschafft die gewünschten Strukturen.

Erinnert euch an die großen Meister und Avatare, die euer Leben segnen. Sie erschaffen zum Beispiel Materie, um euch Kraft und Möglichkeiten ihres Geistes zu demonstrieren. So machen sie euch darauf aufmerksam, was menschenmöglich ist. Wir wiederholen noch einmal einen unserer Lieblingssätze: Ihr alle besitzt den vollständigen Bausatz göttlicher Potenziale!

Öffnet ihn, liebste Geschwister, und übt euch in der Nutzung eurer Werkzeuge.

Durch unsere Gespräche mit euch zieht sich ein wichtiger roter Faden. Habt ihr ihn schon entdeckt? Was denkst du, ist die Kernbotschaft aller unserer Hinweise und Tipps?

Hm, also ich würde sagen, es geht euch besonders darum, uns in unserem Selbst-Bewusst-Sein zu stärken.

Genau. Und nun betrachte bitte dieses Wort aufmerksam: Werde dir deines Selbst bewusst. Werde dir über dein Selbst bewusst. Werde dir bewusst, wer du selbst bist! Euer »Selbst« bezeichnet die ganze Fülle eures tatsächlichen Seins. In dieser Fülle stecken auch alle die Fähigkeiten, die ihr euch ersehnt. Selbstverständlich könnt ihr alle channeln. Was verunsichert euch so sehr, dass ihr überhaupt diese Frage stellt? Ebenso könnt ihr die erweiterten Kanäle eurer Wahrnehmung schulen. Ihr könnt hellsehen, -fühlen, -hören (= channeln!), -riechen und -schmecken. Jeder eurer Sinne lässt sich in die feinstofflichen Ebenen hinein erweitern.

Und wie können Menschen dies lernen?

Am besten fassen wir unsere Antwort wieder einmal in einer kleinen Aufstellung zusammen:

- Bitte entspannt euch, ihr Lieben! Übt euch in der heiteren Leichtigkeit des göttlichen Geistes. Beendet alles zielgerichtete Tun-Wollen. Vertraut dem reinen Fluss des Lebens.

- Beendet auch eure Bewertungen. Ihr habt euch angewöhnt, Menschen mit außergewöhnlichen Fähigkeiten als etwas Besonderes zu betrachten. In der Tat sind diese Menschen besonders – ebenso wie ihr alle!

- Gewöhnt euch an diese Tatsache: Alles ist in euch! In euch selbst wohnen die schöpferischen Kräfte, nach denen ihr euch sehnt. Lauscht nach innen, um den Kontakt mit ihnen zu stärken.

- Beendet eure Zweifel, Grübeleien und Hinterfragungen. Pausenlos verschwendet ihr eure Energie, wenn ihr euch selbst und eure Möglichkeiten nicht ernst nehmt. Geht einfach von der Tatsache aus, unendliche Potenziale zu besitzen.

- Verbündet euch mit eurer Seelenfamilie. Bittet sie, euch mit ihren Kräften zu versorgen und euch die nötigen Hilfsmittel für euren Wunsch zur Verfügung zu stellen. Vielleicht mögt ihr dies jeden Abend vor dem Einschlafen tun? Dann können eure weiter entwickelten Seelenanteile euer alltägliches Sein befruchten.

- Übt euch darin, innerlich zu lauschen. Gestattet euch, »Stimmen zu hören«, und habt keine Angst davor. Euer Kollektiv ist noch immer angefüllt mit Mustern der Angst. Die Zeiten eurer Bedrohung sind vorüber, liebe Geschwister! Nie wieder wird man euch wegen eurer göttlichen Fähigkeiten verfolgen. Findet einfach Spaß daran, eure Welt auf neue Art zu erkunden!

Vielen Dank! Das klingt wirklich einfach.

Ist es auch!

Liebe Sirianer, die Bedrohung unseres Lebensraums wird zurzeit in allen Medien diskutiert.

Na endlich…

Ja, das ist bestimmt dringend nötig. Die meisten Zeitungsartikel erzeugen allerdings viel Angst und Chaos. Die UNO hat einen Bericht veröffentlicht, nach dem die schrecklichen Entwicklungen angeblich nicht mehr zu stoppen sind.

Du weißt es doch besser, oder?

Na ja, manchmal werde ich auch unsicher, wenn ich diese Dinge lese.

Gib diesen kraftraubenden Impulsen keine Chance! Besinne dich auf das, was du weißt und fühlst. Jede Verunsicherung schwächt euch in eurem Potenzial. Mehr denn je braucht ihr in dieser Zeit eure Energien, um eine sanfte, rasche Neuordnung herbeizuführen. Lasst euch nicht zur Angst verführen. Im Gegenteil: Erlöst die alten Ängste, die ihr aus den Zeiten eurer früheren Kulturen in euch tragt!

Alles, was ihr verändern möchtet, kann verändert werden. Bereits jetzt existieren schon genügend Forschungsansätze, um euren Planeten und sein Klima zu retten. Visionäre Wissenschaftler entwickeln Hilfsmittel, mit denen ihr die bereits eingetretenen Schäden wieder beseitigen könnt. Es liegt an euch, jetzt konsequent zu sein! Verschwendet keine Zeit mehr und beginnt sofort! Falls es in den nächsten Jahren tatsächlich noch zu manchen Klimakatastrophen kommt, erkennt ihr darin den Spiegel eurer eigenen Bewusstwerdung. Dies würde bedeuten, dass sich noch nicht genügend Menschen aktiv an einer Neuausrichtung ihres Lebens beteiligen.

Wir sehen eine große, beglückende Chance für euch. Eure jungen Erwachsenen beginnen in diesem Jahr (2007) mit ihren ersten öffentlichen Aktivitäten. Alles Lebendige liegt ihnen am Herzen. Sie sind sensibel für das Leid eures Planeten und dazu bereit, ihm heilsam zur Seite zu stehen. Beobachtet, was passiert! Haltet eure Augen und Ohren offen und übt euch in Zuversicht. Informiert euch über die neuen hilfreichen Forschungsansätze und verbreitet euer Wissen darüber. Ermutigt euch untereinander und lasst euch nicht von Pessimisten und Kritikern manipulieren. Euer liebevolles, offenes Herz wird jetzt gebraucht!

Dies ist die Zeit des Übergangs! Geht mutig voran, liebste Geschwister. Erinnert euch an die Dinge, die ihr in den letzten Jahren gelernt und geübt habt. Das alles wird nun gebraucht. Ihr werdet gebraucht! Ihr seid gut vorbereitet und werdet euren Schritt in die Meisterschaft erreichen.

Stimmt es, dass unser Wetter so stark manipuliert wird?

Natürlich stimmt das. Diesbezügliche Experimente finden schon seit einigen Jahrzehnten statt. Es ist nicht neu, dass ihr durch eure Regierungen und Führungskräfte gefährdet und manipuliert werdet. Neu ist vielleicht, dass diese Machenschaften in den letzten Jahren vermehrt an die Öffentlichkeit gebracht worden sind. Das geschieht, weil ihr nachhaltig und klug gearbeitet habt, liebe Geschwister. Die zahlreichen Initiativen und Vereinigungen, die ihr in den letzten zwanzig Jahren gegründet habt, arbeiten aufdeckend und unterstützen eure Transformation. Die Kraft eurer Manipulateure ist im Schwinden begriffen. Freut euch auf eure wachsenden Freiheiten!

Die gesamte Schöpfung bewegt und entwickelt sich in Kreisläufen. Alles, was ihr aussendet, kommt zu euch zurück. Die großen Sendeanlagen, die ihr unter dem Namen HAARP kennt, schädigen eure Atmosphäre und gefährden euren Planeten. Aber dies ist nicht das Ende. Eure Erde nimmt die ausgesendeten Vibrationen auf und gerät in Unruhe. Ihre großen Stürme werden diese Anlagen eines Tages zerstören, falls ihr nicht selbst klug genug seid, auf diese Experimente zu verzichten. Und ebenso findet alles seinen Ausgleich in eurer Welt. Wir möchten unsere Botschaft so zusammenfassen:

- Seid unbesorgt über eure Zukunft, ihr Lieben.

- Je schneller ihr dem Leben Vorrang gebt, umso schneller werden die aktuell bedrohlichen Entwicklungen eures Lebensraums sich verwandeln.

- Erkennt die Möglichkeiten und Chancen der Veränderung, die euch gehören, jetzt!

Eine gute Botschaft. Ich hoffe wirklich sehr, dass sie so schnell wie möglich von vielen Menschen aktiv unterstützt wird.

Gerade leistest du einen wesentlichen Beitrag dazu und wir danken dir!

Liebe Sirianer, hier sind wieder zwei Fragen aus unserem Freundeskreis:

① *Was ist Einweihung?*

② *Was ist Meisterschaft?*

Wir beginnen mit der Antwort auf eure zweite Frage, denn darüber haben wir uns schon öfter unterhalten. Wir sprechen von Meisterschaft, wenn ein Menschenwesen die ganze Reichhaltigkeit seines göttlichen Potenzials ausschöpft und nutzt. Dies setzt natürlich ein erweitertes Bewusstsein voraus. Auf dem Wege zu eurer Meisterschaft dehnt ihr euch innerlich aus.

Ihr erkundet und erkennt die weiten Räume eurer göttlichen Innenwelten. Ihr entdeckt eure meisterlichen Attribute und lernt, sie zu nutzen.

Aus unserer Sicht existieren viele Stufen der Meisterschaft. Immer wenn ein Mensch sein Bewusstsein erweitert und seine Energiefrequenz erhöht, erreicht er eine solche Stufe. Aus eurer Sicht erfahrt ihr einen riesigen Sprung, wenn ihr euch von der dritten in die fünfte Dimension entwickelt. Der Unterschied zwischen diesen Stufen ist für euch so groß, dass ihr anschließend Jahrhunderte damit verbringt, eure neue Situation zu erproben und kennenzulernen. Ihr könnt euch überhaupt nicht vorstellen, dass auch von dort aus weitere Verfeinerungen eures Bewusstseins möglich sein sollten. Aber genau das ist der Fall, liebe Geschwister.

Das Leben lässt sich mit einer einfachen Formel beschreiben: ES GEHT WEITER!

Ach du liebe Güte... dann können wir den Gedanken an ein Ziel oder einen Entwicklungsabschluss ja wirklich vergessen!

Ja und Nein. Im Universum gibt es keine Ziele. Die Schöpfung entfaltet sich aus sich selbst heraus. Dabei folgt sie ihren innersten Rhythmen und erschafft kontinuierlich neue Muster der Ähnlichkeit. Aufstieg, Ent-wicklung und Ent-faltung bilden die Prozesse der Ausdehnung. Abstieg, Konzentration und Vereinigung erschaffen eine umgekehrte Dynamik.

In den Räumen jenseits der dritten Dimension existiert eine immerwährende Wellenbewegung des Lebens selbst. Solange ihr euch in den Begrenzungen eurer dreidimensionalen Welt befindet, erscheint euch die nächste Entwicklungsstufe wie ein Ziel, das ihr erreichen möchtet. Es kommt also auf den Blickwinkel an, mit dem ihr die Dinge beurteilt.

Wenn ich euch richtig verstanden habe, bewegen wir uns jetzt gerade auf das Ziel unserer Meisterschaft zu. Wenn wir es erreicht haben, werden wir den Fluss des Lebens spüren und keine Ziele mehr verfolgen?

Das stimmt. Genau daran werdet ihr auch erkennen, wann ihr die Meisterschaft erreicht habt. Wenn ihr aufgehört haben werdet, über eure Meisterschaft nachzudenken, habt ihr sie verwirklicht!

Na, das ist ja nett... Eure humorvollen Wendungen gefallen mir immer wieder. Mögt ihr uns trotzdem noch etwas zum Thema »Einweihung« sagen? Dieser Begriff wird in vielen spirituellen Schulen unterschiedlich benutzt. Vielleicht könnt ihr ein wenig Ordnung reinbringen?

Natürlich gerne. Vermehrte Ordnung bedeutet vermehrtes Licht. Das bringen wir euch am liebsten! Der Begriff der Einweihung lässt sich oberflächlich betrachtet nur hierarchisch verstehen. Deshalb verbindet ihr auch meist etwas Bewundernswertes, Besonderes damit. Ihr stellt euch vor, dass der eingeweihte Meister wertvoller wäre als die anderen von euch. Bitte löst euch von diesem Gedanken, liebe Geschwister. Löst den Begriff der Einweihung von Bewertungen und Unterscheidungen in gut oder schlecht.

Wenn ihr »Einweihung« einfach als eine Station auf eurem Entwicklungsweg betrachtet, könnt ihr sie mit ihren speziellen Qualitäten erforschen. Jede Bewusstseinserweiterung kommt einer Einweihung gleich. Jedes Mal, wenn ihr einen wesentlichen Aspekt des Lebens erkennt, erlebt ihr eine innere Einweihung. Neue Fähigkeiten wachsen euch zu. Eure Wahrnehmung wird vielschichtiger. Ihr erkennt die größeren Zusammenhänge und verändert eure Sicht der Welt. Ihr besitzt neue Beurteilungskriterien.

Ihr kennt diese Entwicklungsschübe genau, liebe Geschwister. Besonders einfach könnt ihr sie bei euren Kindern beobachten. Kinder wachsen in Schüben. Immer wenn sie eine wichtige neue Fähigkeit erlernt haben, verändert sich ihr gesamtes Sein. Ein Baby liegt auf dem Rücken und betrachtet seine Umgebung von dort aus. Wenn es gelernt hat zu krabbeln, verändert sich nicht nur die Perspektive seines Sehens. Durch die vielen neuen Sinneseindrücke wird auch sein Gehirn neu programmiert. Hat das Kind später gelernt, auf zwei Beinen zu gehen, eröffnet sich ihm wieder eine vollständig neue Welt. Nichts ist dann mehr so, wie es war.

Diese Beispiele sind offensichtlich. Vielleicht erscheinen sie euch zu alltäglich, um mit dem großen Wort der »Einweihung« in Verbindung gebracht zu werden. Und doch geschieht nichts anderes mit euch, wenn ihr in eurem erwachsenen Leben diese Stufen der Horizonterweiterung durchlebt. Einweihung heißt, einen größeren Horizont zu erkennen.

Habt ihr uns denn dann mit unseren ersten Gesprächen eine Art Einweihung geschenkt? Unser erstes Buch heißt ja »erweiterte Horizonte«...

Wenn ihr unsere Gespräche so nutzen wollt, hat das Buch diese Qualität für euch. Bitte bedenkt: Ihr selbst entscheidet darüber, wie und wann ihr eure Entwicklungsschritte tun möchtet.

Was ihr da zum Thema Einweihung sagt, finde ich ganz entspannend. So gesehen, gibt es wirklich keine spektakulären Ereignisse, die über unseren Wert entscheiden.

Richtig. Euer Wert liegt in euch und ihr besitzt ihn seit Anbeginn aller Zeiten. Niemals könnt ihr ihn verlieren. Ihr könnt ihn höchstens aus den Augen verlieren.

Warum wird dann im Zusammenhang mit Einweihungen immer von irgendwelchen wichtigen Prüfungen gesprochen? In Geschichten und Mythologien müssen die Helden doch oft schreckliche und gefährliche Dinge tun, um ihre Einweihung zu »verdienen«.

Was glaubst du – wie fühlt sich ein kleines Kind, wenn es sich zum ersten Mal auf seine Beinchen erhebt? Es schwankt hin und her, versucht schnell, etwas Festes zu ergreifen, fällt wieder um, erleidet vielleicht sogar einen kurzen Schmerz...

Und das ist seine Prüfung?

So fühlt es sich vermutlich an. Es gibt kein göttliches Gesetz, das euch als Preis für euer Wachstum Mühsal, Gefahr oder Schmerz abverlangt. Wir betonen noch einmal, dass euch alles zur Verfügung steht, was ihr zu einem gegebenen Augenblick in Anspruch nehmen möchtet. Eure innerste Natur aber geht ein Wagnis ein, wenn sie neue Dimensionen erkundet. Ihr wählt das noch Unbekannte und begebt euch auf fremdes Territorium. Das ist eure »Prüfung«, ihr Lieben!

Wenn das so ist, hängt wieder einmal alles nur von unserer Wahrnehmung ab? Wir könnten uns ja auch innerlich so sicher fühlen, dass wir uns vor nichts mehr fürchten.

In der Tat! Angst und Furcht sind Qualitäten und Muster der alten Energie. Sowie ihr euch eurer Göttlichkeit vollständig bewusst seid, gibt es nichts mehr, was ihr fürchten könntet. Indem ihr eure ursprüngliche Natur anerkennt, kennt ihr auch die Einheit von allem, was ist. Angst und Furcht entstehen, wenn ihr euch als getrennt erlebt. Was solltet ihr fürchten, wenn alles in euch ist?

Na ja, das macht Sinn. Nur der Weg zu solcher Unbefangenheit erscheint mir noch etwas weit...

Bitte halte alles für möglich! Der Weg kann nur so weit sein, wie du es ihm in deinem Bewusstsein gestattest!

Also kann ich ihn auch auf null zusammenschrumpfen lassen?

Probier's doch mal aus!

Tatsächlich! In einem winzig kleinen Moment ist in meinem Bewusstsein gerade alles in einem Punkt zusammengefallen. Da gibt es wirklich keine Angst. Auch kein Unbehagen oder andere unbeliebte Gefühle. Es fühlt sich fast neutral an. Gleichzeitig sehr zufrieden.

Das ist es! Wenn du magst, dehne diesen Punkt nun in alle Richtungen unendlich aus. So erschaffst du dir deinen multidimensionalen Spielraum.

Oooooh...

Hier ist noch ein kleiner Hinweis zum Thema Einweihung: In den rasch vibrierenden Liebesfrequenzen der neuen Energie werden die multidimensionalen Potenziale eurer DNA jetzt freigeschaltet. Dies ermöglicht euch eine beschleunigte Entwicklung. Jede Befreiung einer DNA-Sequenz geht mit Momenten der erweiterten Wahrnehmung einher. Jede erweiterte Wahrnehmung schult euch wiederum im Erkennen eurer tatsächlichen Meisterschaft. Auf diese Weise könnt ihr mehrere »Einweihungen« in einem einzigen Leben durchlaufen. Dies ist die Belohnung für eure Arbeit der vergangenen Zeit.

Einmal mehr danken wir euch von Herzen. Was bedeutet es eigentlich, wenn man beim Manifestieren die Formel sagt: »Dein Wille geschehe«? Ihr sagt uns immer wieder, dass alles eins ist. Wessen Wille soll denn da geschehen?

Danke für diese Frage. Sie beinhaltet wirklich eine pfiffige Wendung. Da habt ihr auf geschickte Art zwei Blickwinkel miteinander vermischt.

Wir empfehlen euch, beim Manifestieren eurer Wünsche das ganze Bild im Blick zu behalten. Lasst uns ein einfaches Beispiel betrachten. Eine Dorfgemeinschaft lebt in einem Gebirgshochtal. Die Menschen haben dort große Schwierigkeiten, ihre Nahrung anzubauen. Ihre Arbeit ist mühsam. In einem sehr heißen Sommer wünschen sie sich dringend Regen. Also beten sie und manifestieren sich ihren Wunsch. Tatsächlich regnet es und glücklich gehen sie hinaus, um ihre Felder zu bestellen.

Gleichzeitig rauscht das Regenwasser den Berg hinunter. Die Bäche schwellen an. Unten am Fluss liegt ein weiteres Dorf. Dort müssen die Menschen nun rasch ihre Habseligkeiten in Sicherheit bringen, denn der Regen überschwemmt ihre Häuser. Sie würden jetzt am liebsten Trockenheit manifestieren. Viele Kilometer weiter entfernt trocknet ein kleiner See aus. Die Menschen leiden Durst und vermissen das Wasser sehr. Das Seewasser ist verdunstet, weil es an einer anderen Stelle als Regenwolke gebraucht wurde. Diese Menschen wünschen sich ebenso Regen wie ihre unbekannten Geschwister im Gebirge.

Auch dieses kleine Beispiel zeigt nur einen winzigen Ausschnitt der ganzen Wirklichkeit. Selten seid ihr euch der Komplexität eures gesamten Seins bewusst. Dazu möchten wir euch gerne eine KLEINE ÜBUNG geben:

- ✓ Was wünschst du dir gerade? Was möchtest du manifestieren?
- ✓ Stell dir das fertige Ergebnis deiner Manifestation jetzt vor. Stell dir vor, dass dein Wunsch bereits Wirklichkeit geworden ist.
- ✓ Nun werde dir bewusst, welche Schritte zu seiner Verwirklichung in der äußeren Welt nötig waren.
- ✓ Nimm dir viel Zeit und verfolge den Faden der Erschaffung bis zu seinem Ursprung hin.
- ✓ Werde dir aller Ereignisse bewusst, die zur Manifestation deines Wunsches stattfinden mussten.
- ✓ Erkenne, welche Ressourcen (»Zutaten«) nötig waren, um deinen Wunsch Form werden zu lassen.
- ✓ Erkenne, welche Menschen zu seiner Realisation beitrugen.
- ✓ Und nun betrachte noch einmal die ganze Komplexität dieses Geschehens!

Nehmen wir ein einfaches Beispiel. Du hast dir ein neues Auto gewünscht. Nun gehe in deinen Betrachtungen weit zurück:

- ✓ Das Universum erschuf vor undenkbar langen Zeiten deinen Heimatplaneten.

- ✓ Alle Schöpfungsenergien waren an dieser Geburt beteiligt. Die Kräfte des Sonnensystems, der Galaxien und des Universums formen deinen Planeten zu dem, was er ist.

- ✓ Die ihm innewohnende Gottheit, die Göttin Erde, bestimmt über die Schritte ihrer Entwicklung.

- ✓ Dein Planet hat über unendlich lange Zeiträume hinweg erschaffen, was du als Grundmaterial zu deinem Wunsch benötigst.

- ✓ Wind und Wetter haben ihm dabei geholfen. Seine Entwicklung stellt euch die Ressourcen zur Verfügung, die ihr für euer Leben braucht.

- ✓ Viele Forscher entwickelten über Jahrzehnte die Umsetzung einer Idee: das selbstbewegliche Automobil.

- ✓ Dabei nutzten sie die Entdeckungen ihrer Vorgänger aus der gesamten Menschheitsgeschichte: Seit der Erfindung des Rades sammelten Menschen Erkenntnisse, die ihnen eine einfache Art der Fortbewegung ermöglichen sollten.

- ✓ Alle Bestandteile eines Autos haben dieselbe Geschichte. Für jedes einzelne Detail werden Ressourcen verbraucht. Jedes Teil ist das Ergebnis einer Jahrhunderte andauernden Entwicklung.

- ✓ Fabriken wurden gebaut, in denen die Einzelteile deines Wunsches hergestellt werden. Auch zu ihrer

Erschaffung wurden Ressourcen verbraucht und Ideen umgesetzt. Unzählige Menschen stecken ihre Energie und Hingabe in die Erfüllung deines Wunsches.

- ✓ Dein Auto wird produziert. Wieder geben Menschen ihre Arbeit, ihre Zeit, ihre Aufmerksamkeit, ihr Leben für dich und deinen Wunsch. Wieder werden materielle Ressourcen verbraucht.

- ✓ Du selbst brauchst Geld, um dir dein Auto zu kaufen (falls du es nicht in der Lotterie gewinnst).

- ✓ Geld wird hergestellt. Dafür sind Gesetze und Produktionswege nötig. Du weißt schon, wie dieser Faden weiterläuft.

- ✓ Um dein Geld zu bekommen, leistest du bestimmte Dinge. Selbst wenn du es geschenkt bekommst, hast du irgendwann und irgendwo einmal für den angemessenen Ausgleich gesorgt.

- ✓ Wir könnten noch unzählige weitere Fäden in den Teppich deiner Wunscherfüllung weben. Aber lasst uns die Geschichte zu Ende führen: Irgendwann unterschreibst du einen Kaufvertrag und steigst glücklich in dein neues Fahrzeug.

Vielleicht ist dein neues Auto auf sehr einfache Weise zu dir gekommen. Vielleicht haben dir viele glückliche Umstände dabei geholfen, es rasch zu erhalten. Vielleicht stehst du gerade freudestrahlend da und denkst dir: »So einfach geht das also in der neuen Energie…« Auf jeden Fall aber wurde für deine Wunscherfüllung ein riesiger bunter Teppich der Ereignisse gewebt. Unzählige Geschichten wurden gesponnen. Sie wurden Wirklichkeit, damit du diesen Teppich betreten kannst.

Deine Manifestation ist das Ergebnis einer unendlichen, vernetzten Ereigniskette in Raum und Zeit. Verstehst du jetzt, warum du manchmal etwas Geduld aufbringen musst, um deine Wunscherfüllung bei dir begrüßen zu können? Du fragst, wessen Wille gemeint ist, wenn wir euch bei euren Manifestationen den Satz »Dein Wille geschehe!« empfehlen? Was denkst du denn über diese Frage, wenn du nun das komplexe Bild betrachtest?

Der göttliche Wille?

Richtig. Und du weißt, wo der wohnt?!

In unseren Herzen?

Dort und überall. Deshalb stimmt die Aussage »Alles ist eins!«. Du findest den göttlichen Willen in allem, was ist. Dazu musst du ihn allerdings auch aufsuchen. Und genau das tust du, wenn du den Satz »Dein Wille geschehe!« hinzunimmst. Mit diesem Satz verbindest du dich mit der gesamten Komplexität von allem, was ist. Unsere Beispiele vom Regenmachen und vom Autokauf zeigen deutlich, wie umfassend das Gesamtbild aller Zusammenhänge ist. Normalerweise seid ihr euch dieser Komplexität nicht bewusst.

Wenn ihr möchtet, dass euer Wunsch Wirklichkeit wird, müssen alle seine unzähligen Aspekte Berücksichtigung finden. Außerdem sollte sichergestellt sein, dass euer Begehren nicht zum Schaden anderer Menschen oder Lebewesen gereicht. Nur der große schöpferische Geist – das Alles-was-Ist – gewährleistet den Überblick über die vielschichtigen Zusammenhänge eures Seins in der äußeren Welt. Überlasst euch diesem allumfassenden Geist, liebe Geschwister. Erkennt ihn als Teil von euch und genießt eure Hingabe an diesen Raum der Sicherheit. Hier seid ihr vollständig geborgen. Hier ist für alle und alles gesorgt!

Erst wenn ihr aus dieser Haltung der Verbundenheit heraus manifestiert, werden eure Form gewordenen Wünsche zum Segen für euch und eure Mitgeschöpfe. Erst mit dieser Verknüpfung könnt ihr eure Manifestationen wirklich genießen!

Hier haben wir noch einen Hinweis für euch, der eure zahlreichen unbewussten Manifestationen betrifft. Ihr wisst ja, dass jedes Energiefeld die Tendenz hat, Form anzunehmen. Jedes eurer Gefühle, jeder eurer Gedanken, gestaltet sich in der dreidimensionalen Verdichtung eurer Welt. So erntet ihr, was ihr gesät habt. Je absichtsvoller und zielgerichteter ein Impuls, umso kraftvoller und eindeutiger wird seine Manifestation in eurem Leben erscheinen.

Ihr wisst auch, dass alles, was existiert und je existiert hat, miteinander in Verbindung steht. Zwischen allen Erscheinungen des Schöpfungskreises besteht eine rege Kommunikation. Diese findet über Lichtwellenaktivitäten statt. Sehr langwellige Lichtimpulse tragen die Informationen, die ausgetauscht werden sollen. Jede eurer Körperzellen sendet Licht aus. Jeder eurer Gedanken setzt sich als Lichtwelle im Universum fort. Jedes eurer Gefühle informiert die Schöpfung über euch.

Die langwelligen Lichtbewegungen spiegeln sich bis ins Unendliche. Rhythmisch pulsierend gehen sie hinaus. Ähnlich rhythmisch kehren sie zu ihrem Ausgangspunkt zurück. So spiegeln sich eure Gedanken und Taten wirklich in eurem alltäglichen Leben. Ihr erhaltet zurück, was ihr ausgesendet habt.

Vielleicht hilft euch ein kleines Beispiel, diesen Zusammenhang gut zu verstehen: Stellt euch vor, dass ihr einen Gedanken der Liebe aussendet. Dieser Gedanke ist voller Wärme. Seine Lichtfrequenz könnte man mit der Farbe Rosarot beschreiben.

Am anderen Ende des Universums (wenn es ein Ende gäbe… bitte nehmt dies als Metapher!) befindet sich ein Spiegel. Er fängt euren rosaroten Liebesstrahl auf und reflektiert ihn zu euch zurück. Nun fühlt ihr euch angenehm gestärkt und erwärmt. Dadurch werdet ihr selbst zum Spiegel und gebt die empfangene Liebesenergie erneut ins Universum zurück. Zwischen euch und dem Spiegel am »Ende« des Universums entsteht ein Wechselspiel. Was geschieht mit einem Bild, wenn sich zwei Spiegel gegenüberstehen?

Eine unendliche Wiederholung und Verkleinerung desselben Bilds.

Seht ihr? Da habt ihr den Ansatz zu eurem Hologramm. Stellt euch das Ganze jetzt noch in mehreren Dimensionen vor – und ihr besitzt ein perfektes Modell der Schöpfung.

Und das funktioniert natürlich ebenso mit den Gedanken und Gefühlen von Hass oder Zerstörung? Puh – da wird's mir ganz schlecht…

In der Tat. Die Konsequenzen dieser Überlegung sind äußerst bedenkenswert. Wir empfehlen euch, diese Zusammenhänge ehrlich und nüchtern anzuerkennen. Bitte seid gleichzeitig gut zu euch. Es gibt keinen Grund dafür, dass es euch schlecht gehen müsste. Schließlich könnt ihr ja mit einem einzigen Gedanken der Liebe in jedem Augenblick neue Spiegelhologramme erschaffen…

Dies ist die Wissenschaft vom meisterlichen Sein! Erschafft euch diejenige Welt, die ihr anziehend findet. Sendet die Impulse aus, die ihr als Spiegelung bei euch empfangen möchtet. Und erlebt dann die wundervollen Überraschungen einer sich stetig vergrößernden Glücksspirale in eurem Leben.

Das ist wirklich eine Handanweisung im Taschenformat. Ich habe das Gefühl, dass in diesen Sätzen alles steht, was wir zu einem glücklichen Leben brauchen...

Wir stimmen dir sehr gerne zu. Und wir möchten diese Gedanken jetzt mit unserem anderen »roten Faden« verbinden. Erinnerst du dich noch an ihn?

Na so was – sind wir jetzt in der Schule?

Auf keinen Fall! Oder doch? Vielleicht in einer Art Lebensschule? Aber keine Sorge – du bekommst ja keine Noten. Wie hätte dir die Schule gefallen, wenn es keine Noten gegeben hätte?

Na ja – für mich war das Thema Noten mehr oder weniger eine sportliche Angelegenheit. Aber viele meiner Freundinnen haben entsetzlich darunter gelitten. Wenn ich an die Ängste denke, die vor jeder Notenvergabe hochkamen... Außerdem fühlen sich die Kinder mit den schlechten Noten ja auch immer gleich selbst schlecht. Die Lehrer sprechen sogar von einem »schlechten Schüler«. Das ist eine ungeschickte Verquickung.

Womit wir mitten bei unserem Thema sind. Wenn wir dich nach deiner Erinnerung fragen, wollen wir dich übrigens nur stimulieren, deine Aufmerksamkeit auf die wirklich wichtigen Dinge zu lenken. Wir wissen natürlich, dass dein Inneres alles Wissen gespeichert hat. Du kannst ja gar nichts vergessen. Niemand kann das! Also worum geht's bei unserem roten Faden?

Meine Güte, seid ihr hartnäckig... also da geht's ums Selbst-Bewusst-Sein. Es ist euch offenbar sehr wichtig, uns in unserem Selbstwertgefühl zu stärken.

Richtig. Und dieses Selbst-Bewusst-Sein wollen wir nun mit deiner »Handanweisung im Taschenformat« verbinden. Einen schönen Begriff hast du da gefunden! Stell dir bitte einmal Folgendes vor: Ein meisterlich entwickelter Mensch ist sich ohne jeden Zweifel seiner Göttlichkeit bewusst. Er fühlt sich wundervoll leicht, stark und liebenswert. Er denkt voller Wertschätzung über sich und die gesamte übrige Schöpfung. Deshalb sendet er ausschließlich harmonische Impulse der Liebe aus. Andere Gefühle oder Gedanken wohnen ja nicht mehr in ihm.

Das Leben spiegelt ihm diese wunderschönen Impulse zurück. Er nimmt sie auf und stärkt sich daran. Er sendet sie weiter hinaus und genießt den pulsierenden Rhythmus aus reinster Liebesenergie. Mehr und mehr erstrahlt sein holografisches Universum von Liebe. Dies ist euer Leben in der neuen Zeit, liebste Geschwister! Könnt ihr euch vorstellen, wie unendlich (buchstäblich ohne Ende!) glücklich ihr sein werdet? Ahnt ihr, wie einfach und leicht euer Leben sich anfühlen wird?

Das ist wirklich wahr. Wenn ich heute mein Leben mit dem von vor fünf Jahren vergleiche, stelle ich mit Staunen riesengroße Erleichterungen fest. Das geht aber nicht allen Menschen so.

Ihr alle durchlauft eure Transformation in eurem eigenen Rhythmus. Ihr alle macht eure Hausaufgaben, wann ihr Lust dazu habt. Du hast deine Hausaufgaben gemacht. Du genießt jetzt schon glückliche Spielnachmittage …

Also irgendwie habt ihr es heute wirklich mit der Schule...

Warum auch nicht? Es ist ohnehin an der Zeit, neue Konzepte für eine Schule der Zukunft zu entwickeln. Eure Kinder werden die jetzt bestehenden Schulsysteme bald konsequent ablehnen. Sie werden euch dazu zwingen, neue Lösungsmodelle zu entwickeln. Während ihr das tut, können eure eigenen unerlösten Wunden zu diesem Thema heilen. Hast du dir schon einmal Gedanken darüber gemacht, was die wesentlichen Merkmale eines menschenwürdigen Schulsystems sein könnten?

Ich glaube, wir haben sogar schon mal darüber gesprochen.

Das ist richtig. Allerdings durchlaufen wir in unseren Gesprächen spiralförmige Entwicklungen der Wissensvertiefung. Wir wiederholen gerne ein Thema, um es aus einem anderen Blickwinkel neu mit euch zu betrachten. Eure Wissensspeicher funktionieren wie ein Hologramm. Die Strukturen des Universums wiederholen sich in allen Ebenen, auch in jeder eurer Körperzellen. In unseren Gesprächen erschaffen wir kreisförmige Wiederholungsspuren aus den unterschiedlichsten Dimensionen. Dabei öffnet ihr eure Erinnerungsräume und vernetzt unsere Hinweise mit euren Erfahrungen. Erst dieses gemeinsam erschaffene innere Netzwerk ist wirklich nützlich für euch, liebe Geschwister.

Jetzt bin ich platt. Ihr seid ja richtige Strategen...

Wenn es unseren Zielen dient...

Ich habe den Eindruck, dass ihr das Thema Schule gerade nicht nur inhaltlich und auf unsere Jugend bezogen diskutiert. Irgendwie arbeitet ihr auch gerade mit einer Methode, die uns zeigt, wie es sein könnte. Stimmt das?

Gut beobachtet. Wir arbeiten schon lange so. Wenn es dir jetzt auffällt, zeigt das einen neuen Entwicklungsschritt in deiner Wahrnehmung an. Wir gratulieren dir!

Danke. Dann lasst uns über die Konzepte für ein neues Schulsystem nachdenken.

Lieber laden wir dich ein, deiner inneren Weisheit zu lauschen. »Nachdenken« ist so eindimensional…

Na ja, was sagt meine innere Weisheit zum Thema Schule? Eigentlich nicht viel…

Wir brauchen auch gar nicht viel. Die umfangreichen Schul- und Ausbildungskonzepte eurer Vergangenheit regeln so viele Dinge, dass eure Kinder und Jugendlichen darunter zu ersticken drohen. Das ist viel zu viel, liebe Geschwister! Was denkst du, ist das Wichtigste in euren Schulen?

Für mich sind das immer, überall und ausschließlich die Menschen. Da bin ich völlig rigide.

Na, das ist doch ein wunderbarer Einstieg! Nun erlaubt uns, weiterzufragen: Was brauchen die Menschen am dringendsten?

Frische Luft, angenehme Aufenthaltsräume, Natur drum herum, gute Nahrung, viel Ruhe, Ausgewogenheit, Liebe, Raum für Gefühle, Spiel und Spaß – und die Kinder brauchen jede Menge interessantes, abenteuerliches Spiel- und Lernmaterial.

Nur die Kinder?

Natürlich nicht. Ich begeistere mich auch wie ein Kind für spannende Neuigkeiten. Also gut: abenteuerliches Lernmaterial für alle – nach Altersstufen sortiert.

Eine großartige Sammlung! Fehlt noch etwas?

Die Aufzählung enthält keine Lehrer.

Also gut, braucht ihr die?

Die Kinder würden jetzt wahrscheinlich »Nein« schreien. Aber ich denk gerade daran, wie schön es ist, mit euch zu lernen.

Wir sind aber nicht eure Lehrer. Wir beurteilen euch auch nicht. Wir sind ausschließlich zu unserem gemeinsamen Vergnügen hier. Dabei sind eure Lernfortschritte vorzüglich.

Also, wenn ihr keine Lehrer seid, was seid ihr dann?

Ja – wie würdest du uns in unserer Rolle nennen?

Wegbegleiter vielleicht?

Das ist eine schöne Beschreibung. Die Aufgabe übernehmen wir gerne. Auch ihr begleitet uns übrigens in diesen Gesprächen auf unserem Weg. Wir sind Diplomaten des Universums und führen viele Gespräche mit unterschiedlichsten Völkern und Wesenheiten. Von euch lernen wir unschätzbar wertvolle Dinge über das Leben in der dritten Dimension. Wir lauschen euch aufmerksam und erkennen eure Besonderheiten. Wir profitieren von dem Wissensschatz, den ihr euch erarbeitet habt.

Dann seid ihr wirklich keine Lehrer. Es ist schwer vorstellbar, dass unsere Lehrer so über ihre Schüler denken, vielleicht von einigen Ausnahmen abgesehen…

Vielleicht werden sie das eines Tages tun? Nun laden wir dich ein, die letzten Minuten unseres Gesprächs noch einmal durch deinen Sinn ziehen zu lassen. Was fällt dir auf?

Da findet sich eine schöne Beschreibung vom glücklichen Leben. Mit Schule hat das nichts zu tun.

Kann es sein, dass das an eurem bisherigen Verständnis von Schule liegt? Warum sollte ein glückliches Leben eigentlich nicht in die Schule passen? Wir finden, dass Schulen erst dann wertvoll sind, wenn Kinder liebend gerne dorthin gehen und sich begeistert dort aufhalten. Kannst du dir so eine Art von Schule vorstellen?

Ich kann das ohne Probleme. Eure Worte erinnern mich an einige Schulprojekte aus den letzten Jahrzehnten. Immer wieder haben mutige Menschen gegen den Widerstand der gesamten Gesellschaft etwas Ähnliches für die Kinder erschaffen. Ein frustrierendes Kapitel unserer Geschichte. Bisher erwiesen sich die gesellschaftlichen Widerstände meist als stärker.

Wir möchten euch alle sehr nachhaltig einladen, eure frustrierenden Erlebnisse für immer im Licht der Liebe aufzulösen! Bittet die Engel darum, euch bei dieser Arbeit zu helfen. Oder nutzt den Liebesdienst der Violetten Flamme. Ihr braucht diese Energien nur anzurufen und euer belastendes altes Thema zur Transformation zu überreichen. Gebt euch nicht mehr damit zufrieden, frustrierende Erinnerungen in euch zu tragen. Reinigt eure Speicher von dieser Energie! Geht ohne Gepäck in euer neues Leben. Macht es euch leicht, ihr Lieben!

Es ist unendlich wichtig, liebe Geschwister, dass ihr euren inneren Speicherplatz für neue Programme vorbereitet. Wie könnt ihr neue, befreiende Konzepte entwickeln, wenn ihr euch mit den Eindrücken eurer bisherigen Schwere belastet? Wie könnt ihr neue Schulen, neue Betriebe, neue Behörden, neue Lebensformen erschaffen, wenn ihr gebeugt geht unter den Enttäuschungen eurer Vergangenheit? Nutzt das Wort Ent-Täuschung in seiner ursprünglichen Bedeutung. Löst euch jetzt von euren früheren Irrtümern und ent-deckt (deckt auf), wo ihr euch getäuscht hattet. Genießt es, jetzt ohne Täuschung, ent-täuscht, zu leben! Macht es euch leicht, ihr Lieben!

Ihr betont ja die Leichtigkeit ganz besonders. Warum ist das so wichtig?

Deine Frage amüsiert uns. Wie wollt ihr denn mit der gesamten Schwere eures bisherigen Lebens in eine leichtere, weniger dichte Dimension aufsteigen? Ihr möchtet fliegen lernen. Dafür braucht ihr Gepäck-Erleichterung! Die Regionen, die auf euch warten, sind von hoher energetischer Vibration und geringer Dichte. Du kannst es dir so ähnlich vorstellen wie einen leichten, warmen Windhauch. Du stellst dich hinein und alles an dir gerät in Bewegung.

Jetzt schon bemerkt ihr die Beschleunigung eurer Zeitabläufe. Und das ist nur ein allererster Beginn, liebe Geschwister. Rasch und leicht bewegen sich die Energien in den höheren Dimensionen. Wenn ihr sie erkunden möchtet, braucht ihr eine ebenso rasche, leicht durchlässige Ausrüstung!

Überzeugt! Ich mag's ja auch gerne leicht. Ich freue mich riesig bei dem Gedanken, dass jetzt täglich mehr Erleichterung in unser Leben kommt. Wir genießen das in unserer Familie schon sehr. Ich hätte nie zu träumen gewagt, dass mein Leben einmal so schön werden könnte...

Offensichtlich hast du das aber getan! Sonst wärest du jetzt nicht an diesen Punkt gekommen…

Wenn das stimmt, dann war es unbewusst.

Bedanke dich bei deinem klugen Unbewussten. Deine nicht bewussten neun Zehntel haben gut für dich gearbeitet!

Prima! Die will ich wirklich gerne mal kennenlernen.

Genau das ist ein Teil deiner Transformation in die höheren Dimensionen. In den Jahren eurer Transformation nehmt ihr alle Anteile zu euch, die euch gehören.

Werden wir da nicht wieder auf neue Art schwer?

Um das zu verhindern, durchlauft ihr jetzt ununterbrochen eure Reinigungsprozesse.

Aha – ich hab's verstanden. Alles hängt mit allem zusammen.

In der Tat… Hast du denn jetzt noch Lust, unsere gemeinsamen Gedanken für ein zukünftiges Schulsystem zusammenzufassen?

Manchmal bekomme ich wirklich den Eindruck, dass ihr mich ganz sanft in eure Rolle drückt…

Und wie unterscheidet sich unsere Rolle von deiner? Das ist wieder eine von deinen lustigen, dualistischen Ideen… Wir drücken dich nirgendwohin. Wie könnten wir? Und warum sollten wir? Wir freuen uns an dir, so wie du bist. Für uns bist du vollkommen. Und du bist überall!

Ich glaube, daran muss ich mich noch gewöhnen.

Öffne einfach deine Wahrnehmung. Du bist bereits da!

Danke! Es macht mir wirklich Spaß, meinen Geist zu erweitern. Also, dann fasse ich mal zusammen:

☆ In der Schule der Zukunft steht der Mensch an erster Stelle. Alle äußeren Bedingungen werden nach den Bedürfnissen des Lebendigen ausgerichtet. Die Strukturen dienen dem Menschen und nicht umgekehrt.

☆ Der Schulbesuch ist freiwillig. Die Schulen sorgen für ein attraktives Angebot. Die Kinder kommen gerne, ohne Druck oder Zwang.

☆ Die Lernenden werden nicht beurteilt oder bewertet. Alle sind sich darüber bewusst, dass das Leben selbst höchsten Wert in sich trägt. Niemand muss seinen Wert durch Leistungen beweisen. Kinder und Erwachsene sind sich gleichermaßen ihres Selbst bewusst. Sie besitzen ein harmonisches Selbst-Wert-Gefühl.

☆ Festgelegte Lernziele existieren nicht. Da die Kinder freiwillig lernen, wählt jedes seinen passenden Rhythmus.

☆ Das Lernmaterial ist so spannend, dass die Kinder liebend gerne in die Schule gehen. In den Ferien freuen sie sich auf die Schule und nicht – wie bisher – umgekehrt.

☆ Die Lehrer verstehen sich als Begleiter der Kinder. Sie stehen zur Verfügung, wenn sie gebraucht werden. Sie bereiten das Material für interessante Aufgaben vor. Die Kinder arbeiten selbstständig damit. Die natürliche Entdeckerfreude der Kinder wird stimuliert.

☆ Die Schulen sind baulich an den Bedürfnissen der Kinder ausgerichtet. Viel Licht, frische Luft, Ruheräume, Spielraum bilden selbstverständliche Voraussetzungen. Des Weiteren steht jede Schule in einem Parkgelände. Kontakt mit der Natur, mit Tieren und Pflanzen, gehört zu den Angeboten für die Kinder.

- ☆ *Eine wohl durchdachte, liebvoll zubereitete Nahrung steht zur Verfügung. Viel frisches Wasser gehört zu den selbstverständlichen Angeboten. Die Kinder werden darin angeleitet, wertvolle und gleichzeitig leckere Nahrung zuzubereiten und zu genießen. Ihre spontane Wahl wird unterstützt und respektiert.*

- ☆ *Kreativität und Selbstständigkeit werden in allen Lebensbereichen gefördert. Selbsttun kommt vor Nachmachen. Lehrer achten und fördern die innere Weisheit der Kinder.*

- ☆ *Die Kinder und Jugendlichen entwickeln Organe der Selbstverwaltung, um gemeinschaftliche Lebensstrukturen zu entdecken und einzuüben.*

Das klingt ja sehr ansprechend! Da bekomme ich fast noch einmal Lust, zur Schule zu gehen.

Sehr gut! Ein ausgewogenes, angemessenes Zehn-Punkte-Programm. Ihr verdient es! Kinder wie Lehrer verdienen diese Lebensfreude an jedem Tag. Ihr alle verdient sie!

Dasselbe Prinzip könnt ihr nun auf alle weiteren Institutionen eures Lebens übertragen. Auch Universitäten, Krankenhäuser, Altenheime, Behörden, Betriebe können nach diesem Grundmuster organisiert werden. Sie alle unterscheiden sich lediglich im Inhalt ihrer Aufgaben. Die Grundbedürfnisse der Menschen bleiben immer dieselben. Ein Volk, das das Leben achtet, wird für die Bedürfnisse des Lebendigen Sorge tragen!

Dann achten unsere aktuellen Völker das Leben nicht...

Vorsicht! An dieser Stelle darfst du nicht verallgemeinern.

Schau genau hin. Die Bereitschaft, das Leben zu achten, findet sich glücklicherweise immer häufiger. Manche Kulturen haben ihre Traditionen diesbezüglich sogar bis heute gepflegt. Lernt von ihnen und dankt ihnen für ihre geduldige Beharrlichkeit. Genau genommen haben eure sogenannten zivilisierten Kulturen den Wert und die Würde des Lebens aus den Augen verloren. Mit eurem Fort-Schritt habt ihr euch vom Leben entfernt. Nun seid ihr eingeladen, diesen Widerspruch auszugleichen.

Das habt ihr ja sehr würdevoll ausgedrückt. Und ohne jede Kritik für unsere Fehler! An dem Punkt haben wir sicher noch einiges zu lernen.

Im Grunde ist es sehr einfach, ihr Lieben. Sowie ihr euer Bewusstsein in die höheren Dimensionen hinein ausbreitet, ist alle Beurteilung und Kritik aufgelöst. Ihr erfahrt die Wahrheit des einen Seins und entdeckt seine Vollkommenheit. Nie wieder fühlt ihr das Bedürfnis, eure alten Schubladen für »falsch und richtig« aufzumachen. Was sind schon Fehler? Ihr geht euren Weg und lernt aus den Folgen eures Handelns. Mehr gibt es dazu aus unserer Sicht nicht zu sagen.

Danke, ihr Lieben! Manchmal fühle ich das Bedürfnis, euch zu umarmen.

Und was hindert dich daran? Verfeinere deine Wahrnehmung und spüre unsere Umarmung jetzt!

Tatsächlich... ich merke gerade eine wundervolle Wärme in meinem Rücken. Seid ihr das? Und können die Leser das auch spüren?

Ja – diese Wärme kommt von uns zu dir. Und ja – jeder Mensch kann sie spüren, wenn er sich darauf einstimmt.

Wirklich jeder? Dann seid ihr also überall?

Was haben wir dir gesagt?

Ja, stimmt. Aber so wörtlich habe ich das bisher noch nie verstanden.

Wir lieben dich ganz besonders, wenn wir dich so in den engen Räumen deines dreidimensionalen Verstands erleben. Was für ein Abenteuer muss es für euch sein, mit diesen Trennungen zu leben…

Kommt doch mal rein, in diese Dimension. Dann könnt ihr es auch genießen… Ich finde es aber gar nicht mehr so lustig. Ich freue mich täglich über die Momente der Ausdehnung und Erleichterung in den höheren Dimensionen.

Das verstehen wir. Die Vorstellung von Dichte und Trennung erscheint uns nicht wirklich anziehend. Noch ein paar Worte zu dem Überallsein. Wenn du magst, stell es dir so vor: Ein unendlich großes Feld aus Energie verbindet uns alle miteinander. Wie in einer riesigen, sehr durchsichtigen Wolke befinden sich dichtere und weniger dichte Strukturen in diesem Feld. Unsere Strukturen sind so durchlässig, dass wir tatsächlich an jedem Ort gleichzeitig sein können. Würden wir uns zusammenziehen (unsere Struktur verdichten), würden wir auch weniger Raum einnehmen. Dann könnten wir uns nicht mehr überall gleichzeitig aufhalten.

Entspricht diese höhere Dichte unserer Natur? Passen wir in den kleineren Raum?

Das kann man so sehen.

Aber warum sagt ihr dann, dass auch wir zu jedem Zeitpunkt überall sind?

Ein Teil von euch ist tatsächlich überall. Mit eurem Bewusstsein könnt ihr euch im Quantenraum aufhalten. Der Quantenraum liegt außerhalb von Raum und Zeit. Das ist der Raum, in dem alles eins ist, in jedem Augenblick. Um dort zu sein, beschleunigt ihr die Muster eurer Wahrnehmung. Ihr dehnt euer Bewusstsein aus und schon reicht ihr damit überallhin. Körperlich sitzt du vielleicht gerade auf deinem Stuhl. Mit deinem Bewusstsein erfüllst du gleichzeitig das Universum. Dein Bewusstsein ist dann ähnlich wie ein sehr dünnes, transparentes Gas, das sich überall hinein ausdehnt.

Vielleicht verstehst du jetzt auch, was es mit eurer Transformation in die höheren Dimensionen auf sich hat. Wenn ihr euer Bewusstsein so sehr ausdehnt, wird sich eure körperliche Struktur nach und nach anpassen. Sie wird feiner und durchlässiger. Euer Bewusstsein bewohnt euren Körper. Wenn sich das Bewusstsein erweitert, braucht es neue Wohnräume. Euer Körper wird sie erschaffen und zur Verfügung stellen. Deshalb verändert ihr euch zurzeit so sehr. Deshalb bildet eure DNA neue Strukturen aus. Euer Körper erschafft den Raum für euer sich ausdehnendes Bewusstsein. Vor zwanzig Jahren gab eure kollektive Seele ihr Einverständnis für diesen Prozess. Nun erfüllt sich euer Weg.

Wenn ich eure Energie als Wärme in meinem Rücken spüre – ist mein Rücken dann im Quantenraum?

Du hast deine Wahrnehmung in den Quantenraum hinein ausgedehnt. Deshalb kannst du uns dort spüren.

Und wieso spüre ich dieses Gefühl körperlich?

Dein Bewusstsein bewohnt deinen Körper.

Aha – das hatten wir schon. Und wie hängen Bewusstsein und Wahrnehmung zusammen?

Deine Wahrnehmung ist ein Instrument deines Bewusstseins. Bitte lausche den Worten:

- Wahr – nehmen
- Bewusst – sein

Aaah – ich glaube, ich habe etwas verstanden! Wahrnehmung bedeutet Tun und Bewusstsein bedeutet Sein. Ist es so?

In der dreidimensionalen Welt deines Verstands ist es so.

Und wie ist es jenseits von 3D?

Einfaches, ungeteiltes Sein!

Wow – so langsam bekomme ich ein Gefühl dafür... tausend Dank, ihr Lieben! Das war eine wundervolle Lektion.

Bitte empfinde unsere Umarmung! Es ist uns ein Vergnügen.

Guten Morgen, liebe Sirianer. Geht's euch gut?

Diese freundliche Begrüßungsfrage werdet ihr bald nicht mehr brauchen und dann nach und nach vergessen. Wir beantworten sie aber trotzdem gerne erst mal. Natürlich geht's uns gut! Wie sollte es uns anders gehen? Wir sind! Wir unterteilen nicht in »gut und schlecht«. Wir erfreuen uns an unserem Hiersein.

Wir finden es interessant, dass ihr euch so gerne mit dieser Frage begrüßt. Natürlich verstehen wir, dass ihr damit euer Interesse am anderen ausdrücken wollt. Eure Energiefelder zeigen allerdings oft etwas völlig anderes (kein Interesse). Ihr empfindet es einfach als höflich, diese Frage zu stellen. Auch eure Antwort entspricht meist nicht eurem wirklichen Zustand. Ihr sagt »gut«, obwohl ihr euch nicht wohlfühlt. Euer Verhalten ist offenbar eher eine Umgangsform ohne tiefere Bedeutungen.

Interessant ist Folgendes: Indem ihr diese Frage täglich mehrmals wiederholt, verankert ihr euch laufend in eurem dualistischen, geteilten Weltbild. Dauernd gebt ihr euch selbst und euch untereinander die Bestätigung dafür, dass es so etwas wie »gut und schlecht« gibt. Was denkst du, würde passieren, wenn ihr eine neue Begrüßungsformel erfindet? Eine, die auf das Sein an sich hinweist?

Hmmm – spannende Frage... was könnte man denn da sagen?

Zum Beispiel: »Guten Morgen, ich begrüße euch als unsere Geschwister.« Oder: »Jetzt bin ich mit meiner Aufmerksamkeit bei euch und bei unserem gemeinsamen Austausch.« Oder: »Jetzt ist unsere gemeinsame Zeit.«

Merkwürdig... dann frage ich ja gar nicht nach etwas, das euch angeht... ich spreche nur von mir.

Hörst du, wie du aus dem Bewusstsein der Trennung sprichst?

Ich und du – wir und ihr... stimmt!

Magst du dich jetzt gerade, in diesem Augenblick, auf unsere innige Verbindung im Herzen besinnen? Genau! Atme tief aus, entspanne dich, lass die Gedanken und Worte zur Ruhe kommen und spüre dich. Hier sind wir. Hier ist der Raum, in dem du die Trennung auflösen kannst.

Das fühlt sich wundervoll an. Ruhig und friedlich. Alles findet seinen richtigen Platz. Jetzt würde mir wirklich nicht mehr in den Sinn kommen, euch zu fragen, wie es euch geht.

Siehst du... so gehst du von der äußeren Kruste alltäglicher Gewohnheiten in die tieferen Schichten deines inneren Seins. Ein einfacher, kurzer Weg, findest du nicht?

Das ist er. Jetzt genieße ich unsere Zusammenkunft umso mehr. Und ich habe eine Frage an euch: Wird sich die Geldwirtschaft auflösen? Wenn ja: Wann wird das sein? Welche Konsequenzen werden daraus entstehen? Können wir uns irgendwie auf diese Zeit vorbereiten? Mir fällt auf, dass immer mehr Bücher zu diesem Thema herauskommen. Viele malen richtige Horrorvisionen über die kommende Zeit.

Was den Horror und eure Angst angeht, möchten wir euch einmal mehr sehr eindringlich daran erinnern, dass ihr selbst eure Gedanken und Gefühle von diesen Impulsen reinigen solltet. Übernehmt die Verantwortung für die feinen Energien, die ihr aussendet. Erinnert euch an unser Bild von den holografischen Spiegelungen. Löst Angst und Zweifel in euch auf und erschafft eine anziehende Vision eurer Zukunft. Ihr selbst gestaltet sie dadurch! Ihr selbst erschafft und verantwortet das kommende Geschehen.

Nun zu deinen Fragen. Ja – die Geldwirtschaft wird sich auflösen. Als das Geld erschaffen wurde, hatte es einen klaren Zweck. Geld diente ausschließlich als Zwischenstation im Tauschhandel. Immer dann, wenn irgendwelche Güter nicht direkt getauscht werden konnten, verblieb den Tauschpartnern ein Sicherheitswert, meist in Form von Edelmetallen. Jahrhundertelang bestanden Geldmünzen tatsächlich aus wertvollem Metall.

Dieser ursprüngliche Zweck des Geldes wurde durch einige Regierungen eurer Welt im letzten Jahrhundert aufgelöst. Der größte Teil eures Geldes ist nicht mehr durch metallische Werte gedeckt. Eure Regierungen drucken es und geben es aus gemäß ihren internen Beschlüssen. Gleichzeitig werdet ihr einer Art Gehirnwäsche zum Thema Geld ausgesetzt. Gutgläubig akzeptiert ihr die Verdrehungen und Irreführungen, die man euch serviert. Hier sind einige davon. Wir erlauben uns, unsere Kommentare danebenzustellen.

- *Geld ist knapp.* Tatsächlich bestimmen die Regierungen darüber, welche Geldmenge sie in Umlauf bringen. Sie selbst sind gesteuert von einigen wenigen einflussreichen Drahtziehern hinter den Kulissen. Die Geldmenge wird zu jedem Zeitpunkt so gesteuert, dass die meisten von euch permanent im Gefühl des Mangels und/oder der tatsächlichen Armut leben. Geld ist nicht knapp, liebe Geschwister! Euer Planet besitzt noch immer unendlich viele wundervolle Ressourcen, die er euch freigiebig anbietet. Ihr dürft sie miteinander teilen und genießen. Auch ihr selbst besitzt unendliche Ressourcen. Teilt auch diese auf würdevolle Art und eure Welt entfaltet sich in Kürze zu einem Paradies des Lebens.

- *Geld arbeitet.* Dies ist vielleicht eine der lächerlichsten Behauptungen zum Thema Geld. Habt ihr schon einmal Geldscheine oder Münzen arbeiten sehen? Ihr selbst arbeitet! Euer fleißiger Einsatz ist Geld wert, ihr Lieben. Augenblicklich erhaltet ihr nicht mehr als einen winzigen Bruchteil von dem, was eure Arbeit wirklich wert ist.

- *Geld vermehrt sich.* Diese Behauptung amüsiert uns ähnlich wie die vorhergehende. Wie sollte sich Geld vermehren? Aus sich heraus besitzt es keinerlei lebendiges Potenzial. Ihr selbst habt die Regeln und Gesetze erschaffen, nach denen ihr euer Geld verteilt. Die Werbung überzeugt euch von der Notwendigkeit zu konsumieren. Eure Bankhäuser verleihen Geld, damit ihr das tun könnt. Sie heben euer überschüssiges Geld für euch auf, damit es sich angeblich vermehrt. In Wirklichkeit geht es weder um Konsumgüter noch um Kredite. Auch die Sparguthaben sind Augenwischerei. Mit diesen Verträgen werdet ihr abhängig gehalten, liebe Geschwister. Erinnert euch daran, wie schwer es ist, einen Bankvertrag zu lösen. Egal, ob ihr geliehenes Geld überraschend schnell zurückgeben wollt oder ob ihr euer festgelegtes Geld wiederhaben möchtet. Ein solcher Schritt verursacht euch immer Verluste. In Wirklichkeit ist die Bank daran interessiert, euch zu binden. Löst euch aus diesen Abhängigkeiten, liebe Geschwister!

- *Geld ist schmutzig.* Armes Geld... der dichteste Teil der Materie wird von euch wirklich würdelos behandelt. Diese Behauptung erreicht ein ganz anderes Ziel: Ihr selbst fühlt euch schlecht oder schmutzig, wenn ihr euren angemessenen Lohn haben wollt. Wie sollte Geld schmutzig sein? Euer Umgang mit Geld ist meist lieblos (= ohne Liebe!). Oft steht das Geld im Dienst von zerstörerischen, lebensfeindlichen Geschäften. Was kann das Geld dafür? Gebt ihm eine angemessene, würdevolle Aufgabe und achtet es als Spiegel eurer inneren und äußeren Ressourcen.

- *Geld ist wertvoll.* Nicht das Geld ist wertvoll, liebe Geschwister. Geld steht für die eigentlichen Werte. Ihr seid wertvoll. Eure Kreativität ist wertvoll. Eure Leistungen sind wertvoll. Das Leben selbst ist wertvoll. Euer Planet ist wertvoll. Erkennt die tatsächlichen Schätze eures Seins und nehmt sie in Anspruch. Verteilt sie angemessen!

Was geht euch durch den Sinn, wenn ihr diese Diskussion zur Kenntnis nehmt? Ändert sie etwas an eurem Verhältnis zum Geld? Wir laden euch ein, eure Grundüberzeugungen zu überprüfen. Passt eure Gedanken über Geld und materielle Werte der neuen Energie an, die jetzt zu euch strömt. Hier sind einige Anregungen für euch:

- Geld ist der Form gewordene Ausdruck lebendiger Werte.
- Geld ist ein Tauschmittel zur Bedürfnisbefriedigung.
- Geld verdient Liebe und Wertschätzung.
- Geld existiert im Überfluss.
- Geld ist Energie, die fließen will.
- Gleichmäßig verteiltes Geld spiegelt die Erkenntnis des einen Seins.

Ooooh – das heißt, wir haben unser wahres Sein nicht erkannt, wenn wir mit so ungleichen Verteilungen auf der Erde leben?

Natürlich! Das ist offen-sichtlich! Man erkennt den Bewusstseinsstand einer Gemeinschaft sehr wesentlich daran, wie sie ihre Ressourcen verteilt. Die großen Ungleichgewichte, die ihr bisher noch erschafft, beweisen die Unkenntnis eures tatsächlichen Seins. Dieser Gedanke gilt übrigens auch für ein Individuum: Man erkennt den Bewusstseinsstand eines Individuums daran, wie harmonisch es mit seinen Ressourcen umgeht. Ressourcenverschwendung zeugt von geringem Bewusstsein. Das Ansammeln von nicht wirklich benötigten Ressourcen entstammt derselben Begrenzung.

Wie könnte es anders sein, liebe Geschwister? Wenn ihr euch eurer Göttlichkeit bewusst seid, entwickelt ihr automatisch verschiedene neue Gewohnheiten:

- Ihr lebt im Vertrauen auf euch und eure Fähigkeiten. Was ihr braucht, erschafft und besorgt ihr euch augenblicklich.

- Ihr lebt in inniger Verbundenheit mit der göttlichen Quelle. Ihr vertraut darauf, von ihr versorgt zu werden. Ihr selbst seid völlig unbesorgt!

- Ihr achtet und liebt die gesamte Schöpfung. Die Ressourcen eures Planeten nutzt ihr in Achtsamkeit.

- Ihr seid euch der innigen Verbundenheit mit allem Lebendigen bewusst. Verantwortlich nährt und behütet ihr alles, was um euch ist.

- Gerechtes Teilen erscheint euch selbstverständlich. Ihr wisst, dass alle Menschen derselben Quelle entstammen. Ihr achtet sie alle.

Erkennt ihr nun, dass eure Lebensgewohnheiten euer Bewusstsein spiegeln? Euer Umfeld und eure Taten geben Auskunft über euren Entwicklungsstand. Wenn ihr euch entwickelt, verändert ihr eure Gewohnheiten und euren Lebensraum. Unzählige Wesenheiten im Universum freuen sich jetzt auf die Ergebnisse eurer Transformation! Euer Planet sehnt sich danach. Alle Tiere und Pflanzen warten darauf. Erde, Wasser, Wind und

Luft werden sich erneuern. So ergreift und prägt eure eigene Entwicklung alles, was ist!

Liebe Sirianer, dieses Bild berührt mich sehr. Es zeigt auch auf, dass wir Menschen eine große Verantwortung tragen...

Diese Verantwortung tragt ihr tatsächlich in jedem Augenblick. Ob ihr euch dessen bewusst seid oder nicht – euer Handeln hat immense Konsequenzen für alles, was ist. Euer Sein beeinflusst das Sein unendlich vieler anderer Schöpfungsformen.

Die Geldwirtschaft wird sich also auflösen. Augenblicklich können sich die meisten von euch nur schreckliche Ereignisse vorstellen, die hierzu führen. Vielleicht werdet ihr auch tatsächlich einen großen Crash erleben, bevor es zu einer neuen Ordnung kommen kann. Das hängt davon ab, wie rasch und bereitwillig ihr eure Transformation jetzt durchlebt. Es hängt von eurer Entscheidung und von eurem Bewusstsein ab!

Selbst wenn es zu einem Crash kommen sollte, werdet ihr kein langes Chaos ertragen müssen. Die neue Energie der Liebe wird euch dabei helfen, sehr rasch neue Organisationsformen zu entwickeln. Beobachtet eure aktuelle Welt. Erinnert euch an die Gegebenheiten vor einem Jahr, vor drei Jahren oder vor fünf Jahren. Seht, wie sich viele Dinge jetzt sehr rasch und grundsätzlich verändern. Erkennt das große Potenzial in euch, mit dem ihr neue Ordnungen erschaffen könnt! Erinnert euch an die Krisen der letzten Jahre. Wie rasch konntet ihr euch neu orientieren! Diese Kraft liegt in euch. Augenblicklich wächst sie täglich in einer sich selbst beschleunigenden Dynamik.

Eine Neuordnung eurer Geldwirtschaft kündigt sich also in jedem Falle an. Das Potenzial dafür ist jetzt schon erschaffen. Nichts wird seine Verwirklichung mehr aufhalten können. Wir sehen den Zeitraum von 2009 und 2010 für grundlegende

Veränderungen vorbereitet. In diesem Zeitfenster besteht die größte Erneuerungskraft zu diesem Thema. Ebenso gut könnte die Erneuerung auch bereits ein Jahr eher oder ein Jahr später stattfinden. Der präzise Zeitpunkt hängt von der Entwicklung eines jeden Erdenmenschen ab. Spätestens 2015 werdet ihr endgültig völlig neue Wirtschaftsstrukturen vorfinden.

Ich bin überrascht. Das ist das erste Mal, dass ihr einen genauen Zeitraum angebt...

Wenn die Wolken aufziehen, weiß man schon, dass es Regen geben wird.

Ein schönes Bild. Beruhigend, dass ihr die kommenden Ereignisse mit Regen und nicht mit Sturm vergleicht...

Es gibt friedlichen Regen und es gibt stürmischen Regen. In jedem Fall bringt der Regen Fruchtbarkeit.

Und wir können die Qualität des Regens mitbestimmen? Das kenne ich aus unseren Lichtgruppen. Wenn wir mit dem Lichtkörper arbeiten, zeigen sich die Auswirkungen unserer Energie direkt am Himmel.

Ein Beweis dafür, wie sehr alles mit allem zusammenhängt. Ein Beispiel dafür, wie sehr ihr mit allem in Verbindung steht. Seid euch dessen bewusst, liebe Geschwister, und nutzt diese Erkenntnis zu euren Gunsten!

Also werden wir sanften, fruchtbringenden Regen erschaffen!

Darüber freut sich die gesamte Schöpfung! Lasst uns nun besprechen, welche Faktoren zur Neuordnung eurer Geldwirtschaft gehören werden.

- Die internationalen Staatsverschuldungen werden aufgehoben.

- Jedes Land legt seine Ressourcen offen. Es bestimmt, wie viel davon es selbst verbrauchen möchte, und meldet seinen Tauschbedarf an.

- Jeder Staat errechnet ein Basis-Pro-Kopf-Einkommen für die dort lebenden Menschen. Dieses Einkommen wird allen Bürgerinnen und Bürgern aus gemeinschaftlichen Mitteln zur Verfügung gestellt.

- Alle Menschen stellen der Gemeinschaft ihre persönlichen Ressourcen (Kreativität, Arbeitskraft…) freiwillig zur Verfügung. Angemessene Belohnungen dafür sind selbstverständlich. Da persönliche Bedürftigkeit und Armut für immer aufgehoben sein werden, fließen die menschlichen Kräfte dem Allgemeinwohl reichhaltig und dynamisch zu.

- Ein Tauschhandelssystem regelt die angemessene Wertigkeit der Güter und Dienstleistungen. Geld nimmt wieder die Rolle eines Zwischenschritts im Tauschhandel ein.

- Durch Belohnungssysteme wird die Wirtschaft dazu angeregt, ihre Produktionsmengen dem tatsächlichen Bedarf anzupassen.

- Der Umgang mit vorhandenen Ressourcen folgt den Gesetzen von Klugheit und Nachhaltigkeit. Ressourcenverschwendung hat für den Verschwender nachteilige Konsequenzen im Handel mit der Völkergemeinschaft.

- Die Zinswirtschaft wird aufgehoben. Geld muss im Fluss bleiben. Wer seinen Besitz über einen definierten, längeren Zeitraum dem allgemeinen Kreislauf entzieht, erleidet

Werteinbußen. Gedruckte Tauschwerte sind durch Gesetzeskraft an existierende Werte gebunden (Edelmetalle).

Klingt wundervoll und überzeugend! Aber wer sollte solche grundsätzlichen Veränderungen durchsetzen? Wer hätte Interesse daran?

Das tut jeder Mensch, der dem Leben Priorität gibt! Wer das Leben liebt, denkt weitreichend, komplex und nachhaltig. Er handelt auch entsprechend. Denkt an den Spruch der amerikanischen Ureinwohner: Jede Entscheidung muss so klug getroffen werden, dass mindestens sieben Menschengenerationen gut damit leben können! Wenn ihr mögt, überprüft eure derzeitigen politischen und gesellschaftlichen Entscheidungen im Hinblick auf diese Forderung. Überprüft auch eure eigenen täglichen Entscheidungen daran.

Zur großen Freude aller Völker des Universums haben vor 20 Jahren ausreichend viele von euch dem Leben Priorität gegeben. Eine gewisse Mehrheit von euch entschied sich, euer Leben wieder in den paradiesischen Zustand eurer tiefsten Sehnsucht zu überführen. Diese Energie reichte aus, um genügend Helfer auf den Plan zu rufen. Diese haben die Brücken in euer Paradies bereits erschaffen. In den nächsten Jahren werdet ihr sie nach und nach betreten und euren glanzvollen Übergang vollziehen.

Eure jungen Menschen werden die neue Ordnung mit Vehemenz erschaffen und durchsetzen. Im Unterschied zu den Älteren unter euch bringen sie keine Anpassungsbereitschaft ein. Mit der ihnen eigenen Kompromisslosigkeit werden sie dafür sorgen, dass ihr euch als Menschheit wieder den Dingen des wirklichen Lebens zuwendet. Freut euch darüber, sie bei euch zu haben, liebe Geschwister! Sie bringen euch ungeahnte Wissensschätze und großartige Hilfen!

Danke, ihr Lieben! Danke, danke, danke. Eure Worte sind so horizonterweiternd. Und ich liebe eure ganz praktischen Anleitungen. Sicher werden sie uns in den kommenden Jahren sehr wertvoll sein.

Für die Erweiterung eures Bewusstseins sind sie das auch jetzt schon. Und das ist die Basis von allem, was ihr erschafft und gestaltet. Wir beobachten euer Energiefeld. Wir erleben, wie es sich verändert. Während der letzten Jahre geschieht ein enorm beschleunigter Prozess der Reinigung und Ausdehnung. Ihr seid gut unterwegs, ihr Lieben!

Danke nochmals!

Auch wir danken euch! Erinnert euch an unser Gespräch über die holografisch gespiegelten Wellen, die das Universum erschaffen. Wir alle hängen aufs Engste miteinander zusammen. Eure Entwicklung ist auch unsere Entwicklung!

Liebe Sirianer, hier ist wieder eine Frage aus unserem Freundeskreis. Ein unerfreuliches Thema, das auch unsere Medien immer häufiger beschäftigt. Was könnt ihr uns über den Missbrauch von Kindern sagen?

Missbrauchen bedeutet, etwas ungefragt zu tun. In diesem Sinne betrifft es nicht nur die unerlaubten Handlungen der Erwachsenen den Kindern gegenüber. Ihr alle habt noch sehr viel gegenseitigen Respekt zu lernen. Und ihr werdet euch darin üben, euch selbst respektvoll zu behandeln. Dies ist sowieso die Wurzel eurer Veränderung, ihr Lieben.

Missbrauchende Menschen sind von geringem Bewusstsein. Sie sind ohne Respekt sich selbst gegenüber. Sie achten das Leben nicht in seiner Kostbarkeit. Rechtlich müsst ihr euch und eure Kinder vor ihnen schützen. Menschlich verdienen sie eure Anteilnahme. Die meisten von euch haben in ihrer Vergangenheit tief unbewusste Abschnitte ihres Lebenswegs durchlaufen. Freut euch über eure wachsende Bewusstheit und richtet nicht im Herzen diejenigen, die noch wenig bewusst sind.

Wir haben den Missbrauch definiert als ungefragtes Tun. Fragt euer Gegenüber, ob ihr in seinen Bereich eindringen dürft. Fragt ebenso euer Herz, das euch sehr genaue Auskunft darüber gibt, was angemessen ist. Missbrauch existiert auf vielen Ebenen eures Lebens. Ungefragte Empfehlungen stellen eine Form des Missbrauchs dar. Geraubte Zeit, geraubte Energie, überrollende Forderungen – das alles sind Ausdrucksweisen des mangelnden Respekts. Kritische Beurteilungen, Vorwürfe, Festlegungen (»Ich weiß, was für dich richtig ist…«) missbrauchen den anderen.

Immer wenn ihr eure Mitmenschen in euer persönliches Gebäude aus Gedanken, Gefühlen, Beurteilungen und Handlungsweisen einbezieht, verbindet ihr euch mit ihrer Energie. Dürfen wir euch eine Empfehlung geben? Übt euch darin, behutsam Abstand voneinander zu nehmen, während ihr gleichzeitig im Herzen verbunden bleibt. Vergewissert euch, was euer Gegenüber möchte. Erkennt seine Grenzen. Findet das angemessene Maß an Nähe heraus, das euch beiden guttut. Befragt euer eigenes Herz, um diejenigen zu verstehen, die ihre Wünsche nicht selbst in Worte fassen können.

Übt euch ebenso in der Kommunikation mit eurer eigenen innersten Weisheit. Fallt nicht auf die unbewusst eingeübten »automatischen Muster« eurer Geschichte herein. Befragt euer Herz, welche Form der Begegnung ihr mit einem anderen Menschen wirklich möchtet. Spürt sensibel, was von Fall zu Fall angemessen erscheint. Verbindet und verbündet euch mit der göttlichen Kraft in euch. Sie erzählt euch alles, was ihr wissen möchtet. Sie hilft euch in jedem Augenblick.

Mangelnder Respekt und gegenseitiger Missbrauch sind sehr alte kollektive Muster eurer Geschichte. Diese Muster entwickelten sich bereits in den ursprünglichen Kulturen eures Planeten. Ihre Wurzel lag in den Irrtümern der Trennung. Ursprünglich lebtet ihr im Verständnis der Einheit. Dann begannt ihr damit, euer Bewusstsein in unterschiedliche Bereiche aufzuspalten. Ihr unterteiltet den Schrank eures Daseins in viele Schubladen. Dann gewöhntet ihr euch an, eure Wahrnehmungen und Erfahrungen in die verschiedenen Schubladen einzusortieren.

Schließlich kam es so weit, dass ihr die Verbindung zwischen den Schubladen aus dem Bewusstsein verlort. Während ihr mit dem Inhalt der einen Schublade beschäftigt wart, vergaßt ihr, dass es auch noch weitere Inhalte in anderen Schubladen gab. Die Dinge begannen sich zu trennen. Erst so konnte es geschehen, dass ihr andere Menschen als wirklich verschieden von euch erlebtet. In der Folge davon etablierten sich die Schubladen auch in eurer Gemeinschaft.

Anfangs erlebtet ihr diese Prozesse nur in euch selbst. Dann verbreitete sich die Illusion der Trennung auch zwischen euch. Ihr erschuft den Irrtum unterschiedlich »guter« Menschengruppen. Die Kasten und Schichten entwickelten sich. Manche von euch verbündeten sich mit den »unteren Schubladen« ihres Bewusstseins und ordneten sich den niederen Schichten zu. Andere hielten sich in den »oberen Schubladen« auf und verlangten Privilegien für sich.

Im Laufe vieler Jahrhunderttausende hat jede und jeder von euch alle existierenden Schubladen erlebt und erkundet. Die meisten von euch durchlebten die Rolle des Opfers ebenso wie die des Täters. Ihr alle kennt das Leben eines Königs und eines Bettlers. Ihr kennt die Höhen und Tiefen des Lebens. Deshalb könnt ihr jetzt die harmonische Mitte wählen und die Illusion der Trennung beenden. Die Synthese eures Bewusstseins findet jetzt gerade statt. Sie bildet den Kern eures Transformationsprozesses.

Vermutlich wird eine gewisse Zeit verstreichen, bis ihr alle die vollständige Integration eures Bewusstseins erreicht habt. Bitte bedenkt, dass innerhalb eures Kollektivs noch immer große Unterschiede der Reife und des Bewusstseins existieren. Einige von euch tragen noch sehr viel zerstörerische, wütende Energie in sich. Viele sind noch zu unbewusst, um das Leben angemessen zu achten und zu behüten. Sie alle werden sich in der Dynamik der neuen Energie reinigen und neu ausrichten. Alte Wunden werden heilen. Die Illusion der Trennung wird offensichtlich werden.

Seid geduldig mit denen, die noch mehr Zeit für ihre Entwicklung benötigen. Schenkt auch euch selbst Geduld. Schützt euch vor Missbrauch und destruktiven Impulsen eurer noch wenig bewussten Geschwister. Erschafft eindeutige Regeln des Miteinanders, deren Übertretung Konsequenzen mit sich bringt. Achtet euch gleichzeitig untereinander. Achtet auch die erst langsam zusammenwachsenden, unterschiedlichen Anteile eures eigenen Bewusstseins.

Was ihr sagt, fühlt sich sehr ruhig und passend an. Wir denken bei dem Wort Missbrauch meist an die sexuellen Übergriffe von Erwachsenen den Kindern gegenüber. Könnt ihr dazu noch etwas sagen?

Eure Sexualität ist für die meisten von euch ein noch sehr wenig verstandenes Gebiet. Die triebhaften Impulse eurer körperlichen Natur stehen mit großen mystischen Geheimnissen im Zusammenhang. Über eure Sexualität verbindet ihr die Kräfte des Universums und der Erde in euch selbst. Dies ist euer Anteil an der Schöpfungskraft im mehrdimensionalen Sinne des Wortes! Hier erreicht ihr alles, was ist, in einem Augenblick! Da ihr zurzeit noch in den dreidimensionalen Strukturen eurer begrenzten Welt lebt, könnt ihr diese Worte nur mit dem Herzen verstehen. Euer Verstand ist nicht dafür geeignet, komplexere Zusammenhänge zu erfassen.

In der Vergangenheit habt ihr diese großen Kräfte mit Tabus belegt, um die noch unbekannten Regionen eurer innersten Natur zu schützen. In eurem dualistischen Irrtum der Trennung entstanden dadurch unendlich viele Verwirrungen. Rasch verwickeltet ihr auch die sexuelle Kraft im Strudel eurer Bewertungen. Ihr unterteiltet in männliche und weibliche Kräfte. Ihr bewertetet einseitig, was davon in den jeweiligen Kulturabschnitten als besser oder schlechter gelten sollte. In den Zeiten des Matriarchats nahmen die Frauen alle Vorteile für sich in Anspruch. Jahrtausendelang leiteten sie ihren Machtanspruch daraus ab. In den Zeiten des Patriarchats beanspruchten die Männer ihre Vorherrschaft. Eure sexuelle Ausrichtung entschied über die jeweilige Dominanz der Geschlechter.

Jetzt ist die Zeit eurer Synthese gekommen. Zukünftige Kulturen der Erde werden Männer und Frauen gleichermaßen achten. Ihr alle werdet sowohl männliche als auch weibliche Qualitäten in euch entfalten. Beendet sind die Zeiten der Trennung, Bewertung und Unterscheidung. Gleichermaßen geachtet werdet ihr sein in eurer jeweiligen Individualität.

Durch die Verstrickungen und Tabus der dualistischen Zeitalter konnten nur wenige von euch ein wirklich freies, natürliches Verhältnis zu ihrer Sexualität entwickeln. Noch immer speichert euer kollektives Bewusstsein die Muster von Macht, Unterdrückung, Angst und Zerstörung im Zusammenhang mit Sexualität. Immer wenn ihr eure sexuellen Impulse erleben und leben möchtet, melden sich die Spuren eures kollektiven Erbes in euch. Je bewusster ihr seid, desto leichter könnt ihr euren persönlichen, unbelasteten Weg entdecken. Je unbewusster ihr euer Leben gestaltet, umso mehr Verstrickungen erzeugt ihr an diesem Punkt.

Bitte seht den sexuellen Missbrauch als Ausdruck einer zutiefst unbewussten Verstrickung des Täters. Selbstverständlich müsst ihr Wege finden, eure Kinder (und manchmal auch die Erwachsenen) vor den Handlungen der Triebtäter zu schützen. Gleichzeitig bitten wir euch darum, nicht auch selbst dem Irrtum der Spaltung zu verfallen. Wenn ihr euch in eurem Herzen von der menschlichen Dynamik des Täters trennt, verschließt ihr euch vor einem wesentlichen Teil eurer eigenen Geschichte. Die zerstörerischen Muster eures Kollektivs können nur dann heilen, wenn ihr die Zugehörigkeit auch der Täter zu eurer Menschengemeinschaft anerkennt.

Danke für diese klaren Worte, liebe Sirianer. Ich vermute, dieser Teil wird nicht allen Lesern gefallen.

Darum geht es nicht. Es war und ist nicht unser Anliegen, euch zu gefallen. Wir sind vollständig frei von solchen Interessen. Unser Anliegen ist es, euch wahrhaftig zu informieren. Überprüft den Wahrheitsgehalt unserer Botschaften in eurem Herzen und nehmt davon zu euch, was euch passend erscheint.

Danke, ihr Lieben!

Vielleicht noch eine kleine, wesentliche Ergänzung zu diesem Thema: Sicher habt ihr verstanden, dass wir Sexualität und Missbrauch in sehr komplexen Zusammenhängen betrachten. Natürlich sind wir auch frei von den Emotionen und Verstrickungen, die ihr zu diesem Thema durchlebt und bearbeitet. Unsere Freiheit ist Teil unseres erweiterten Bewusstseins. Sie steht auch euch offen, liebe Geschwister.

Eure neuen Kinder und jungen Erwachsenen des Indigostrahls leiten euch darin an, Respekt füreinander zu entdecken und einzuüben. Ihr wisst, wie unbeugsam sie sind. Durch ihr wenig diplomatisches, kontroverses Verhalten zwingen sie euch, aufmerksam zu werden. Traditionen und Regeln ohne Inhalt verweigern sie. Sie akzeptieren nur das, was dem Leben dient, und leisten keinerlei Überanpassung. Sie sind eure Lehrmeister, wenn es darum geht, gegenseitigen Respekt zu üben.

Die Kinder des Indigostrahls erlösen die überkommenen Muster eures kollektiven Erbes. Sie nehmen den Tonarm aus dem »Riss in der Schallplatte«. Sie akzeptieren keine sinnlos gewordenen Gewohnheiten. Mit einem hörbaren Ruck setzen sie den Tonarm an eine andere Stelle der Platte erneut auf. So ertönt für euch alle ein lebendiges, neues Lied! Sie werden euch darin anleiten, respektvolle Gemeinschaften zu bilden. Die jüngsten Kinder eures Kollektivs führen dieses Werk mit Liebenswürdigkeit und Charme weiter. Eure »Indigos« öffnen kraftvoll die Türen zu eurer neuen Zeit. Eure »Kristallkinder« geleiten euch hindurch und beschenken euch mit ihrer zauberhaften Liebesenergie.

Durchlittener Missbrauch erzeugt schwer verheilende Wunden. Viele von euch gehen heute noch zutiefst verwundet durch ihr Leben. Am meisten leidet ihr unter der Verletzung eures Selbst-Wert-Gefühls, wenn ihr würdelosem Verhalten ausgesetzt seid. Ein Kind kann seine Würde nicht auf direktem Weg verteidigen. Aus seiner Sicht sind seine Eltern unantastbare Gestalten. Niemals würde es ihm in den Sinn kommen, dass auch Erwachsene von Grenzen und Verstrickungen geprägt sind. Wenn ihm also diese »vergötterten« Wesen Schmerz und Schaden zufügen, hält es sich selbst für schlecht. »Wie könnten sie mich schlecht behandeln, wenn ich gut wäre?«, fragt die kindliche Seele. »Offensichtlich bin ich wertlos.« Dieser traurige Kurzschluss begleitet viele Menschen noch weit bis in ihr Erwachsenenalter hinein.

Jetzt ist die Zeit gekommen, in der ihr eure Irrtümer und Verstrickungen von euch streifen könnt, liebste Geschwister. Unendlich freuen wir uns für euch, dass ihr eure Entscheidungen getroffen habt. Gerne unterstützen wir euch dabei, die wundervollen Möglichkeiten der neuen Energie ganz auszukosten. Die Zeit eures Leidens kann beendet sein, wenn ihr das akzeptieren möchtet. Alle Voraussetzungen für eure Neuwerdung sind vorbereitet und warten auf euch. Geht voller Mut und Entschlossenheit voran und holt euch eure Belohnung!

Je entschlossener ihr eure Würde und euer Selbst-Wert-Gefühl jetzt entfaltet, umso rascher werden eure uralten Wunden heilen können. Dadurch lösen sich die dunklen Verstrickungen, die eure kollektive Matrix seit endlosen Zeiten prägt. Ihr habt jetzt die Gelegenheit, euch eine neue Matrix des Glücks zu erschaffen. Ahnt ihr schon das Gefühl von Leichtigkeit und Lebenslust, das euch bald gehören wird? Alles, was ihr dafür tun müsst, ist einfach: Erlaubt der neuen Energie, eure Wunden im göttlichen Licht zu erlösen. Beendet die zerstörerischen Muster aus Selbstzweifeln und Kummer. Akzeptiert euer neues Lebensgefühl und erfüllt euer gesamtes Fühlen, Denken und Handeln damit. Achtet und liebt euch für euer Sein!

Niemand bedrängt oder missbraucht schutzlose Kinder, wenn er sich seines göttlichen Ursprungs wirklich bewusst ist. Diese Dinge sind unvereinbar, liebe Geschwister. Das Erkennen eurer Göttlichkeit birgt also ein kostbares Geheimnis: Hier liegt der Schlüssel zu eurer friedlichen, beglückenden Welt. Je mehr von euch ihr wahres Selbst-Wert-Gefühl entdecken und ins

Leben bringen, umso weniger Menschen werden noch bereit sein, sich an Unterdrückung, Krieg oder Gewalt zu beteiligen. Ihr wünscht euch eine friedliche, respektvolle Welt? Entdeckt euer göttliches Erbe und lebt danach, ihr Lieben!

Eure Worte machen mich nachdenklich, liebe Sirianer. Immer wieder bin ich beeindruckt, wie gut ihr euch aus Verurteilungen und Polarisierungen heraushalten könnt.

Wir müssen uns gar nicht »heraushalten«. Unser Leben findet außerhalb der Dualität statt. Unsere Existenz besteht jenseits der polaren Energien, weil wir mit unserer Aufmerksamkeit im ungeteilten Sein ruhen.

Heißt das, dass auch wir die Verstrickungen und Irrtümer der Dualität allein durch die Richtung unserer Aufmerksamkeit auflösen können?

Bingo! Genau davon sprechen wir die ganze Zeit!

Na, dann habe ich ja reichlich lange gebraucht, um diese Essenz zu begreifen.

Auch die Zeit erleben wir völlig anders als du. Wir sehen die engen Begrenzungen deiner bisherigen Denkmodelle. Wir erkennen, dass ihr euch diese Grenzen aus wichtigen Gründen erschaffen habt. Wir achten euch mit euren Grenzen. Nur sehr selten erlaubt ihr euch, eure Mauern mit einer einzigen Bewegung zum Einsturz zu bringen. Tatsächlich könnten dabei auch große Turbulenzen entstehen. Ihr geht ökonomisch vor, wenn ihr die Auflösung eurer Begrenzungen schrittweise entwickelt.

Während unserer Gespräche steht ein Teil von dir in ständiger, inniger Verbindung mit uns. Deine innere Weisheit kennt uns genau und kommuniziert harmonisch mit uns. Und gleichzeitig brauchen deine übrigen Seinsebenen eine Zeit der Gewöhnung, um sich dieser tiefen Verbindung nach und nach zuzuschalten. In den Räumen der qualitativen Zeit spielt es keine Rolle, wie lange du für eine Erkenntnis brauchst. Nehmt euch eure Zeit, liebe Geschwister. Zeit ist von ihrem Wesen her unendlich!

Diese Aussage veranlasst mich immer wieder, entspannt und tief auszuatmen. In unserer nach wie vor sehr hektischen, leistungsorientierten Welt erscheint mir das Konzept der qualitativen Zeit wie Balsam für die Seele. In den letzten Monaten verwurzelt sich diese Gelassenheit immer mehr in meinem Leben. Danke, ihr Lieben!

Gerne! Gelassenheit, liebevolle Heiterkeit, Leichtigkeit, Selbst-Bewusst-Sein – das sind die Qualitäten eures Lebens in den höheren Dimensionen.

Na, dann nichts wie los ...

Öffne dein Herz und erkenne, dass du schon angekommen bist!

Heute habt ihr ja wirklich ein paar ganz besondere Leckerbissen für uns... Eure Worte klingen so einfach... ihr erschafft das Bild einer genussvollen, mühelosen Reise!

Genau das kann es auch sein, liebste Geschwister! Ihr selbst entscheidet darüber, wie viel Mühe ihr auf eurem Weg akzeptieren wollt.

Ich vermute, das hat wieder einmal mit unserer Wahrnehmung zu tun?

Wo deine Aufmerksamkeit ist, ist deine Energie. Richte deine Aufmerksamkeit auf die Leichtigkeit und lebe einfach!

Habt ihr auch einen guten Tipp für diejenigen Menschen, die ihr Leben gerade sehr kompliziert finden?

Den haben wir euch schon gegeben. In jedem einzigen Aspekt der Schöpfung versammeln sich gleichzeitig alle widersprüchlichen Momente, die ihr euch vorstellen könnt. Findet ein Mensch sein Leben kompliziert, ruht seine Aufmerksamkeit auf den komplizierten Anteilen seines Seins. Ebenso gut kann dieser Mensch seine Aufmerksamkeit auf die Aspekte der Leichtigkeit richten. Still und sachte wird die Leichtigkeit sich in seinem Leben ausbreiten. Je öfter er sie bewusst beobachtet, desto mehr wird sie sich in seinem Energiefeld zu Hause fühlen. Aufmerksamkeit wirkt wie ein natürlicher Dünger. Das, was du mit deiner Aufmerksamkeit beschenkst, wächst unter deinen Augen.

Warum suchen wir uns dann nicht einfach die Qualitäten aus, die wir gerne in unserem Leben genießen möchten, und pflegen sie so lange mit unserer Aufmerksamkeit, bis sie genug gewachsen sind?

Ja – warum? Offensichtlich habt ihr euch für etwas anderes entschieden, solange ihr die Leichtigkeit noch nicht lebt …

Dabei handelt es sich dann bestimmt um unbewusste Entscheidungen. Ich glaube nicht daran, dass irgendjemand freiwillig leiden will...

Sehr wahrscheinlich handelt es sich um unbewusste Entscheidungen. Wir haben euch diese Zahl bereits öfter genannt: mindestens 90 Prozent eures Lebens verlaufen gemäß euren unbewussten Impulsen.

Ist es deshalb so schwer, eine einmal eingefahrene Spur zu erneuern?

Bitte schau, was du gerade tust: Du gehst selbstverständlich davon aus, dass es schwer sein muss, neue Wege zu beschreiten. Genau davon sprechen wir, liebe Sternenschwester! Wenn du es so siehst, ist es so! Vielleicht magst du denselben Gedanken noch einmal unter dem Blickwinkel des leichten, einfachen Lebens betrachten? Dein Leben wird sofort einfach, wenn du nur noch eine Schublade (ein Fach!) besitzt. Erlaube dir, die Unterteilungen in leicht und schwer, gut und böse, angenehm und lästig aufzulösen. Erlaube dir den Genuss der Synthese!

Dieser Gedanke klingt wirklich sehr anziehend. Ganz klar ist mir die Geschichte aber trotzdem noch nicht... Wenn wir für jemanden unsere Energieheilung durchführen, betrachten wir sein Energiefeld. Da gibt es hellere und dunklere Anteile. Wir sehen, ob ein harmonischer Fluss der lebendigen Energien stattfinden kann oder nicht. Wir erkennen die Blockierungen. Die »dunklen Wolken« lösen sich auf, wenn wir die geeigneten Schritte dafür tun. Diese Energiefelder existieren doch?!

Wir haben nicht behauptet, dass es sie nicht gäbe. Natürlich habt ihr während eurer jahrtausendelangen Geschichte viele – sehr viele! – dunkle, dichte Energiefelder erschaffen. Sie existieren und stören euch in der Leichtigkeit eures Seins. Sie bilden den Boden für Krankheit und Leid. Euer Leben fühlt sich schwer an, wenn ihr mit ihnen in Kontakt seid. Was wir euch sagen, ist Folgendes: Entzieht diesen dunklen, dichten Energiefeldern eure Aufmerksamkeit! Richtet euer Bewusstsein auf die für euch angenehmen Qualitäten des Lebens. Entdeckt das Geheimnis eurer Schöpferkraft: Was ihr mit eurer Aufmerksamkeit versorgt, bekommt Gestalt und Stärke!

Ich wüsste gerne noch ein wenig mehr über die Phänomene der Energieheilung. Angenommen, wir haben das Energiefeld eines Menschen sorgfältig geklärt und an seine eigene universelle Quelle angeschlossen. Holt sich dieser Mensch die

»düsteren Wolken« vielleicht zurück, wenn er sich anschließend aufmerksam mit ihnen beschäftigt?

Das könnte geschehen und manchmal geschieht es auch. In den allermeisten Fällen erfahrt ihr nach euren Behandlungen aber einen erfreulichen stabilen Verlauf. Euer Klient lebt nun in einem geklärten Energiefeld, das sich für ihn sehr wohltuend anfühlt. Durch die Vernetzung mit seiner Quellenenergie kann er die liebevollen Impulse der Schöpferkraft wieder genießen. Er erinnert sich daran, wer er wirklich ist. Er entwickelt eine sensible Wahrnehmung für unterschiedliche Energiestufen. Er spürt in sich die Kraft, sich für die Seite des Lichts zu entscheiden. So fällt es ihm leicht, düstere Wolken vorbeiziehen zu lassen.

Würde er seine Aufmerksamkeit allerdings wiederholt auf diese Energien richten, könnte es sein, dass er eine neue Verbindung zwischen sich und ihnen erschafft. Auch durch notorische Zweifel könnt ihr dichte Energiefelder anziehen. Was auch immer ihr denkt und fühlt, erzeugt eine eigene Energieform der entsprechenden Qualität. Diese läuft als Welle ins Universum hinaus und spiegelt sich, um zu euch zurückzukommen. Bitte bedenkt auch, dass die unendlich vielen Lichtwellen von mehreren Milliarden Menschen sich begegnen, kreuzen, überlagern…

Viele Wellen der Zweifel und Düsterkeit erschaffen zum Beispiel eine Gedankenform, die dann ihrerseits eigene, lebendige Dynamiken entwickelt. Da habt ihr die »düsteren Wolken«, die ihr während eurer Energiearbeit beobachten könnt. Nach den Gesetzen der Resonanz lassen sich die Wolken dort nieder, wo sie ein ähnlich ausgerichtetes Energiefeld finden. Immer könnt ihr euer Leben aus unterschiedlichen Blickwinkeln heraus betrachten. Immer besitzt ihr auch mehrere Einstiegsstellen für Erneuerung und Erlösung:

- Beendet eure zweifelnden, zerstörerischen Muster in Gedanken und Gefühlen. Sendet Impulse der Hoffnung und Zuversicht ins Universum. Übt euch darin, liebevoll (voller Liebe!) zu sein. So kehren die wohltuenden Energien dieser Frequenz zu euch zurück.

- Klärt euer eigenes Energiefeld oder lasst euch dabei von erfahrenen Heilern helfen. So entzieht ihr »düsteren Wolken« den Nährboden. Lichtvolle Energiefelder der Liebe breiten sich in eurem Leben aus.

- Richtet reine Aufmerksamkeit und Energie auf die lichtvollen Momente eures Lebens. Entdeckt den segensvollen Aspekt jeder Erfahrung. Versorgt diese Anteile eures Seins mit dem »Dünger« eurer Bewusstheit. Freut euch daran, wie sie sich in eurem Leben ausbreiten und stärker werden.

- Entdeckt eure persönliche Würde. Entwickelt Selbst-Bewusst-Sein. Schenkt einander Anerkennung, Respekt und Wertschätzung. Übt diese Haltung und erinnert euch so oft wie möglich daran. Ein selbst-bewusster Mensch verbreitet Energiefelder aus Licht und Liebe. Er sendet sie aus und stellt sie dem gesamten Universum zur Verfügung.

Wenn ihr diese Punkte in eurem Bewusstsein haltet, bringt ihr eine grundsätzlich neue Lebensqualität in euer Dasein. Lebt entsprechend und erlebt die Wohltaten eurer Transformation in die Dimensionen des reinen Lichts.

Danke, ihr Lieben! Stimmt es eigentlich, dass Kristalle aus Gedankenformen entstehen?

In gewisser Weise kann man es so sehen. Gedanken bestehen aus Energie. Sie formen sich zu Lichtwellen, die durchs Universum reisen. Ihre Bahnen folgen geometrischen Mustern.

Die Begegnung verschiedener Lichtwellen erschafft weitere Muster. Treffen viele dieser Energieformen aufeinander, so verdichten sie sich zu Materie in ihrer geometrisch strukturierten Form. Dieses Phänomen bezeichnet ihr als Kristall.

Ihr kennt organische und anorganische Kristalle. Eure DNA enthält zum Beispiel geometrisch angeordnete Eiweißmoleküle. Euer Speisesalz besteht dagegen aus anorganischen kristallinen Strukturen. Schneeflocken kristallisieren als verdichtete Form des Wassers. Kristalle bilden die Grundbausteine des Lebendigen. Sie können große Informationsmengen speichern. Denkt an die kristallinen Speicherplätze eurer Computer. Mit eurer Technologie ahmt ihr die intelligenten Entwicklungen der Schöpfung nach.

Wenn ihr mögt, bedenkt für einen Moment, welche Geheimnisse in der Struktur des Diamanten verborgen liegen. Ein Diamant besteht aus dicht gepresster, Form gewordener, lebendiger Erfahrung! Lebendige Wesenheiten oder Pflanzen durchlebten ihre Zeit auf eurem Planeten. Sie sammelten und speicherten ihre Erfahrungen. Die Kräfte eures Planeten und des Universums verdichteten diese einst lebendigen Speicher zu einer endlos haltbaren, äußerst festen Form.

Und nun kommt ein ganz großes Wunder: In geometrischen Strukturen gewachsen und nach geometrischen Gesetzen geschliffen, bricht die diamantene Schöpfungsform das Licht! Der Erfahrungsschatz unzähliger Lebewesen wird mithilfe von Licht erneut in Schwingung versetzt. Die gebrochenen, aufgeschlüsselten Lichtwellen durchdringen die kristalline Struktur und nehmen die darin gespeicherte Information wieder hinaus ins Weltall. Erkennt ihr den immerwährenden Kreislauf der Schöpfung in diesem Geschehen, liebe Geschwister?

Puh – mein Kopf fühlt sich an, als würde er qualmen. Ihr umspannt immer so unendlich große Bogen...

So unendlich groß wie das Leben selbst. Bitte lass unsere Betrachtungen nicht zur Anstrengung werden. Entspanne dich in der Weite des Universums und genieße diese wundervolle Größe. Auch du bist ein wichtiger Teil davon!

Und was ist unsere Aufgabe als Mensch, wenn wir uns in dieser Unendlichkeit wiederfinden?

Wir sprachen ja schon öfter darüber: Ihr Menschen steht mit eurem Energiepotenzial in Verbindung mit allem, was ist. Ihr besitzt den vollständigen Bausatz der Schöpfung. Dadurch seid ihr in der Lage, mit jedem Teilaspekt der Schöpfung in Resonanz zu gehen. Ihr kennt den Satz des großen Weisen Gautama Buddha – »Ich war Pflanze, ich war Tier, ich war Mensch...«

Eure körperliche Ausrüstung ermöglicht es euch auch, als Transformatoren zu dienen. In euren Chakren versammelt ihr die einströmenden Energien des Universums. Diese Kraft fließt aufgeladen mit euren Informationen und Eindrücken in euren Planeten. Dieser nutzt und transformiert eure Geschenke. Anschließend strahlt er sie ins Universum zurück. So steht alles mit allem in immerwährender Verbindung.

Wenn ihr eure natürliche Position in diesem großen Geschehen achtsam nutzen möchtet, zeigen wir euch hier einen wundervollen Kreislauf der Neuwerdung:

- Betrachtet eure Vergangenheit und werdet euch dessen bewusst, wie ihr zu dem geworden seid, was ihr seid. Werdet euch der einengenden, lebensverneinenden Muster in euch bewusst.

- Erlöst alle Gefühle des Zweifels, der Nichtachtung, der mangelnden Wertschätzung, des »Schuldseins« in euch.

- Werft den verdichteten Ballast lebensfeindlicher, alter Muster von euch. Bittet eure göttliche Quelle darum, diese beengenden Kräfte zu transformieren.

- Steigert mit eurer gerichteten Aufmerksamkeit die Empfindungen von Freude und Leichtigkeit in eurem Leben. Empfindet bewusst den Genuss des Friedens.

- Findet die Lebensaufgabe, die euch voller Freude tanzend und singend durch euer Leben ziehen lässt. Gebt euch nicht mit weniger zufrieden. Verlangt und erschafft die Glückseligkeit eurer ursprünglichen Natur in allen Dingen.

- Heilt bewusst eure Wunden der Vergangenheit. Schenkt euch selbst die Liebe, die ihr vermisst habt. Entdeckt die Geborgenheit, die euch das Leben als seinen Kindern bereitwillig anbietet.

- Pflegt diese Haltung und erfahrt dadurch eine andauernde Steigerung eurer Lebensenergie. Dies ist die Verheißung der neuen rasch vibrierenden Energie in der Zeit der Transformation: Beendet euer Dasein als Fels in der Brandung und überlasst euch dem Fluss des Lebens!

Leben bedeutet unendliche Beweglichkeit. Je weniger Bewegung, desto dichter die erschaffene Materie. Alle Materie besteht aus verdichteten Stufen des einen göttlichen Lichts. Alle Materie transformiert dieses eine göttliche Licht. Jeder Teil der Schöpfung gibt das von ihm transformierte Licht an die nächstdichtere Stufe der Schöpfung ab. Diese nächstdichtere Stufe benutzt das transformierte Licht zur eigenen, weiteren Transformation. So könnt ihr das Leben sehen als eine Kaskade der Dichtestufen, durchströmt von nie endender schöpferischer Energie.

... und in dieser Kaskade gebt ihr eure transformierte Energie an uns weiter, wir geben sie dem Planeten, der Planet gibt sie dem Universum zurück, das Universum gibt sie an euch...

Wenn du alle nur vorstellbaren bestehenden Schöpfungsformen in diese Kette aufnimmst, besitzt du das perfekte Bild des Seins.

Wow...

Wir lieben dich sprachlos! Und hier kommt noch eine Anregung für euch: Mit den folgenden Gedanken könnt ihr überprüfen, ob eure Wünsche und Entwicklungen sich harmonisch in diesen großen Kreislauf einfügen lassen. Bitte stellt euch die folgenden Fragen, wenn ihr etwas erschaffen möchtet:

- Was geschieht bei der Realisierung meines Plans im Feld der anderen Menschen?
- Was geschieht mit unserem Planeten und allem, was darauf lebt?
- Was geschieht in den von Menschen geschaffenen Organisationen und Institutionen?
- Was bedeutet die Realisation meines Plans auf meinem eigenen Lebensweg?
- Was geschieht, wenn sich mein Vorhaben ausbreitet und wächst?

Nur diejenigen Pläne verwurzeln und entfalten sich auf Dauer, die ein harmonisches Wachstum für die gesamte Schöpfung ermöglichen. Dies ist kein moralisches Prinzip! Alles, was kein dauerhaft harmonisches Wachstum erzeugt, begibt sich früher oder später auf den Weg der eigenen Zerstörung. Was den anderen Schöpfungsformen keine förderlichen Transformationsenergien spendet, unterbricht den Kreislauf und geht irgendwann selbst leer aus. Wenn ihr den oben beschriebenen Transformationszyklus aufmerksam erforscht, werdet ihr die wirksamen Gesetze der Schöpfung darin erkennen.

Vielen Dank, ihr Lieben! Noch eine andere Frage: Es gibt die Geschichte von diesen Kristallschädeln. Manche von den jungen Indigo-Erwachsenen vollziehen Rituale und geben sie der Erde zurück. Was hat es damit auf sich?

Die Kristalle enthalten wertvolle Energien und Informationen. Euer Planet kann sie jetzt nutzen. Auch eure Erde transformiert sich. Ihre Entwicklung durchläuft ähnliche Stufen wie die eure. Ebenso wie ihr nimmt die Erde die Informationsmuster ihrer Geschichte zu sich, um vollständig ins Licht zu gehen. Kristalle kommen aus der Erde. Sie bilden das Mark der Erde. Sie tragen die Informationen eures gemeinsamen Schicksals in sich. Alles strebt zum Licht. Alles möchte sich jetzt reinigen, transformieren und erleichtern.

Eure Erde ist glücklich, wenn ihr sie mit Liebe und Aufmerksamkeit beschenkt. Viel zu lange musste sie diese Qualitäten entbehren. Viel zu lange habt ihr sie allein wegen ihrer Schätze ausgebeutet und missbraucht. Viel zu lange fehlte euch das Verständnis von der göttlichen Lebendigkeit allen Seins. Eure jungen Leute haben eine feine Intuition, wenn sie der Erde jetzt ihre Kristalle zurückgeben. Auf diese Weise nimmt euer Planet dann die gesamten Muster seiner bewegten Geschichte in die Transformation auf.

Wenn ihr das so sagt, muss ich an die unendlich vielen Kristalle denken, die der Erde in den letzten Jahrzehnten entrissen wurden. Mir scheint, dass der Handel damit einen ganz besonderen Boom entwickelt hat. Ist die Erde dadurch verwundet?

Natürlich ist sie das. Besonders wenn sie lieblos entleert und ausgeraubt wird. Ebenso wie alle Lebewesen empfindet euer Planet Schmerz. Dennoch gibt es zu diesem Thema wieder vielschichtige Aspekte.

Wie könnte es anders sein...

Eben. Die Kristalle, die ihr der Erde entnehmt, sind von atemberaubender Schönheit. Viele Künstler veredeln sie während des Gestaltungsprozesses. Natürlich gibt es auch sehr unbewusste Handwerker, die eher mechanisch arbeiten. Aber immer ist dort ein Mensch, der seine Aufmerksamkeit der Materie widmet. Du weißt, was dann geschieht?

Die Kristalle werden zu einem Teil der Energiekaskade?

Genau. Die Erde bleibt mit ihren Anteilen in Verbindung. Sie besitzt ein gemeinsames Energiefeld mit allem, was zu ihr gehört. Sie genießt die Aufmerksamkeit, die ihren Kristallen zukommt.

Dann freut sie sich auch, wenn wir unsere Kristalle zu Hause lieben? Wir besitzen zwei wunderschöne Brunnen. Einer besteht aus einem riesigen Rosenquarz und der andere aus einem uralten versteinerten Baumstamm. Wir lieben sie sehr. Alle unsere Besucher lieben sie.

Eure Liebe ist wie Nahrung für die Erde. Eure Wertschätzung rieselt in den Planeten und erhöht seinen Wert. Zu allen Zeiten besaßen Menschen Anteile der Erde in Form von wunderschönen Kristallen. Rituale wurden damit vollzogen. Gefühle wurden daran gebunden. Viele Steine hatten einen sehr hohen mystischen Stellenwert. Dies alles stärkt eure Verbindung zu eurem Planeten. Genießt sie in Dankbarkeit, liebe Geschwister. Euer Planet ist so unendlich kostbar und wundervoll! Erst eure Verbindung mit ihm bringt eure besonderen Qualitäten zum Leuchten. In der Verbindung mit eurer Erde werdet ihr veredelt, ebenso wie sie!

Ich fühle, was ihr meint. Wir lieben diesen Planeten auch unendlich. Wäre es dann nicht besser, wenn wir unsere Brunnen der Erde zurückgeben würden?

Es gibt kein »Besser oder Schlechter«. Diese Schubladen existieren nur in eurem Kopf. Eure liebevolle Aufmerksamkeit wirkt heilsam für die gesamte Schöpfung. Widmet euch eurer Erde. Spielt mit ihr. Feiert ihre Schönheit. Dankt ihr für die wundervollen Schätze, die sie euch schenkt. Entwickelt Verständnis für ihre Bedürfnisse und Nöte. Immer wenn ihr einen ihrer Kristalle in Liebe bei euch habt, fließt diese Liebe auch zu ihr.

Seid euch der großen Transformation bewusst und bedenkt, dass diese Dynamik nach und nach alles erfassen wird, was euer Leben ausmacht. Ebenso wie ihr euch selbst reinigt, könnt ihr auch die Gegenstände eures täglichen Lebens reinigen. Entladet die Kristalle, die ihr bei euch habt. Schenkt ihnen diesen Dienst und widmet ihnen eure Aufmerksamkeit. Helft bei der Transformation alter Informationsmuster. Ihr kennt die Möglichkeiten der Reinigung: Wasser und Licht sind wundervolle Hilfen bei der Entladung alter Energien. Auch manche Klänge erzeugen eine reinigende Wirkung.

Die Elemente Feuer (Hitze, Licht) und Wasser klären und reinigen jedes Energiefeld. Auch ein kräftiger Wind hilft durch die Verwirbelung aller Einzelteile bei diesem Prozess. Nutzt die Natur, ihr Lieben! Setzt euch Wind, Sonne und Regen aus. Erlaubt, dass eure alten Energiemuster durchstöbert und durchflossen werden. Lasst abfließen von euch, was euch belastet hat. Übergebt eure Gefühle des Leidens und der Schwere dem Wind und dem Regen. Gestattet eure Erneuerung und wählt sie bewusst!

Entdeckt eure Leichtigkeit in der Bewegung der Natur. Lasst die Sonnenstrahlen eure Haut berühren und stellt euch dabei vor, wie das kostbare Sonnenlicht in jede eurer Körperzellen strömt. Füllt euch ganz mit der Wärme und Lebendigkeit eures Heimatgestirns. Entdeckt in euch die heilige Begegnung der Kräfte, die euch von oben und von unten ernähren. Berührt eure Erde bewusst mit euren Füßen. Stellt euch vor, dass ihr die Erdkruste mit euren Füßen beklopft. Fühlt, wie sie die Verbindung zu euch genießt und euch antwortet. Fühlt, wie sehr sie euch liebt.

Ihr seid unendlich gesegnet und geliebt, unsere Geschwister. Dieser Planet ist etwas Besonderes. Nur hier erfahrt ihr die unendliche Fülle schöpferischer Gestaltung. Ihr seid die gesegneten Hüter dieses Reichtums. Ihr dürft behüten und genießen, was die göttliche Vielfalt erschafft. Erinnert euch an die Energiekaskade: Was ihr hier erfahrt, kommt dem gesamten Universum zugute. Ihr haltet diesen Kreislauf in Bewegung. Versteht ihr jetzt, dass ihr wertvoll seid? Entdeckt ihr euer Selbst-Wert-Gefühl?

Atemberaubend...

Im Gegenteil! Fülle dich mit dem Atem der Schöpfung und genieße dein Sein!

Ich fühle, dass aus euren Worten heute eine ganz besondere Liebesenergie strömt. Täusche ich mich oder gibt es etwas Neues?

Nichts ist wirklich neu. Alles ist in jedem Augenblick. Einfaches Sein beinhaltet die Schöpfung mit allen ihren Facetten. Du hast eine Wahrnehmung und du darfst ihr vertrauen. Vertraue dir! Du spürst eine besondere Liebesenergie? Dann bist du jetzt dazu bereit, weitere Anteile deines innersten Seins zu erfahren. Du selbst bist diese Liebesenergie! Ihr alle seid es. Jeder Funken der Schöpfung besteht aus dieser Form gewordenen Liebeskraft!

Ich kann es fühlen. Und ich wünsche mir so sehr, dass immer mehr Menschen diese Wunder entdecken...

Das werden sie. Genau darum arbeiten wir ja zusammen. Das gesamte Universum ist jetzt in Bewegung. Alles, was ist, unterstützt diese große Transformation. Wir erkennen dein liebevolles Herz, das allen Wesen Glück wünscht. Dennoch bitten wir dich einmal mehr darum, deine Menschengeschwister noch grundsätzlicher zu achten. Ein jeder von euch entdeckt die Wunder nach seinem eigenen, inneren Plan. Ihr besitzt unendlich viel Zeit. Wer sich entscheidet, noch etwas länger in den alten Mustern zu verweilen, leistet auch damit einen wichtigen Beitrag zur Gesamtentwicklung.

Manchmal werde ich einfach nervös. Wenn zum Beispiel die Nachrichten über das Ausmaß der Umweltkatastrophen reinkommen...

Alles gehört zum großen Plan. Und dieser Plan entwickelt sich vorzüglich. Bitte denkt einfach daran, dass die Bewegungen dieser Entwicklung nichtlinearen Gesetzen folgen. Vielleicht mögt ihr es euch wie eine Wellenbewegung vorstellen (und tatsächlich handelt es sich um Wellen der Energie…)? Die neue Energie kommt zu euch geflossen und trifft dort auf eure Muster der alten Energie. Was geschieht dann?

Die alten, engen Energiestrukturen erhalten einen Schubs und setzen sich in Bewegung?

Genau. Ganz langsam lösen sie sich auf. Jeder Schubs bringt kleine »Risse« in das Feld der alten Energien. Durch diese Risse kann die nächste Portion neuer Energie hineinfließen. Beobachte die Wellen, die den Strand in rhythmischen Bewegungen erreichen. Über unendlich lange Zeiträume zermahlen sie den Felsen zu Sandkörnern. Dabei halten sie niemals inne. Sie gehen vor und zurück, vor und zurück… Die weiche Qualität des Wassers erlöst die Härte der Felsen. Das Wasser ist nachhaltig und von großer Geduld. Sein Erfolg ist ihm sicher; obwohl das Wasser natürlich gar nicht zielgerichtet auf einen Erfolg hinarbeitet. Es ist einfach. Seine Bewegungen entsprechen seinem Sein! Felsen und Wasser gehören gleichermaßen zur Schöpfung. Oder könntest du sagen, dass dir eines davon lieber ist?

Natürlich nicht. Gerade die Abwechslung macht ja so viel Freude.

So ist es! Jetzt freut ihr euch auf eure neue Energie und sie wird euch vollständig glücklich machen. Vor langer, langer Zeit freutet ihr euch darauf, das Abenteuer der Felsen zu erkunden. Damals erschien euch diese Aussicht als höchstes Glück. Auf jeden Fall erreicht euch die neue Energie in rhythmischen, nachhaltigen Wellenmustern. Sie geht vor und zurück, vor und zurück… Dadurch verläuft eure Transformation sehr sanft. Ihr seid geschützt und könnt euch nach und nach an die Qualitäten der neuen Energie gewöhnen.

Das klingt sehr beruhigend...

Ruhe vollständig in dir. So versammelst du die größte Kraft in deiner Mitte. Dies sind die besten Voraussetzungen für deine Transformation, die jetzt stattfindet.

Das verstehe ich. Ich danke euch sehr. Und jetzt habe ich wieder ein paar Fragen aus dem Freundeskreis. Gibt es eigentlich aus eurer Sicht so etwas wie Wunder?

Dies ist ein interessantes, vielschichtiges Thema. Dazu haben wir verschiedene Antworten für euch. Zunächst einmal unsere Gegenfrage: Was nennt ihr »Wunder«? Bezeichnet ihr nicht die Dinge als Wunder, die ihr noch nicht versteht? Vor hundert Jahren wurden Dinge als wunderbar angesehen, die euch heute selbstverständlich erscheinen. Wir Sirianer leben unter Bedingungen, die euch aus eurem jetzigen Blickwinkel heraus wunderbar erscheinen. Eines Tages werden sie euch selbstverständlich sein.

Es gibt aber noch andere Aspekte, die ihr wundervoll nennt. Plötzliche Wendungen, mit denen ihr nicht gerechnet habt, erscheinen euch voller Gnade. Eine plötzliche Genesung von schwerer Krankheit. Der gute Ausgang eines zerstörerischen Dramas. Das Geschenk, eine Katastrophe zu überleben. Euer Denken richtet sich sehr stark nach den vertrauten Bahnen eurer alltäglichen Gewohnheiten. Ihr haltet für »normal«, was wahrscheinlich (= häufig) ist. Eine für euch unwahrscheinliche Situation reicht an die Region der Wunder heran. Hier nutzt ihr den Begriff nach eurem eingespeicherten Raster von »häufig – selten«. Häufiges entspricht eurer Erwartung und erscheint euch normal. Seltenes »grenzt an Wunder«.

Auch wenn ihr die Gesetze der Wirklichkeit noch nicht genau versteht, seid ihr geneigt, von Wundern zu sprechen. Ihr lebt die meiste Zeit mit einem äußerst eng umschriebenen Modell der Wirklichkeit. Dies ist euch vertraut. Alles, was darin Platz findet, erscheint euch als normal. Widerspricht eure Wahrnehmung diesem Wirklichkeitsmodell, stellt ihr zunächst euch selbst infrage. Ihr zweifelt an euren Beobachtungen. Mit derselben Berechtigung könntet ihr auch euer Modell der Wirklichkeit anzweifeln oder verändern. Aber typischerweise zweifelt ihr eher an euch selbst. Euer Wirklichkeitsverständnis verteidigt ihr bis an die Grenze des Lächerlichen. Merkt ihr, worauf unser Gespräch hinausläuft?

Wenn ich das alles richtig verstanden habe, entstehen Wunder durch unsere eingeschränkten Beurteilungsgewohnheiten. Weil unser Weltbild und unsere Wahrnehmung eingeschränkt sind, halten wir manche Dinge für ungewöhnlich. Kämen uns die Wunder normal vor, wenn wir ein offenes Weltbild hätten?

Wenn ihr alle Gesetze des Universums versteht, erkennt ihr Ordnung und Logik in jeder Erscheinung. Alles ist dann wunderbar. Und nichts wird euch mehr verwundern. Ihr werdet auch nicht mehr an euch selbst zweifeln, wenn euch eine Beobachtung überrascht. Stattdessen werdet ihr denken: »Wie war das doch gleich? Wie konnte das so geschehen?«

Das stelle ich mir ganz wohltuend vor. Andererseits entsteht auch ein ganz bestimmtes, heiliges Gefühl, wenn man ein Wunder erlebt. Wir durften in unserem Leben einige wundervolle Dinge erfahren. Unwahrscheinliche Heilungen, günstige Fügungen auf unseren Reisen, Überraschungen und Geschenke aus der Welt der Engel. Oft haben wir in diesen Momenten voller Ehrfurcht unser Glück genossen. Auf dieses schöne Gefühl würde ich nicht verzichten wollen…

Das musst du auch gar nicht. Wir versichern dir: Je mehr du dir der Gesetze und Phänomene des Universums bewusst wirst, umso mehr heilige Ehrfurcht wirst du in dir tragen. Im Zustand dieses erweiterten Bewusstseins erlebst du die Heiligkeit der Schöpfung in dir. Alles, was dir begegnet, erscheint dir im Glanz der Göttlichkeit. Genau genommen verzichtet ihr augenblicklich auf viele eurer beglückenden, heiligen Erfahrungen, weil ihr einen großen Teil eures Seins unter »Normalität« abbucht. Erweitert euer Bewusstsein und erfahrt euer ganzes Leben im wunder-vollen Licht der Schöpfung!

Danke, ihr Lieben. Dann freuen wir uns schon auf erweiterte Wunder... Hier ist eine andere Frage: In den letzten Jahren werden immer mehr Berichte veröffentlicht, die von Machtmissbrauch und Korruption in unseren Regierungen sprechen. Werden wir in Zukunft Regierungen haben, denen wir vertrauen können?

Könnt ihr euch denn selbst vertrauen, liebe Geschwister? Eure Gesellschaftsstrukturen spiegeln die innere Realität eures Kollektivs. Wie viele von euch halten Betrug, Übervorteilung, Missbrauch, Unoffenheit und Ähnliches für mögliche Formen des Miteinanders? Wie viele sehen kein Problem darin, ausschließlich an ihren eigenen Vorteil und ihre eigene Bequemlichkeit zu denken? Schaut euch auf euren Straßen um: Seid ihr geneigt, Verantwortung für euer Tun zu übernehmen? Sorgt ihr dafür, euren Abfall zu entfernen, oder überlasst ihr anderen diese Aufgabe? Haltet ihr euch an die Gesetze, die euer Gemeinschaftsleben regeln, oder versucht ihr, sie heimlich zu umgehen?

Das sind ja ziemlich provozierende Fragen...

Ihr habt ein Thema auf den Tisch gelegt, das zur Polarisierung verführen könnte. »Oben« (scheinbar weit entfernt von euch) herrschen die Regierungen, die euch betrügen und in Gefahr bringen. »Unten« lebt ihr, das arme Volk, das diesen Betrug erdulden muss. Eure Regierungen spiegeln euch eure eigene innerste Haltung. Verändert euer Denken und Handeln und ihr werdet die Veränderung auf der gesellschaftlichen Ebene erleben. Beendet eure Schuldzuweisungen irgendwelchen Führungskräften gegenüber und betrachtet zunächst einmal eure eigene Haltung und Einstellung.

Erinnert euch an die Zeiten, in denen viele Menschen einer Region ihre Ideen durchsetzten. Erinnert euch an die unblutige, sanfte Revolution, die in Deutschland eine Wiedervereinigung möglich machte. Hier konntet ihr eure eigene Macht erleben. Erinnert euch auch an die Korruptions- und Betrugsmanöver, die man im Anschluss an die Vereinigung an vielen Orten beobachten konnte. Jahrelang kümmerten sich die meisten von euch nur um ihren persönlichen Vorteil. Gier, Neid und Spaltung beherrschten euren Alltag. Jeder wollte ein Stück der neuen Möglichkeiten für sich. Nur sehr wenige dachten bei ihren Entscheidungen und Transaktionen an das langfristige Wohl der Gemeinschaft.

Die Chance für ein faires Zusammenleben der einst geteilten Staaten wurde verspielt und noch heute habt ihr keine geschwisterliche Form des Miteinanders gefunden. Wundert es euch da, dass euch eure Regierungen auf der Nase herumtanzen? Sie zeigen euch ein perfektes Abbild eurer eigenen Unreife! Erkennt euch selbst in eurer erwachsenen Verantwortlichkeit und Kompetenz. Hört damit auf, von anderen zu erwarten, was ihr selbst nicht realisiert. Ein guter Firmenchef kennt und achtet die Arbeit jedes Einzelnen. Wenn es nötig ist, setzt er sich selbst ein. Seine Mitarbeiter geben ihr Bestes, weil sie sich gut geführt wissen.

Gebt ihr euer Bestes für die Gemeinschaft, liebe Geschwister? Seid ihr bereit, verantwortlich zu handeln und die Belange der Schöpfung dabei zu berücksichtigen? Handelt ihr entsprechend euren Erkenntnissen? Löst ihr selbst ein, was ihr von euren Regierungen fordert? Die politischen Strukturen eurer zukünftigen Gesellschaft werden darauf angewiesen sein, dass ihr euch persönlich für euer Wohl engagiert.

Große, übergeordnete Regierungsstrukturen werden bald der Vergangenheit angehören und stattdessen werdet ihr wieder kleinere, regionale Organisationsformen entwickeln. Für die grundsätzlichen, übergeordneten Fragen werdet ihr den jeweils notwendigen gemeinsamen Konsens erarbeiten. Alle anderen Themen des Zusammenlebens werdet ihr euren Bedürfnissen kreativ und spontan anpassen. Die Zeiten des »Oben und Unten« gehen zu Ende, liebe Geschwister. In Zukunft werdet ihr euren Regierungen vertrauen können, weil ihr euch selbst darin engagiert.

Na, da sehe ich noch einigen Veränderungsbedarf... Was ihr da sagt, klingt nach »Ende der Bequemlichkeit«...

Mag sein, dass es sich für euch anfangs so anfühlt. Wenn ihr allerdings mit wirklichem Selbst-Bewusst-Sein an diese Dinge herangeht, werdet ihr die wichtigen Belange eures Zusammenlebens gar nicht mehr an irgendeine Regierung delegieren wollen. Wer sich seiner Meisterschaft bewusst ist, übernimmt gerne die Verantwortung für sein Leben. Dieser Mensch handelt umsichtig, liebvoll und gemeinschaftsorientiert. Schaut euch in den Reihen eurer Brüder und Schwestern um und erkennt an diesen Qualitäten diejenigen, die mit der Neuordnung eurer Strukturen beginnen können.

Vielen Dank, liebe Sirianer. Jetzt haben wir für diesmal noch eine letzte Frage: Gibt es ewiges Glück?

Was ist ewig? Was versteht ihr darunter? Der Begriff der Ewigkeit stammt aus einem besonderen Weltbild. Darin existiert die Zeit als eine endliche Qualität. Ewig bedeutet in diesem Sinne endlos. Ihr fragt, ob es endloses Glück gibt? Dann wüssten wir gerne von euch, was ihr unter Glück versteht!

Das ist nicht fair... Hmmm – um ehrlich zu sein, finde ich es sehr schwer, auf diese Frage eine Antwort zu geben. Menschen verstehen so viele verschiedene Dinge darunter. Was für den einen Glück bedeutet, ist für den anderen ein Drama.

Genau deshalb haben wir euch ein wenig provoziert. Aber wir verstehen auch, was ihr wirklich meint. Mit dieser Frage drückt ihr eure Sehnsucht nach dem vollkommenen inneren Frieden aus. Ihr alle tragt diese Sehnsucht in eurem Herzen. Ihr alle kennt diesen Zustand sehr gut. Vollständiges, ewiges Glück erfahrt ihr, wenn ihr euch aufs Innigste mit eurer göttlichen Natur verbindet. Nur hier wohnt das Glück, das ihr für alle Zeiten genießen könnt.

Äußere Bedingungen eignen sich nie dafür, ein ewiges Glücksgefühl zu erschaffen. Die gesamte Schöpfung durchläuft den immerwährenden Kreislauf des Werdens und Vergehens. Jeder Moment ist neu. Nichts bleibt, wie es ist. Wie solltet ihr ewiges Glück erfahren in dieser Welt der Veränderungen? Nur wenn ihr selbst den Zustand der Glückseligkeit in euch nährt, könnt ihr ihn an jeden Ort der Welt mitnehmen. Nur wenn euer Herz in eurer göttlichen Quelle ruht, findet es seinen dauerhaften Frieden.

Und wie können wir diesen Zustand erreichen?

Wir verraten euch ein Geheimnis: Ihr besitzt ihn bereits! Jede eurer Körperzellen ist damit erfüllt. Eure schöpferische Energie erzählt euch davon. Das Licht, das zu euch strömt und euch ernährt, bringt ihn zu euch.

Ein sehr bequemer, kurzer Weg führt euch in den Zustand des dauerhaften Glücks. Richtet euer Bewusstsein auf die göttliche Quelle in euch. Schenkt der neuen Energie der Liebe eure Aufmerksamkeit. Erkennt sie in allem, was ist. Verbindet und verbündet euch mit dem immerwährenden Wunder der Schöpfungskraft. Erlaubt der Leichtigkeit, sich in eurem Leben zu verwurzeln. Beendet jetzt sofort alle einschränkenden Muster der Schwere. Erkennt, dass das Paradies in euch wohnt, seit Anbeginn aller Zeit!

Liebste Geschwister, wir danken euch aus tiefstem Herzen! Danke für euer Hiersein. Danke für eure Unterstützung. Danke für eure Geduld. Danke für euren Humor und für eure Liebe. Ihr seid ein unfassbar großes Geschenk. Danke für euch!

Eure liebevollen Worte erwärmen und berühren uns. Erinnerst du dich noch an den wichtigsten Kern unserer Gespräche?

Sprecht ihr von unserem Selbst-Wert-Gefühl?

Genau das meinen wir. Behaltet eure Kostbarkeit im Sinn, ihr Lieben, und handelt entsprechend. Bitte schenkt euch jetzt denselben Dank, den ihr uns darbietet. Dadurch erkennt ihr unsere gemeinsame Verbundenheit auf einer sehr tiefen Schicht. Wir umarmen euch in Liebe und danken euch.